中国における「一人っ子」の家庭教育の特質

——親の教育意識構造をめぐって——

楊春華　著

青山社

はしがき

　本書『中国における「一人っ子」の家庭教育の特質－親の教育意識構造をめぐって－』は、1979年以降、総人口を抑制するために、家族政策の中で「一人っ子政策」を採り入れた中国における家庭教育の変化に注目し、「一人っ子」をもつ親の子どもに対する教育意識とそれを規定する要因を追究することによって、「一人っ子」の家庭教育の特質を明らかにすることを目的としている。

　中国の「一人っ子政策」の実施は、特殊な社会背景のもとで行われたものである。中国政府は、1978年12月に開催した中国共産党第11期第3回の中央委員会総会（原語：中国共産党第11届3中全会）において、経済改革・開放の路線を定め、国民経済の発展を加速させるという方針を示した。当時、中国の経済基盤は、膨大な人口に比して脆弱であったため、政府は経済発展のために人口抑制政策に乗り出したのである。

　しかし、「一人っ子」の出現に伴い、「小皇帝」や「小太陽」などの言葉がマスメディアを賑わすなど、「一人っ子」は社会のなかで、あたかも問題児であるかのように扱われた。

　1980年初頭に出現した「一人っ子」現象は前例のないものであった。社会は「一人っ子」に先入観や偏見を持つような状態であった。一方、1979年以降、激しく変動する中国の社会において、「一人っ子」を持つ親たちは、子育てをめぐる葛藤のなかを生きてきた。

　本書は、「一人っ子政策」の成果や効果を評価するものではない。目指すのは、「一人っ子」が家庭教育にいかなる問題を引き起こしたのかを明らかにすることである。本研究は、激変する中国の社会を背景にして、親の教育意識を左右する要因の解明により、「一人っ子」をスティグマから解放することを目指している。日本において、「一人っ子」の家庭教育に生じた問題や、中国の家庭教育の意識構造に対する理解の促進に多少なりとも貢献できれば幸いである。

目　次

はしがき iii

第Ⅰ部　序論

序　章　課題と方法 3

第1節　家庭教育問題としての「一人っ子」問題の提起 3
第2節　社会主義中国における親の教育意識問題 16
第3節　「一人っ子」に関する先行研究の検討と問題点 24
第4節　本研究の分析枠組み ― 三つの仮説 35
第5節　本研究の調査地域と調査対象 40
第6節　本研究の構成 46

第1章　中国の「一人っ子」の家庭教育問題をめぐる議論の展開過程
　　　　― 家庭教育に関する研究文献の分析を中心に ― 54

はじめに 54
第1節　中国における「一人っ子」研究の出現 56
第2節　「一人っ子」研究に対する評価と本章の分析対象・方法 60
第3節　「一人っ子」の家庭教育に関する議論の展開 68
おわりに　各時期における「一人っ子」に関する議論 81

第Ⅱ部　社会変動と「一人っ子」の教育問題の出現

第2章　中国における家族と家庭教育の位置づけおよび教育理念 91

はじめに 91

第1節	社会主義中国における家族の位置づけ	92
第2節	1949年以降の社会における家庭教育に対する認識の変遷	101
第3節	「家訓」と伝統的な家庭教育理念	107
第4節	中国における家庭教育の位置づけと教育理念	112
おわりに	中国的な家庭教育の特色	118

第3章　社会変動と計画出産政策の実施
　　　　―「一人っ子」の教育問題をもたらす社会的な背景― 122

はじめに		122
第1節	中国における社会変動 　　―経済改革・開放とそれがもたらされた社会諸問題―	124
第2節	経済発展と人口問題との葛藤 　　―「一人っ子政策」の実施要因―	129
第3節	「一人っ子政策」の実施 　　―実施過程と「第2子出産条件」の制定―	134
第4節	「一人っ子政策」との葛藤 　　―「ヤミッ子」問題の出現―	141
第5節	「一人っ子」の教育問題の出現	145
おわりに	社会変動期における「一人っ子」の教育問題	149

第Ⅲ部　「一人っ子」に対する親の教育意識

第4章　家庭教育における親の教育意識
　　　　―親子に対する意識調査結果の分析をめぐって― 155

はじめに		155
第1節	調査目的および調査概要	157
第2節	家庭教育に対する親の意識	159
第3節	家庭教育に対する子どもの意識	168
おわりに	親子の家庭教育に対する意識の差異	176

第5章 「一人っ子」家族の教育意識における共通性と地域差
　　―ウルムチ市、長春市、北京市での意識調査の分析を中心に―...................179

　はじめに..179
　第1節　先行研究の検討と意識調査の概要..180
　第2節　「一人っ子」家族における親の教育意識..................................183
　第3節　意識調査結果の分析と考察..185
　第4節　「一人っ子」家族の教育意識における共通性と地域差..........196
　おわりに　残されている課題..198

第6章 家庭教育からみる「一人っ子」の親子関係
　　―「一人っ子」家族と「非一人っ子」家族との比較を中心に―......201

　はじめに..201
　第1節　先行研究における問題点と本調査研究の課題......................203
　第2節　「一人っ子」家族と「非一人っ子」家族の比較......................208
　第3節　「一人っ子」家族の親子関係に関する地域的比較..................217
　第4節　「一人っ子」の親子関係の特徴..218
　おわりに　今後の「一人っ子」家族の親子関係に関する研究..........221

第Ⅳ部　「一人っ子」親の教育意識の規定要因

第7章　親の社会階層と子どもへの教育期待との関連性..................227

　はじめに..227
　第1節　社会変動と学歴志向の高まり..229
　第2節　調査方法とデータ構成..231
　第3節　子どもに対する親の教育アスピレーション..........................236
　第4節　きょうだい別、地域別にみる親の教育アスピレーション......242
　第5節　「一人っ子」の進学意識と親の社会階層との相関関係..........245
　第6節　親の社会階層と教育アスピレーションとの関連性と特徴......248
　おわりに　考察..250

終　章　中国における「一人っ子」の家庭教育の特質 253

　　はじめに 253
　　第1節　「一人っ子」親の教育意識を規定する要因
　　　　　　─本研究の三つの仮説 255
　　第2節　中国における「一人っ子」の家庭教育の特質 262
　　おわりに　社会変動と「一人っ子」親の教育意識との関わり 266

補章1　家庭教育振興における「家長学校」の役割
　　　　　─中国の「家長学校」に関する一考察─ 268

　　はじめに 268
　　第1節　中国の家庭教育における問題点 271
　　第2節　「家長学校」を出現させた社会的背景 273
　　第3節　「家長学校」の設置目的・運営体制・学習内容 275
　　第4節　家庭教育振興における「家長学校」の位置づけ 283
　　おわりに　「家長学校」における問題点と今後の課題 285

補章2　中国における「一人っ子」研究の現状 289

　　はじめに 289
　　第1節　近年の「一人っ子」研究の特徴 289
　　第2節　成年「一人っ子」と第二世代「一人っ子」に関する研究 291
　　第3節　農村地域の「一人っ子」に関する研究 292
　　第4節　「他人による教育」という家庭教育理念の登場 294
　　おわりに　「一人っ子」に関する研究の今後の展開 296

付録資料　質問紙調査資料 301
参考文献 359
あとがき 367

第Ⅰ部　序　論

序章

課題と方法

第1節　家庭教育問題としての「一人っ子」問題の提起

　本研究の目的は、1979年以降、全国総人口数を抑制するために、家族政策のなかで「一人っ子政策」を採り入れたという社会背景をもつ中国における家庭教育の変化に注目し、「一人っ子」をもつ親の子どもに対する教育意識、さらに親の教育意識を規定する諸要因を探究することによって、「一人っ子」の家庭教育の特質を明らかにすることにある。本研究を通して、社会主義中国における家庭教育の意識構造を、親の教育意識という側面から迫ることが本研究の最大のねらいである。

　この節では、まず「一人っ子」の定義、「一人っ子」社会の出現要因、または「一人っ子」の家庭教育問題をめぐる議論などを概観することを通して、本研究の課題意識と研究目的を明確にする。

1.「一人っ子」の定義

　「一人っ子」（中国語：「独生子女」、an only child or one child）[1]とは、家庭に子どもが一人だけということを指している。これは、いままでの

第Ⅰ部　序論

「一人っ子」に関する一般的な解釈であり、定義として使われるケースも少なくない。ところが、この解釈は、「一人っ子」が意味する範囲を厳密に規定しているとはいえない。したがって、本題に入る前に、「一人っ子」という用語の定義を整理する必要がある。

　中国では、1986年刊行の『人口学辞典』[2]と1988年刊行の『婚姻家庭大辞典』[3]のどちらにおいても、「一人っ子」は以下のように規定されている。

> 「『一人っ子』とは、一組の夫婦に子どもが一人しか産まれないということを指している。これは出産回数と関係せず、出生した唯一の子どもを『一人っ子』と見なす。『一人っ子』と呼べるものの条件とは、(1) 一組の夫婦に子どもが一人しか産まれないもの、(2) 一組の夫婦に二人以上の子どもを産んだが、一人しか生存していないもの、(3) 一人の子どもをもつ再婚夫婦に、第2子を産まないもの、ということに限られている。
> 　以下の条件における子どもは、『一人っ子』の定義範疇に入らない。(1) 一回の出産であるにもかかわらず、双子あるいは多子であったもの。(2) 出産した二人の子どものうち、一人を他人に養子として出したために、『一人っ子』になったもの。(3) 不妊症のために一人の養子を迎えたが、この子どもが一人の養子であり、『一人っ子』とは呼べないもの。(4) 二人の子どもを産んだ夫婦が、離婚後それぞれ一人の子どもを連れていったために、『一人っ子』になったもの。」
> （『婚姻家庭大辞典』　1988年、57頁）

　このように、中国における「一人っ子」の定義は、一組の夫婦に子どもが一人しか産まれないという条件を有する家庭に限られている。これは家族の出産回数と関係せず、子どもの人数と関係している。

　続いて、日本における「一人っ子」の定義をみてみよう。1977年刊行

序章　課題と方法

の『新・教育心理学事典』[4]において、「一人っ子」は以下のように定義されている。

　「『ひとりっ子』は、きょうだいのいない子どもである。(…省略)。『ひとりっ子』といっても、厳密にいうと次のものが含まれている。(1) 両親は健在であるが、きょうだいが産まれない。あるいは産まないためにひとりっ子であるもの。(2) 片親または両親がいないために、きょうだいが産まれないもの。(3) 子どもがいない現在の両親のところへ養子にきたもの。(4) かつてはきょうだいがいたのであるが、きょうだいが病気や事故で死亡したため『ひとりっ子』になったもの。(5) かつてはきょうだいがいたのであるが、きょうだいが他家へ養子にいったために『ひとりっ子』になったもの。」(依田明　1977年、675頁)

　この「一人っ子」の定義は、きょうだい関係の有無が基準となっている。このような定義は、上記の事典以降の事典においても同様にみられた。たとえば、1988年刊行の『現代教育学事典』[5]における「一人っ子」項目（秋葉英則執筆　636頁）、1990年刊行の『新教育学事典』[6]における「一人っ子」項目（依田明執筆　32頁）はともに、きょうだい関係をもつことができない子どもを「一人っ子」であると定義している。これらによって、この「一人っ子」の定義は、日本ですでに定着したといえる。
　以上で取り上げた「一人っ子」に関する中日両国の辞典・事典項目を比較してみれば、差異があることが一目瞭然である。つまり、「一人っ子」は、中国では一組の夫婦に子どもが一人しか産まれないという条件に限られることに対して、日本では、養子も含め、現在きょうだいがいないという条件に限定している。
　こうした「一人っ子」の定義における差異によって、それぞれの研究が扱う「一人っ子」の背景も異なってくる。ところで、依田明が指摘し

第Ⅰ部　序論

たように、「一人っ子」をもたらす要因によって、「一人っ子」の生育環境には大きな相違がみられ、研究の際、このような相違を考慮に入れなければならないという[7]。しかし残念ながら、これまで「一人っ子」に関する研究論文においては、「一人っ子」の定義を厳密に定めないまま用いるケースが少なくない。これは、「一人っ子」に関する研究結果に相違をもたらした一つの主な要因であると思われる。以上によって、「一人っ子」を研究する際、まず「一人っ子」の定義を明確にする必要があるといわねばならない。本研究では、「一人っ子」を以下のように定義する。

これまでの「一人っ子」研究に用いられている「一人っ子」の用語の意味は、広義的なものと狭義的なものに分類することができる。広義の「一人っ子」（a child）とは、かつてきょうだいがいたにもかかわらず、さまざまな要因によって現在きょうだいのいない子どものことを指している。狭義の「一人っ子」（an only child）とは、内的要因ないし外的要因によって、家庭に子どもが一人しか産まれず、その唯一の子どものことを指している。本研究に用いる「一人っ子」は、狭義の「一人っ子」の意味に相当する。

2.「一人っ子」家族をもたらす内的要因と外的要因
（1）内的要因

「一人っ子」家族（one child family）[8]が成立する要因はさまざまであるが、大きく分ければ内的要因と外的要因がある。内的要因とは、家族の経済状況、または子どもの事故死などもあるが、主に親の身の上の事情によるものを指している。これは、それぞれの国の事情によってやや異なる点がある。

周知のように、中国では、「一人っ子」家族がもたらされる主な要因は、子どもが一人だけという政府の提唱にしたがって、子どもを一人しか産まない者の存在にある。この要因以外には、①女性の身体上の問題、②長年別居する夫婦、あるいは配偶者の死亡、③健康状態が良くなく、重い病気をもつために、第2子の出産を望まない女性、④仕事と勉強に影

響を与えることを恐れ、第2子の出産を望まない人、⑤経済的な要因によって、第2子の出産を望まない人、⑥きょうだいが事故によって死亡し、「一人っ子」家族になったもの、などがある[9]。

日本の場合、松島富之助らの「一人っ子」家族に対する調査[10]によれば、「一人っ子」にした理由は、①母親の年齢が高い、②欲しくてもできない、③「一人っ子」を大事に育てたい、④父親の年齢が高い、⑤分娩に対する恐怖、⑥母親の健康上の理由、⑦母親が育児以外のことに生きがいを感じる、⑧経済的な問題、などの順に挙げられている。

以上の中日両国の要因を検討してみれば、中国の「一人っ子政策」の提唱という要因を除けば、親の身の上の事情が「一人っ子」家族をもたらした主な要因であるという点は共通している。

(2) 外的要因

以上の内的要因に対して、外的要因とは、主に社会変動による生活環境やライフ・スタイルなどの変化と関わっている。この外的要因においては、世界各国の人口事情によって大きな相違が存在している。たとえば、先進諸国では、出生率の低下による若年層人口の減少という人口危機が生じているのに対して、発展途上国には、高い出生率による膨大な人口と経済発展との矛盾から生じた人口危機も存在している。それぞれの国の人口背景が異なるにもかかわらず、世界各国の人口動態の進展をみれば、「一人っ子」家族の出現に関わる主な外的要因として、以下の4点を挙げることができる。

第1は、社会情勢の不安定（たとえば戦争の勃発など）と経済状況の変化に関係している。社会秩序の乱れによる子育て環境の喪失、経済状況の悪化による家族収入の減少は、家族の生活に直接的または間接的に影響を与え、家族の出産計画の変更も余儀なくされる。こうした社会状況のもとでは、「一人っ子」家族が生まれやすいと考えられる。

第2は、女性のライフ・スタイルの多様化と関係している。第二次世

第Ⅰ部　序論

界大戦後、世界各国にとって、ベビー・ブームの到来は一つの共通の社会現象であった。戦後における社会状況の安定、衛生状況の改善および医療技術の進歩などの社会変化は、ベビー・ブームの持続を推進した。しかし、女性の家庭からの解放を唱えた60年代のフェミニズム運動を経て、70年代の女性の社会進出によって、女性の出産・育児に関する認識が変化するに到った。この変化は合計特殊出生率の大幅な低下をもたらした。こうした社会背景のもとで、多くの女性、とくに働く女性にとって、「一人っ子」の家庭は一つの選択肢になったことが考えられる。

　第3は、育児支援体制の不備と関係している。働く女性の増加によって、仕事と育児との矛盾はますます深刻化してきた。育児に関する社会福祉施設の不足、または育児支援体制が充分に制度化されていないために、子育ての重荷に対する恐怖は子どもの出産数の減少と結びついた。これによって、「一人っ子」家族の出現の比率が高まったと考えられる。

　第4は、家族そのものの変化である。70年代以降、個人のライフ・スタイルがますます強調される社会風潮のなかで、「家族の崩壊」と称する社会現象がみられるようになった。そして、離婚率の増加、「未婚の母」などの社会問題が、「一人っ子」家族の出現を促進したのである。これらの家庭の特徴としては、「一人親家庭」が多いとみられる。

3.「一人っ子政策」と中国の「一人っ子」社会の誕生

　上述のような内的要因ないし外的要因によって、「一人っ子」家族は、いかなる時代においても存在することとなる。したがって「一人っ子」家族における子どもの教育問題も新しい問題ではないといえる。ところが、世界各国に共通してみられるのは、これまで「一人っ子」家族が社会全体に占める割合が低いことから、「一人っ子」家族、さらに「一人っ子」の教育問題に関する社会的な関心もきわめて低いという現象である。そのために、「一人っ子」家族は、主流である「非一人っ子」家族の陰に隠れ、ほとんど無視された状態に置かれてきた。しかし、このような状

況は1979年を境に大きな変化がみられた。「一人っ子」家族、さらに「一人っ子」の教育問題が社会から大きな関心を呼んだ主な要因は、中国の「一人っ子政策」の実施による大勢の「一人っ子」の出現であり、親の溺愛、過干渉などによる子どもの自己中心、自立性の欠如の顕在化などの「一人っ子」の家庭教育上の問題の発生にあるといえる。

さて、「一人っ子政策」（中国語：「独生子女政策」、one child family policy）とは、一組の夫婦に子どもが一人という中国の人口政策である。この政策の実施対象者は、夫婦ともに漢民族の家庭に限られている。「一人っ子政策」を採り入れた1970年代末に、漢民族人口は中国総人口の約96％を占めており、少数民族が多く住んでいる少数民族自治区・自治州（県）を除けば、多くの地域において夫婦ともに漢民族の家庭が圧倒的に多かった。そのために、「一人っ子政策」の実施が影響を及ぼす家庭数は多く、1979年以後に結婚したほとんどの漢民族出身の夫婦が「一人っ子」にするようにという計画出産の義務を課せられている。

一見して、中国の「一人っ子政策」は高い出生率を抑える目的だけのものであったようにみえるが、この人口政策の実施要因は中国の複雑な社会背景と絡み合っている。「一人っ子政策」の実施目的、実施に至るまでの詳細な経緯、または実施中に直面したさまざまな社会問題などについては、以後の第2章で詳しく述べるが、ここで簡略に述べると、「一人っ子政策」の実施は、中国にとってやむを得ない選択であり、30年間に積み重ねてきた政治政策および人口政策の試行錯誤によってもたらされた結果であるといえる。

ところが、ここで留意すべき点は、すでに述べたように、「一人っ子」家族がもたらす内的要因と外的要因の存在である。「一人っ子政策」は外的要因のカテゴリーに入るが、それは特別なものであるといわねばならない。なぜなら、これまでの外的要因は、自然発生的なものであり、家族の出産意識に影響を与えたが、かならずしも家族の出産意思決定権を抑制したわけではなかったからである。これに対して、「一人っ子政策」

第Ⅰ部　序論

の場合は、賞罰制度をともないながら実行され、行政手段を用いて強制的に「一人っ子」にすることを家族の義務として要請している。これは、中国はもちろん、世界各国の家族事情においても、これまでに例のない出来事である。

　しかし、近代社会では人権尊重の理念が一般化し、個人の権利がより強調・重視される世界的風潮のなかで、中国の「一人っ子政策」の実施は、人権尊重の理念に逆らう行為であると指摘されてきた。とりわけ、アメリカを始めとする西欧諸国は、「一人っ子政策」を人権侵害問題として現在に至るまで中国政府を厳しく批判し続けている。一方、中国国内においても、「一人っ子政策」の実施に対してさまざまな対抗勢力が存在していた。これは、とくに1976年以降、労働生産責任制の導入によって、男子労働力が重要視される農村地域において、「一人っ子政策」の実施が多くの現実問題と衝突した。1982年以後農村地域に向けての「第2子出産条件」[11]の追加は、これらの現状に対する妥協であるともいえる。

　「第2子出産条件」の拡大と緩和によって、現在農村地域での「一人っ子政策」の実施は実質上崩壊したといえる。しかしながら、行政管理システムが完備されている中国の都市部において、「一人っ子政策」が賞罰制度をともなうことにより確実に実施され、大きな成功を収めたことは事実である。中国人口情報研究センター（中国語：中国人口信息研究中心）の統計によれば、1995年、中国には、3.2億の家庭があり、そのうち「一人っ子」をもつ家庭は20.7％を占めている[12]。これによって単純計算すれば、1995年の時点で、中国の「一人っ子」の総数は約6,600万人であったことが分かる。しかし、1995年以降、都市部での「一人っ子政策」は依然として厳格に実施されてきたため、「一人っ子」の総数は確実に増えつつあることはいうまでもない。

　「一人っ子政策」の実施によって、大勢の「一人っ子」家族が生み出された。ところが、「一人っ子」家族のほとんどが都市部に集中していることが、中国における「一人っ子」家族の分布上の特徴である。たとえば、

1993年から1994年4月までの「家族のなかの子どもたち」という国際比較調査には、調査対象とした上海の小学5年生（773名）のなかで「一人っ子」は93.2％を占め[13]、また北京と上海で3歳から5歳までの幼児を対象とした調査（1991年）では、被調査者の子どもはほぼ全員「一人っ子」であるという結果がある[14]。本研究の調査地の一つ、少数民族地域であるウルムチ市の漢民族学校においても、「一人っ子」の同学年の子どもに占める割合はすでに70％を超えている。現在、ほとんどの都市部では、「一人っ子」家族は従来の少数派から一転して多数派の地位へ変わってきており、「一人っ子」家族が都市部家族の基本形態となった。これによって、都市部におけるさまざまな社会形態のなかで、「一人っ子」社会は新しい社会形態として誕生した。

4.「一人っ子」は"問題児"か

中国の国情から生まれてきた「一人っ子政策」の実施は、個人または家族の利益より、国の利益を最大限に重視する中国の社会理念に基づくものである。もちろん、この人口政策は、多くの家族の出産意思決定権を重視せず、ある意味での人権侵害に至ったものとして批判すべきであるが、この政策の実施により、中国の人口増加率が大幅に低下したことも事実である。人口と経済発展との矛盾は、中国のみならず発展途上国に共通してみられる深刻な社会問題である。この問題に対する中国の試みについての賛否両論はこれからも激しく論争されるだろうと思われる。

ところで、本研究の関心は、「一人っ子政策」のメカニズムを検証することではなく、「一人っ子政策」の実施によって出現した大勢の「一人っ子」の教育問題にある。なぜなら、子どもが一人しかいない家庭環境は、子どもの発達においてマイナスの影響を与えるとされているからである。

家庭に子どもが一人だけという家庭環境は、子どもの教育にどのような影響を与えているだろうか。周知のように、家族関係は夫婦関係、親子関係ときょうだい関係から構成され、複合的な関係である。家族関係

第Ⅰ部　序論

の構成特徴によれば、家庭における親子関係ときょうだい関係は、図序-1にまとめることができる。要するに、きょうだい間、親子間の関係は複線型の関係である。そのうち、3人家族、4人家族、5人家族…の家族関係をみれば、家庭における子どもの数が増えれば、子どもの出生順序によって、親との関係（タテの関係）ないしきょうだいとの関係（ヨコの関係）もより複雑になることが明白である。言い換えれば、家庭における子どもの数の変化によって、家族関係に大きな変化がもたらされることになる。だが、「一人っ子」の場合は、きょうだいがいないために、親との関係は単線型の関係である。これにしたがって、「一人っ子」の親子関係は密接な関係になりがちと見なされている。

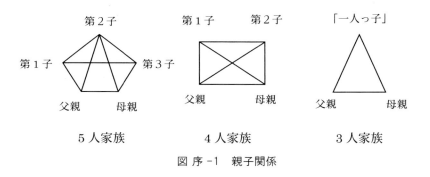

図 序-1　親子関係

発達心理学の一般原理に基づいていえば、親子関係ときょうだい関係は、いずれも子どもの発達段階において重要な機能を果たしている。家庭教育は親子関係を軸にして展開されるものであるため、親子関係の変化によって子どもに対する親の教育意識にも変化をもたらす。一方、きょうだい関係は子どもの発達において以下のような効果がある。要するに、(1) きょうだい間の観察学習ができること、(2) きょうだいが互いに比較の対象となること、(3) きょうだいを通して対人的技能を習得すること、(4) 親の過保護を抑制すること、などである[15]。

以上の親子関係およびきょうだい関係と子どもの発達との因果関係をみれば、きょうだいがいない家庭環境は、子どもの発達において望ましいものではないことが分かるだろう。そして、発達心理学の視点によれば、「一人っ子」は主に二つのマイナス面をもっているといわれている[16]。ちなみに、第1には、きょうだいがいないことである。「一人っ子」はきょうだいがいないために、きょうだい関係の欠損からもたらされる家族外での対人関係がスムーズにいかない傾向が存在している。第2には、「一人っ子」の親の養育態度に問題が多く発生していることである。「一人っ子」家族には、子どもが一人しかいないために、親のすべての期待が「一人っ子」に寄せられ、そのため親の目が子どもに届きすぎて過保護、過干渉になりやすいのである。

　ところが、以上の研究者の議論を裏づけるように、中国では「一人っ子」に対する親の期待があまりにも高いという問題、また「一人っ子」が親に溺愛され、過保護にされ、そして自立できない「一人っ子」が出現するという問題がマスコミでしばしば取り上げられ、これによって中国における「一人っ子」の教育問題は急速に社会問題化されるようになってきた。その後、「一人っ子」に対して「小皇帝」、「小太陽」などの呼び方の流行によって、「一人っ子」はまさに"問題児"の代用語であるといったイメージがもたらされた。

5. 家庭教育問題としての「一人っ子」問題

　「一人っ子」の教育問題は、「一人っ子」の人数の激増にともない顕在化し、社会問題にまで発展してきた。1986年5月26日付の中国政府の機関紙『人民日報』（海外版）は、「一人っ子はすでに3,500万人に達す、教育問題を社会的に重視すべし」（「独生子女已達3千5百万、教育問題応引起社会関注」）という記事を発表し、いち早く「一人っ子」の教育問題に対する関心を呼びかけた。

　ところが、現代社会における家庭教育の「私事化」へ進む傾向によって、

子どもの教育は親に任せるという社会風潮がある。そのために、子どもが何らかの問題を引き起こした際、親がまず責任を追及される傾向が強い。中国でも同様の現象がみられ、そのために「一人っ子」の教育問題を取り上げるマスコミの視線が一斉に「一人っ子」家族のあり方に向けられた。要するに、「一人っ子」の教育問題は親の教育方法の不適切さから生じた問題だという世論が主流を占めた。

これまで、きょうだいがいないために、「一人っ子」の教育問題が生じやすいというイメージがあった。もちろん、「一人っ子」はかならずしも問題を起こすわけではない。しかし、「一人っ子」がもつ特殊性 — 家庭における唯一の子ども — という家庭環境によって、「一人っ子」の家庭教育は、「非一人っ子」とは異なり、一定の特徴が存在することは否めない。「一人っ子」の家庭教育をよりスムーズに行うためにも、その特徴を検証すべきである。

では、中国における「一人っ子」の家庭教育は、いかなる特徴があるだろうか。すでに述べたように、中国の「一人っ子」家族をもたらす主な要因は特別な外的要因 — 「一人っ子政策」の実施によるものである。そして社会主義体制下の独特な組織管理制度に置かれている「一人っ子」の親は、その意思にかかわらず、国家の人口政策に従うしかなかった。これを言い換えれば、自発的に子どもを産まない親がいることは否めないが、多くの「一人っ子」家族は出産意思を抑制されたともいえる。これは、ほとんどの親が自発的に第2子を産まないといわれる日本[17]、または他の国の「一人っ子」家族と比べると、本質的に異なる部分である。

一方、第2章で論じるように、中国の家庭教育は社会主義の家庭教育理念に基づくことが要求されている。このために、社会主義社会の後継者の育成と位置づけられている家庭教育の展開には、他の国とは異なる特徴がみられる。以上の2点を踏まえると、中国の「一人っ子」の家庭教育は中国に固有の特徴を有しているという仮説を立てることができよう。そうであるとすれば、中国の「一人っ子」の家庭教育に生じる問題

を分析する際、これまでの「一人っ子」に関する研究結果を直ちに適用することは適当ではない。そこで、まず、中国における「一人っ子」の家庭教育の特徴を明らかにする必要があろう。

6. 本研究の三つの課題

　親は家庭教育の担い手であるという認識はすでに一般化されている。同時に、家庭教育はそれぞれの家族の「私事」であるという見方も広がっている。家庭教育を私事化することによって、家庭教育はほぼ完全に親の意識によってコントロールされることになる。この視点から、本研究は、子どもに対する親の教育意識問題に焦点を合わせ、「一人っ子」をもつ親の教育意識、またはこれを規定する諸要因を明らかにすることによって、中国の「一人っ子」の家庭教育の特徴を見出したい。

　以上の問題を解明するために、客観的なデータをもとに詳細な分析作業を行う必要がある。これと関連して、「一人っ子」自身にみられるさまざまな問題は、単に「一人っ子」ゆえと結論づけてよいであろうか。さらに、「一人っ子」をもつ親の教育意識に問題があるとされているが、親の教育意識を規定する要因はいったい何だろうか。1970年代末以後の中国における社会変動は、「一人っ子」の家庭教育問題との諸関係にどういう影響を与えてきたのであろうか、などの疑問にも答えなければならない。ここで、以上の疑問を整理すると、以下の3点にまとめられる。

　第1は、「一人っ子」家族における親の教育意識は、「非一人っ子」家族と比べると異なっている点である。両者の違いは、どういった視点、内容で異なっているのかについて、詳細な分析と比較が必要である。

　第2は、「一人っ子」家族には、子どもに対する親の教育意識に問題が存在している点である。この問題が生じる要因は、親のしつけ観や親の社会的階層（学歴と職業）などとの諸関係についての考察が不可欠である。さらに、この点で異なる社会的階層に属する親の間に差異があるかどうかについての考察も必要である。

第Ⅰ部　序論

　第3は、「一人っ子」親の教育意識の形成と変動する社会との相関性という点である。社会主義体制を基盤にした中国の社会は、1979年以後、資本主義的な生産方式—市場経済の導入によって、社会主義の理念と矛盾するさまざまな問題がもたらされ、現在多種多様の社会的イデオロギーが並存する社会状態である。こうした社会背景は、「一人っ子」の親の教育意識の形成にどのような影響を与えているかについての考察も必要である。

　これまで、「一人っ子」に関する研究は、主に心理学で行われ、すでに多くの研究成果を挙げているが、教育学、社会学の分野で「一人っ子」の問題に取り組む研究は、心理学より数が少ない。一方、第3節の「一人っ子」の先行研究に関する検討で述べるが、これまでの研究は、「一人っ子」の教育問題の実態を明らかにするものが多く、「一人っ子」の教育問題の形成と社会背景との関わりについての分析を充分に行っているものが少ない。つまり、多くの研究は、「一人っ子」家族における過保護、溺愛、過干渉といった問題点に集中しているが、こうした問題をもたらす背後に、親の子どもに対する教育意識、親の社会的階層、さらに変動社会との諸関係についての考察が欠如しているといわざるを得ない。本研究は、以上の三つの課題をベースに「一人っ子」をめぐる諸要因に構造的なアプローチを用いることにより、子どもに対する親の教育意識の形成と親の社会的階層、変動社会との諸関係を明らかにし、これによって中国の「一人っ子」の家庭教育の特質を明確にすることを試みる。

第2節　社会主義中国における親の教育意識問題

　本研究は、「一人っ子」家族における親の教育意識への探究を通して、中国における「一人っ子」の家庭教育の特質を明らかにするものである。

序章　課題と方法

そのためには、親の教育意識と家庭教育との間にある因果関係や社会主義中国における親の教育意識を問題化する必要性を問うべきであろう。この節では、これらの問いを検討しながら、本研究の「一人っ子」研究における位置づけを明確にする。

1. 子どもに対する親の教育意識

さて、子どもに対する親の教育意識はいったい何を意味しているだろうか。ここでは、本研究の前提的作業として、まず意識と家庭教育の定義をそれぞれみることにする。

1997年に刊行した『社会学小辞典（新版）』[18]において、意識は以下のように定義されている。

> 「意識（consciousness）とは、一般的にいえば、直接に与えられた諸個人の精神的経験の総体にほかならない」という。哲学的側面から解釈すれば、以下の三つの内容が含まれている。要するに、「第1に、諸個人の生活経験のなかで、物質的もしくは身体的経験に対立する意味での心的経験を指す。第2に、それら経験の内容の多様性を統一する精神作用をとくに意識と呼ぶ場合がある。第3に、無数の条件刺激に対する諸個人の反応行動の総体を意味する場合がある。」（濱嶋・他編　1997年、16頁）

以上の定義を二つの言葉で要約できる。すなわち、意識とは、あらゆる生活経験から得られた心得であり、生活経験の全般に対する個人の総合価値判断である。これを言い換えれば、意識は個人の生活経験の集大成であり、さらに個人の価値観の集大成でもあるといえよう。

続いて、家庭教育の定義をみる。1993年に刊行された『新社会学辞典』[19]は、家庭教育を次のように定義している。

第Ⅰ部　序論

　　「家庭教育とは、狭義には、親による子女に対する意図的なしつけ、
　　訓練。広義には、家族の年長者による意図的教育を含み、また生活
　　様式、文化等を子女が身につける場合のように無意図的な人間形成
　　作用をも含むものである。」（森岡・他編　1993年、209頁）

　この定義は、次の二つのことを明示している。第1に、家庭教育は親（あるいは家族の年長者）によって行われる教育行為であること、第2に、家庭教育は意図的ないし無意図的な人間形成作用を果たしている一方、子どもに対する意図的教育行為でもあるということである。

　以上を踏まえ、本研究は、子どもに対する親の教育意識とは、親が自らの生活経験に基づいた総合価値判断を基準にして成り立っている理想の子ども像をわが子の教育において追求する心的経験ないし精神作用である、と定義する。これを具体的にいえば、親の教育意識は、親自身の価値基準に基づき、意図的、無意図的な教育方法を用いて、子どもを自分の期待の方向へ発展させる精神作用の総体である、といえよう。

　ここでは、二つの点に留意したい。第1は、親の教育意識の形成は親の生活経験との間に密接な関係がある点である。周知のように、生活経験の獲得は、生活環境、社会的地位、社会背景などのさまざまな複合要素と絡み合っている。そのために、異なる生活経験によって、親の教育意識の形成過程も異なる。ちなみに、親の教育意識の形成に影響する要因は実に複雑である。第2は、理想の子ども像を実現する過程における親の主観的な動機づけである。それぞれの親の生活経験が異なるため、期待する子どもの理想像において相違が存在している。しかしながら、子どもに対する期待には、親の主観的な動機が多かれ少なかれ働いていることが事実である。これは子どもに重い圧力をかけてしまい、過干渉の結果に落ち込む可能性が潜んでいる。

　とりわけ、子どもに対する親の教育意識の形成は、親の生活経験と密接な関係がある一方、親の主観的ないし客観的な思惑も内蔵していると

いえる。

2. 家庭教育と親の教育意識との関連性

　さて、パーソンズの家庭における子どもの社会化は家族の基本機能であるというすでに有名な言説がある。この家族の基本機能を果たすのにそれぞれの親のあり方は異なっている。現代社会は家庭教育事業に対して多くのサポートを提供しているが、家庭教育は学校教育と異なり、「私的な領域」という特徴が強いため、外部からの干渉がきわめて難しい。そのために、外部からのサポートはただ家庭教育環境の改善に留まり、家庭教育をこれまでの閉鎖状況から開放状況へと改善するには至らなかったといえる。もちろん、近年青少年犯罪率の増加、社会道徳倫理水準の低下などにつれて、「家庭の教育力が低下している」と叫ばれる現代社会において、社会はもっと家庭教育の改善に介入すべきだという主張があるが、「私的な領域」への踏み込みは「家族の人権」侵害を犯す恐れがあるため、社会の家庭教育への介入には限界があることを認めざるを得ない。こうしたことによって、家庭教育はいかに行われるのか、どのような役割を果たせるのかなどのことが、それぞれの家族の「私事」であり、親に任せるという社会通念が主流となっている。

　このような社会の現状によって、家庭教育は「密室中の教育」となっているといっても過言ではないだろう。外部からの干渉が家庭内部に届かないため、家庭における子どもの教育は、完全に親の意識によってコントロールされる結果になる。しかし、親の主観的、客観的な個人動機と結びつく家庭教育は、功利性を求める教育となりがちであり、時には親の欲望によって作動する教育になる傾向もある。現実には家庭教育の主導権を握っている親は、子どもの教育を自らの自己実現のためのものとしてみている場合が少なくない。

　家族が「家族の人権尊重」という理由によって守られ、一方これによって家族と社会との間に厚い壁が築かれた。こうした状況のなかで、家庭

教育は社会の監視の目から逃れやすく、ますます「私事化」される傾向が強い。「密室中の教育」という特徴を有する家庭教育のなかで、親が多大な意思決定権を握っており、家庭教育の展開方向を導いている。それゆえ、家庭教育の結果は親の教育意識の反映である。この意味で、家庭教育に発生した問題の要因の所在を突き止めようとする際、子どもに対する親の教育意識の問題は避けられない課題である。

3. 「一人っ子」家族における親の教育意識問題

　前節で述べたように、「一人っ子」に対して、二つの指摘がある。まず「一人っ子」におけるきょうだい関係欠損の問題である。これまで、心理学ではなく、教育学、社会学などの研究から、きょうだい関係は子どもの社会化のプロセスにおいて重要な役割を果たしていることがすでに明らかにされている。子どもは出生順序によって家庭における役割が異なり、きょうだいとの関係づくりによって対人関係の認識を高める。ちなみに、子どもはきょうだいとの会話や遊び、さらに子どもの喧嘩などの行為を通して、人間関係のあり方を学び、そして外の友人関係をスムーズに営む経験が得られる。この視点から、当然ながらきょうだいがいない「一人っ子」の対人関係の問題が問われるべきだろう。ところが、「一人っ子」が欠乏しているきょうだい関係の問題を克服するために、中国では社会慣習の特徴に沿った独特の努力がすでに出現している。

　この部分については、以後の第3章で詳細に述べるが、ここで簡単に要約しておこう。(1) 戸籍制度によって人々の地域間の移動が厳しく制限されたため、親戚同士が同じ都市に留まるケースが多い。そのために、従来親戚同士の往来が重視される中国の社会風習のもとで、いとこ同士の交流が比較的に多い。(2) 中国の社会には自発的に「一人っ子」の家庭環境を改善しようという動きが出現してきており、中国ではこれを「小紅花運動」と名づけている。要するに、同様な「一人っ子」をもつ家族同士の付き合いを通して、擬似きょうだい環境を作り、これによって「一

序章　課題と方法

人っ子」の対人関係問題を克服しようという目的である。「小紅花運動」は、「一人っ子」にとって、擬似きょうだいとの関係を通して対人関係のあり方を習得できる。いとこ同士との交流にせよ、「小紅花運動」にせよ、いずれも「一人っ子」の対人関係の問題の改善に対して有益な試みとして期待できるだろう。

　ところで、以上の「一人っ子」のきょうだい関係問題と比べると、先行研究に常に論じられている「一人っ子」に対する親の養育態度、言い換えれば親の教育意識の問題をいかに克服するかという課題はきわめて難しい問題である。これは、「一人っ子」家族における親子関係の変化と密接に関係した問題である。

　前節の図序-1で示したように、「一人っ子」の親子関係は密接な関係になりがちである。このような親子関係は、「一人っ子」にとっては親のすべての愛情を一身に受けることができる一方、親に干渉されやすい結果にもなる。これをさらに詳細に分析してみれば、「一人っ子」家族は、まず物理的な条件からいうと、子どもにかける養育費ないし養育時間が「非一人っ子」の家族より多い。次に親の情緒面においていえば、「一人っ子」は親にとってかけがえのない存在であるため、親子の一体感が強いという傾向がある。こうしたことによって、「一人っ子」は親に過保護、溺愛される一方、親に高い期待を寄せられている。

　とくに、ここで注目すべき点は、自分の意思で「一人っ子」しか産めない選択をした親と異なり、中国の「一人っ子」の親が最初から子どもの数を選べない立場に置かれている現実である。こうした社会背景は、最初の子でもあり、最後の子でもある我が子をより大切に育てたいという傾向を生んだし、または子どもへの期待が一層高まってしまったという結果をもたらしやすい。このような気持ちを抱く親は、「一人っ子」に対する眼差しがより厳しく、より高いものである。これがとくに子どもの教育に対する親の意識に鮮明に現れている。

　中国で大きな社会的な反響を呼んだ、「一人っ子」家族に発生した悲劇

第Ⅰ部　序論

「夏斐事件」（第1章第3節を参照）は、これを裏づける典型的な例である。当時小学校4年生であった夏斐の母親は子どもの学習成績に対する要求が非常に高く、子どもを自分の思ったようにさせるため、体罰さえも教育の手段とし、結局子どもを体罰によって死なせてしまったこの事件を契機として、「一人っ子」家族における子どもへの不適切な期待という問題が社会の注目を呼んできた。ところが、「夏斐事件」以後同様な事件が絶えず発生したという事実が、「一人っ子」に過剰な期待を寄せる親の姿をうかがうことができる。

　以上を踏まえていえば、「一人っ子」の家庭教育問題を解明するための突破口として、親の教育意識の問題から着手する本研究の分析視点はきわめて重要である。

4. 社会主義中国における親の教育意識

　周知のように、1949年から1976年までの約30年間に、中国では、政治至上主義が氾濫し、「左的な思想」、すなわち左翼的なイデオロギーの影響のもとで、階級論争はあらゆる領域で引き起こされ、以後の第2章で述べるように、「革命の後継者の育成」と位置づけられている家庭教育領域も例外ではなかった。その時期には、家庭教育における主な問題は、いかにブルジョア的な思想を排除し、プロレタリア的な思想の樹立および「革命の後継者の育成」という議論、つまり家庭教育理念の問題が争論の焦点となっていたが、家庭教育の内容、または親の教育意識の問題などに関してはまったく無関心であった。

　ところが、「一人っ子政策」の実施は、経済改革・開放政策の実施とほぼ同時に発足したものである。市場経済の導入により、中国の社会は急速に「政治社会」から「商品社会」へと変わってきた。自由競争原理を適用された社会背景のもとで、貧富の格差の拡大、またはリストラによる失業者の激増などの社会主義理念に合わない現象が続々と出現してきており、社会に大きな混乱をもたらしたことは事実である。こうした社

会変動にしたがって、社会的なイデオロギーにおける摩擦・矛盾、個人のライフ・スタイルの変化、さらに社会におけるしつけモデルの喪失、道徳規範の希薄化などの現象が起こりつつある。

　現在、中国の社会は、まさに「価値観の多様化時代」であるといえる。こうした社会背景のもとで、「一人っ子」をもつ親たちの教育意識の規定要因は一元的なものではなく、多元的なものであろう。そのために、「一人っ子」をもつ親たちは、社会変動にしたがって揺れつつある社会背景のもとでの子育てについて葛藤も多く生じているだろう。「家庭の教育力が低下している」といわれている状況のなかで、「一人っ子」をもつ親の教育意識の規定要因を明らかにすることによって、「一人っ子」の家庭教育、もっと広げていえば中国の家庭教育の問題所在を突き止めることができるだろうと思われる。

　これまで、家庭に子どもが一人しかいないことは、子どもの成長にとって好ましくないものと見なされているが、すでに「一人っ子」にした家族の場合は、いかに子どもの教育をスムーズに行うかという問題は意義深い課題である。一方、「一人っ子政策」の実施により出現してきた大勢の「一人っ子」家族の存在、さらに「一人っ子政策」の実施を停止しない限り、「一人っ子」の数がさらに増えつつある現状を抱える中国では、「一人っ子」に関する研究はきわめて重要、かつ必要である。

　以上の考えを踏まえ、変動社会における家庭教育の意識の変化を注目しながら、本研究は、主に「一人っ子」の家庭教育における親の教育意識問題に焦点を当て、親の教育意識の規定要因を探究することによって、中国における「一人っ子」の家庭教育の特質を明らかにするものである。こうした課題意識のうえに立って、社会主義中国における家庭教育の意識構造の解明に迫っていきたいと考える。

第Ⅰ部　序論

第3節　「一人っ子」に関する先行研究の検討と問題点

　冒頭で述べたように、これまで「一人っ子」家族は社会全体に占める割合が少ないため、それに対して社会からの関心の目が届かず、「一人っ子」の教育問題が重視されるに至らなかった。これは多くの「一人っ子」が産まれた1980年代以前までに「一人っ子」に関する研究が少ないのもそのためであった。「一人っ子政策」の実施を契機として「一人っ子」の研究は盛んになってきており、多くの研究者の努力によって豊富な研究成果が蓄積されている。この節では、まず中国と中国以外の地域における「一人っ子」に関する先行研究の流れを概観し、それから先行研究における問題点について考察する。

　「一人っ子」に関する研究は、1898年に発表したボハンナン（E.W. Bohannon）の「家族のなかの一人っ子」（The only child in a family）が最初の研究論文とすれば、100年以上の歴史を有している。しかしながら、中国国内においては、「一人っ子政策」が実施された1980年までに、「一人っ子」に関する研究はまったく行われなかった。したがって、1980年以前の「一人っ子」研究は中国以外の地域で行われており、1980年以降は中国の「一人っ子」を研究対象とするものが主流であるといえる。以上を念頭におきながら、この節は、「一人っ子政策」が本格的に実施された1980年を境として、「一人っ子」に関する先行研究を1980年以前と1980年以後の二つの部分に分けて述べることにする。

1.　1980年以前の「一人っ子」研究

　心理学では、出生順序と家族規模は子どもの発達に大きな影響を与える要因であると主張している。家族における子どもの出生順序によって期待する役割が異なる一方、きょうだい関係を通しての子どもの発達がもっとも重要とされている。そのために、「一人っ子」のきょうだい関

係の欠如は、子どもの発達にどのような影響を与えるのかという問題に多くの研究者から高い関心が持たれていた。前期の「一人っ子」研究は、このような傾向を反映し、「一人っ子」の対人関係、性格形成に重点をおくものが目立っていた。

　初めに、いままで「一人っ子」をテーマにした研究論文にしばしば引用され、「一人っ子」の研究に大きな影響を与えてきたボハンナンの研究を取り上げる。ボハンナンは、1898年に発表した、最初の「一人っ子」に関する研究論文といわれる「家族のなかの一人っ子」のなかで、「一人っ子」のほとんどは友達との付き合いがうまくいかないという「一人っ子」の対人関係の欠乏説を提起した[20]。ところが、この研究が扱っていた「一人っ子」のサンプルは46名しかないということ、さらにこれらの「一人っ子」は精神科医に通った経歴があること、という2点で、ボハンナンの「一人っ子」の対人関係の欠乏説の信憑性が問われていたにもかかわらず、この結論がそれ以後の「一人っ子」研究に与えた影響は非常に大きかった。

　「一人っ子」の対人関係の欠乏説がはじめて疑われたのは、ボハンナンの論文が発表されてから30年が経ってからのことであった。フェントン（N. Fenton）は、「一人っ子」の小学生と大学生を調査対象にしてまとめた論文「一人っ子」（The only child）を1928年に発表し、論文のなかで「一人っ子」と「非一人っ子」とを比べ、人間関係の適応性には差異が存在しないという新しい結論を提起した。フェントンの主張は、ボハンナンの主張と正反対であり、「一人っ子」研究の領域において大きな波紋を拡げた。その後の「一人っ子」研究は、「一人っ子」の対人関係の欠乏説について賛成と反対の二つの意見に分かれ、現在まで一致した結論に至っていない。

　一方、きょうだい関係の視点以外に、「一人っ子」の性格、知力、親子関係といった視点からの研究もあった。これらの研究は、「一人っ子」と「非一人っ子」との差異に分岐し、同一の見解を示せず、"差異がある説"

第Ⅰ部　序論

と"差異がない説"との二つの研究が並行して進行してきた。

　1990年代、アメリカのコーネル大学の教授、社会学者ダドリー・ポストン（Dudley Poston）とテキサス大学の教授、児童心理学者トニー・ファルボ（Toni Falbo）の両学者は、1925年から1984年までの間に発表され、比較的厳密性の高い115篇の「一人っ子」に関する研究論文について分析を行った。この115篇の論文（1975年以降に発表したものが3分の1を占める）は、「アメリカで発表したものが79.1％、アメリカ以外の英語圏地域で発表したものが12.2％、アメリカ以外かつ英語圏以外の地域で発表したものが7.8％である」[21]。

　ファルボとポストンは、定量分析の方法を用いて、この115篇の論文についていくつかの側面から検証し、次の三つの側面から有意差を得た。第1に、達成と知力の点において、「一人っ子」は「非一人っ子」との間に差異が存在しているが、小規模家族（子ども2人の家族）と第1子との間に差異が存在しない。第2に、社交性、適応性の点で、「一人っ子」と「非一人っ子」との間に、差異が存在しない。第3に、「一人っ子」家族の親子関係は、大家族（子ども5人の家族）に限って差異がみられたが、中規模家族（子どもが3〜4人）と小規模家族と比べ、差異が存在しない、という結論であった[22]。

　ファルボとポストンの分析が依拠した論文の79.1％がアメリカで発表されたものであるため、以上の分析結果はアメリカの「一人っ子」研究における議論傾向を反映しているといえる。ところが、分析上の有意差が、分析データの分布上の特徴を示しており、その分析結果によれば、アメリカでは「一人っ子」家族と「非一人っ子」家族との親子関係の差異、または「一人っ子」の対人関係の欠乏説を否定する論文が多いことが分かる。実際、以上の文献分析をしたファルボとポストン自身も、「一人っ子」の対人関係の欠乏説を否定する立場にたつ研究者である。

　ところが、アメリカの状況と異なり、日本のこの時期には、「一人っ子」の対人関係の欠乏説を主張する研究者が多かった。その代表的な研究と

して、依田明『ひとりっ子・すえっ子』（1967 年）、山下俊郎『ひとりっ子』（1979 年）が挙げられる。このような日米間の研究結果の違いについては、次の 1980 年以降の「一人っ子」研究の部分で分析する。

　1980 年以前の「一人っ子」研究においては、さまざまな議論があったが、このような状況をもたらした要因を分析してみれば、主に以下の 3 点を挙げることができる。

　第 1 は、この時期の「一人っ子」研究の特質と関係している。この時期の「一人っ子」研究は、正確にいえば二つの研究から構成されている。要するに、「一人っ子」研究（only-child research）と第 1 子研究（one-child research）である。調査当時に「一人っ子」だった家族は、その後第 2 子を産む可能性が十分にあるため、きょうだいが産まれた時点で「一人っ子」が第 1 子の地位に変わり、「一人っ子」の特徴がなくなる。子どもを産む計画があるかどうかによって、「一人っ子」に対する親の育児態度は異なってくると思われる。この点でいえば、「一人っ子」研究と第 1 子研究とは、重なる部分がある一方、相違点も存在する。だが、この二つの研究には厳密な境界線を設定しにくいため、「一人っ子」に関する研究結果の不一致の問題をもたらしたことと結びついている。

　第 2 は、それぞれの論文に取り上げられていた「一人っ子」の家族背景と関わっている。すでにみたように、「一人っ子」家族の出現要因は実にさまざまな社会背景と関わっている。それゆえ、内的要因による「一人っ子」家族の出現であれば、外的要因による「一人っ子」家族の出現でもある。こうした複雑な家族背景は、「一人っ子」研究の結果を左右し、異なる結果を生み出すこととなる。

　第 3 の要因はもっとも重要な要因であり、要するに「一人っ子」家族は普遍的な現象ではなく、社会全体に占める「一人っ子」家族の数が少ないことと関係している。これまで「一人っ子」家族が少ないこと、または「一人っ子」家族は点々として社会に散在しているため、研究のサンプルになる「一人っ子」家族の集まりがきわめて容易なものではなかっ

た。そのために、それぞれの「一人っ子」に関する研究はそれぞれのサンプルの条件に制限されているため、研究結果に偏りが生じることは当然である。

以上で論じた要因以外には、研究方法に問題があることも考えられる。周知のように、20世紀に入ってから、心理学、教育学および社会学は飛躍的に発展した。しかし、発展段階における研究方法の模索あるいは未熟などの要因が研究に与える影響は否めない。とりわけ、この時期における「一人っ子」研究は、以上で取り上げた多元的な要因によって左右され、研究条件の限界が研究結果の不一致を招いた直接の要因であるといえよう。

2. 1980年以後の「一人っ子」研究

さて、1980年以前まで社会全体に占める「一人っ子」の数が少なかったことは、「一人っ子」研究の発展を妨げた要因の一つと考えられる。この点でいえば、中国における大勢の「一人っ子」の出現は、「一人っ子」研究を促進させる役割を果たした。そのために、中国の「一人っ子」に対して、中国の研究者のみならず、世界各国の研究者からも大きな関心が寄せられている。1980年以降、「一人っ子」という言葉が中国の国内と国外のマス・メディアに頻繁に登場したが、これは「一人っ子」に対する社会の関心の高さを示すものと考えられる。

1980年以降、「一人っ子」に関する研究は、心理学、教育学、人口学、社会学などの多分野にわたって行われ、多くの実績が蓄積されている。以下は、この時期に行われ、鮮明な特色を帯びるいくつかの代表的な研究を取り上げたい。

まず、心理学における「一人っ子」の研究として、以下の三つを挙げることができる。

第1は、すでに言及したアメリカのコーネル大学のダドリー・ポストンとテキサス大学のトニー・ファルボによる大規模な実証的比較研究が

ある。これは、米国国立衛生研究所（National Institutes of Health）の研究助成金を得て、1990年4月から6月までに中国の北京市、安徽省、甘粛省、湖南省の人口学者と社会学者らと共同で行った、中国の子どもの発達に関する研究である[23]。

この研究は、小学校3年生と6年生を合わせて4,000人を調査対象としており、学校の担任の先生、子ども本人、同級生および親に対してアンケート調査を行い、データに関する分析結果によってそれぞれ地域の子どもの発達状況を明らかにした。ファルボらは、「一人っ子」と「非一人っ子」との体格、学業成績、性格といった側面に注目し、「一人っ子」と「非一人っ子」との発達に地域格差が存在することを明らかにした。一つの地域に限った研究が多い現状のなかで、この四つの地域に関する比較研究は、きわめて重要であり、とくに「一人っ子」における地域格差が検証された結果は、「一人っ子」研究に有益な示唆を提示した。

ところが、この研究は、子どもの身体の発達に焦点を合わせたために、子どもの教育に対する親の問題意識については、詳細な議論を行わなかった。また、子どもの発達における地域差を指摘したにもかかわらず、この差異をもたらす諸要因についての説明も欠如している。

第2は、中国青少年研究中心（センター）少年児童研究所主催の「中国都市部における一人っ子の人格発達状況と教育に関する実証研究」[24]である。これは、孫雲曉と卜衛などをはじめとする中国の児童研究者たちによって行われ、「一人っ子」の人格発達における諸問題を探究する大規模な実証研究である。

この研究は、人格を個人の行為、心理的な特徴の総合として定義し[25]、そのうえで、これまで心理学研究で使われている人格判断指標のいくつかのモデルを参考にして調査項目表を作成した。調査では、これを用いて全国14の都市で3,349名の「一人っ子」（10～15歳）とその親を対象にした。この研究は、心理学の視点から「一人っ子」家族における親の子育て態度、親子関係の状況、または学校教育と情報社会が子どもの

第Ⅰ部　序論

発達に与える影響などを議論し、「一人っ子」の人格発達の状況を知るには多くの貴重な資料を提示した。

　しかしながら、この実証研究は、全国の14都市で調査を行ったにもかかわらず、それぞれの地域におけるサンプルの特徴についての説明がなかった。また、その分析結果は一括して論じられ、地域別でのデータの検証が行われなかったという欠点が存在している。

　第3は、日本では、「一人っ子」に関する研究において、依田明『ひとりっ子・すえっ子』（1967年）[26]、『ひとりっ子の本』（1981年）[27]、山下俊郎『ひとりっ子』（1979年）[28]、詫摩武俊『ひとりっ子の本』（1989年）[29]などを取り上げることができる。これらの研究のなかで、「一人っ子」の教育、要するに「一人っ子」をいかに育てるかという問題について、心理学の視点から、子どもの発達段階に沿って、さまざまな角度から詳細に解明した。これらの著作は、日本の「一人っ子」を対象にしたものにもかかわらず、日本と同じく子どもの出生順位を重視する伝統を有する中国の「一人っ子」の家庭教育研究にとっても、非常に参考になる研究である。

　次は、教育学、社会学における「一人っ子」の研究から以下の三つに注目したい。

　第1は、陳丹燕の『一人っ子の宣言』（中国語：『独生子女宣言』[30]）がある。この本の著者陳丹燕は、1992年からの3年間にわたって上海東方ラジオ局で青少年番組のキャスターを担当し、その際、番組編集部に寄せられてきた多くの「一人っ子」からの手紙に注目をした。これらの手紙には、「一人っ子」たちが自ら家庭生活、親子関係で抱えているさまざまな悩みが書かれており、陳は、このような一万通以上の手紙の中から代表的な100通ほどの手紙を選び、1冊の本にまとめた。

　「一人っ子」たちは、この青少年番組が自分たちを理解している場所として認め、そして普段他人にいえない悩みをこの番組に寄せた。この点でいえば、この本は「一人っ子」たちの考えていることや悩みをまとめた、

序章　課題と方法

いわゆるメッセージ集に過ぎない。しかし、「一人っ子」が置かれている家族状況、または親子関係に対する子どもの望みなどを知るには貴重な資料であり、「一人っ子」研究においても参考価値が十分に認められよう。

　第2は、「一人っ子」の社会化問題に取り組む風笑天の研究がある。たとえば、「『一人っ子』をもつ親の役割の特徴」（1993年）[31]、「偏見と現実 ―『一人っ子』の教育問題に関する調査と分析」（1993年）[32]、「家庭と中学生の『一人っ子』の社会化との関わり」（1998年）[33] などの論文では、家庭における「一人っ子」の社会化問題についての分析結果に合わせて議論が展開されている。しかし、風の調査は主に武漢市に限ったものであるために、その分析結果が一つの地域に限定されており、他地域の状況をうかがい知ることはできない。

　第3は、福岡県立大学教授、阿部洋を代表とする日本人研究者らと、中国南京師範大学の研究者らとの共同で行われ、『現代中国における教育の普及と向上に関する実証的な研究 ― 江蘇省の場合を中心に ―』（1998年）がある[34]。この研究は、主題をめぐって三つの視点から分析を行い、詳細な調査データのもとで、経済改革・開放以降の江蘇省における教育の展開状況を解明した。この研究は、江蘇省に限ったものであるが、江蘇省の事例を通して、中国の社会変化と教育展開との関わりを一側面から知ることができる。

　この実証研究のなかで、「一人っ子」の家族構成、親の教育観などについての調査項目[35]があるが、ここではむしろ小中学生の学習と生活状況についての調査項目[36]に注目したい。この小中学生に関する調査は、詳細な調査項目を通して、江蘇省蘇南地区における小中学生の親子関係の特徴を明らかにし、これを通して蘇南地区の家庭教育状況を知ることができる。とくに、調査した小中学生のなかで、「一人っ子」が占める割合が高いということから、「一人っ子」の親子関係を知ることにも大いに参考になると思われる。しかし残念ながら、この研究は子どもの親子関係における問題点を指摘したが、この問題をもたらす諸要因についての

第Ⅰ部　序論

分析が不十分であるといわねばならない。

　最後に、人口学からは、若林敬子の中国の人口問題に関する研究が代表的である。若林は、人口社会学者の視点から、中国の深刻な人口事情、および「一人っ子政策」の実施前後、人口問題に関する社会の動きなどの状況を、厳密な調査結果、詳細な文献資料、政府の統計データに基づき研究し、これらの研究成果が『中国の人口問題』(1989年)[37]、『中国人口超大国のゆくえ』(1994年)[38]などの著作にまとめられている。これらの著作を通して、中国における人口問題の実態を知ることができる一方、「一人っ子政策」の実施背景・過程に関する詳細な記述は、多くの「一人っ子」研究者にとって、貴重な研究成果となったことはいうまでもない。

　とりわけ、中国の「一人っ子」の教育問題が、社会問題にまで展開していくにつれて、「一人っ子」に関する研究はさまざまな角度から分析が行われるようになった。ところが、この時期における「一人っ子」研究の焦点は、従来の「一人っ子」研究と同じく、やはり「一人っ子」と「非一人っ子」との相違に集中する論文が多い。とくに、中国と日本の「一人っ子」研究においては、このような傾向が著しくみられる。これと対照となるのは、すでに述べたアメリカの「一人っ子」研究である。アメリカでは、「一人っ子」と「非一人っ子」との差異について、否定的な立場の研究論文が多い。こうした「一人っ子」に対する認識の差異を生じる要因はいったい何だろうか。これについては、以下のような理由があると思われる。

　(1) 子どものきょうだい関係に関する認識の違いである。これについては、日本の教育心理学者詫摩の論説に注目したい[39]。要するに、なぜ欧米より、日本の親が「一人っ子」であることをよく気にするのかについて、詫摩は、英語の brother ないし sister と、日本語のきょうだいとのカテゴリーの違いという視点から解釈している。

　詫摩の論述によれば、欧米では、brother は男のきょうだいの総称であり、sister は女のきょうだいの総称である。しかし、日本では、きょう

序章　課題と方法

だいという意味は、きょうだいにおける出生順位の意味が含まれている。言い換えれば、きょうだいという意味のなかで、兄か弟か、姉かまたは妹か、というような意味区分がある。日本では、従来「総領の甚六」という言葉を用いて、長男の性格を示している。要するに、長男はおっとりした好人物であると同時に、ボンヤリしたところもあるという意味である。こうした子どもの出生順位によって、異なる見方を示す文化を抱える日本は、きょうだい関係がより重要視されている。こうした要因を背景に、「一人っ子」であることが注目を浴びやすい。この要因は、日本と同様な傾向がみられる中国の状況にも当てはまる。

　(2) 子どもの独立性の養成に対する態度の違いである。中国と日本では、子どものきょうだい関係を重視する伝統がある一方、きょうだい間の役割をはっきりとする風習もある。要するに、きょうだいがいる家族で、よく耳にする言葉―"あなたはお兄さんだから"、あるいは"あなたはお姉さんだから"という言葉に表現されるように、きょうだい間の役割期待が一目瞭然である。

　これによって、上の子が下の子の面倒をみるのは当然のことと認識し、したがって、下の子は、上の子に手伝ってもらうことに、だれも異議がない。かくして、上の子と下の子との差異が少しずつ拡がってくるであろう。この点でいえば、欧米とは異なっている。欧米では、上の子であれ、下の子であれ、きょうだいに依存することではなく、個々の子どもの独立性の養成が重要視されている。それゆえ、家族におけるきょうだい間の差異がきわめて少ない。したがって、「一人っ子」であろうと、「非一人っ子」であろうと、あまり重要視されないことになると思われる。

　とりわけ、この時期における「一人っ子」の研究は、1980年以前の「一人っ子」研究より、発表論文数の多さ、研究規模の大きさ、論証手法の多様化といった諸特徴が顕著である。

第Ⅰ部　序論

3.「一人っ子」研究における問題点

　この時期に発表された「一人っ子」に関する研究論文あるいは書物は、枚挙に暇のないほど多数にのぼる。しかしながら、議論が不十分、または論点に偏りが存在する研究も少なくないことを否定できない。この時期の「一人っ子」の家庭教育に関する研究をみれば、以下のような問題点が存在していることを指摘できる。

(1)「一人っ子」と「非一人っ子」との相違に関する見方の背後に、それぞれの社会の育児観念と絡み合っていることをすでに前の節で述べた。ところが、「一人っ子」家族と「非一人っ子」家族との相違を示す際、単に観察データの羅列によって述べる研究が多く、この相違が生じる諸要因に関する詳細な分析を行う研究が少ない。さらに、一部の論文は、「一人っ子」に対する先入観によって、「一人っ子」を"問題児"のように見なす傾向もみられている。

(2)「一人っ子」の家庭教育問題の実態を明らかにする際、単に「一人っ子」家族における過保護、溺愛、過干渉といった表面的な現象の解明に止まる研究が多く、家庭教育の担い手である親の教育意識の側面から、教育問題と関連づけた研究が少ない。

(3)「一人っ子」をもつ親は、子どもに対する教育期待があまりにも高いという問題が、すでに多くの研究によって明らかにされている。ところが、この問題が生じる要因は、単に社会における高学歴を求める傾向に結びつくものが多く、親の教育意識を規定する要因という視点から深く掘り下げたものがあまりない。

(4) 一つの地域に限った研究が多く、地域間における「一人っ子」の比較研究は、非常に少ない。そのなかで、とくに、「一人っ子」の家庭教育における地域差を解明する研究が見当たらない。

序章　課題と方法

第4節　本研究の分析枠組み ― 三つの仮説

　以上で指摘した先行研究における問題点を踏まえ、さらに社会主義中国の社会背景を考慮したうえで、本研究は、三つの仮説を設けている。仮説1 ― 「一人っ子」家族と「非一人っ子」家族の親の教育意識には差異がある。仮説2 ― 「一人っ子」に対する親の教育意識は、社会背景と関わっているが、親ないし家庭の文化という要素とも関わっている。仮説3 ― 「一人っ子」の家庭教育は地域による差異が存在する。この三つの仮説を検証するために、それに対応する分析の枠組みを設定する。以下で、このことについて述べる。

1. 仮説1 ―「一人っ子」家族と「非一人っ子」家族の親の教育意識には差異がある

　儒教文化の影響が根強く残存する中国では、上下関係が非常に重要視されている。たとえば、子どもと親との上下関係、子どもの出生順位における上下関係などが非常に強調されている。そうした文化のなかで、中国の民間には、きょうだい間の差異を、「老大憨、老二精、老三嬌（第1子が寛厚な人、第2子が聡明な人、第3子がわがままな人）、といった表現で表わしている。そのために、日本では、なぜ「一人っ子」であることを非常に気にするのかについての詫摩の「きょうだい関係重視説」（第3節を参照）は、中国の状況にも当てはまる。本研究は、中国も日本と同様に、「一人っ子」と「非一人っ子」との間に差異があるとの説を支持する。

　ところが、「一人っ子」と「非一人っ子」との差異を主張する中国では、親の教育意識においては、差異があると受け取られているであろうか。この問題は、本研究のなかで、仮説1として設定し、これを、(1)「一人っ子」と「非一人っ子」に対する親の教育意識の実態、(2)「一人っ子」を

第Ⅰ部　序論

もつ親の教育意識と「非一人っ子」親のそれとの差異、(3) 地域による「一人っ子」の教育意識の差異、という三つの角度から検証するつもりである。

2. 仮説2 ――「一人っ子」に対する親の教育意識は、社会背景と関わっているが、親ないし家庭の文化という要素とも関わっている

これまで、教育社会学では親子関係、子どものしつけに対する親の考えなどは、親の階層と深く関わっていることが明らかにされている。しかし、中国における子どもの家庭教育に関する研究においては、親の職業、または学歴は子どもの教育に対する意識にどのような影響を与えるのかについてはほとんど触れていない。これは、中国の社会背景と関わっている。

マルクスの階級論を提唱する中国では、社会集団が政治的なイデオロギーと生産手段の所有/非所有によって、プロレタリア階級とブルジョア階級に分けられている。1956年に開催された共産党第8回全国代表大会において、「わが国におけるプロレタリア階級とブルジョア階級との矛盾が基本的に解決し、数千年にわたって形成されてきた階級の搾取制度の歴史が基本的に終息した」と発表した。しかしその後、1957年の「反右派運動」の拡大などによって、毛沢東は、プロレタリア階級とブルジョア階級との矛盾は依然としてわが国の主要な矛盾である」と主張した。こうした政治的なイデオロギー論争が頻繁に起こるなか、1970年代後半まで中国において社会集団はプロレタリア階級とブルジョア階級以外は存在しなかった。

その一方で、1949年の社会主義国家建国後、新しい産業構造システムの構築、さらに階級論争の影響のもとで、「両階級、一階層」という中国的な階層構造の特色を形成した。すなわち、両階級は労働者階級（中国語：工人階級）と農民階級、一階層は知識人階層（中国語：知識分子[40]階層）である（図 序-2）。ところが、こうした階層構造の枠組みは、70年代末の経済改革・開放政策によって新しく出現した階層[41]に対応でき

序章　課題と方法

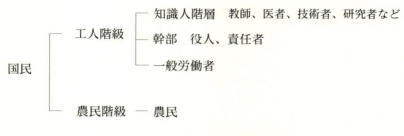

図 序-2　中国における階層区分

なくなっているという現実が指摘されている[42]。つまり、現在中国の階層構造が複雑化し、階層の捉え方に混乱が生じているということである。

とはいえ、長い間における階級論争の影響、または社会主義の平等理念の宣伝などの要因によって、中国の社会には階層に関する意識があまりにも薄い。とくに、知識人階層も労働者階級の一部と認識されていることもあり、都市部ではすべての人が労働者階級である。しかし、職業間の格差が存在するために、同じ労働者階級に属しているといっても、生活環境などの相違から価値観の違いがもたらされると思われる。これまでの先行研究を踏まえ、階層意識の薄い中国でも親の社会階層は親の教育意識の形成に影響を与えると推定する。

ここでは、本研究に用いる「階層」の概念を説明しておく。中国では、長い間の政治論争によって「階級」の概念が定着したにもかかわらず、それに対する認識がまだ不十分である。とくに、経済改革・開放以降の市場経済によって出現したさまざまな新しい階層の分類・帰属問題はかならずしも明らかにされているわけではない。これは、マルクスの階級論を提唱する中国における階層概念に対する認識に問題があると思われる。

「階級」(class) とは、「特定の歴史的発展段階にある社会的生産体制または社会構成体のなかで、生産手段に対する関係のちがいによって、地位、

37

第Ⅰ部　序論

資格、機能、所得源泉、所得額などの点で、相互に区別され、かつ相互に対立する人間の集群を意味する」[43]。一方、「階層」(social stratum)とは、「社会の重層的・段階的構造としての社会成層を構成する各層、つまり一つの連続的全体のなかに設定された段階的区分の意味で用いられる。財産、職業、所得、学歴などの点でほぼ同じか類似した社会的地位を占有する人びとの集合体をいう」と定義されている[44]。「階級」と「階層」の相違点については、小笠原の分析によれば以下の4点がある[45]。つまり、(1) 階級の本質は支配－被支配の関係であるが、階層の本質は地位の序列である。(2) 階級の基礎は社会的勢力（とくにマルクス主義の立場では経済力）であるが、階層の基礎は威信である。(3) 階級は全体社会のみの区画であるが、階層は集団一般の区画である。(4) 階級は二元的であるが、階層は多元的である、とされている。

以上を整理すれば、「階級」は「実体概念」であるのに対して、階層は「操作概念」であり、職業、財産、収入、学歴などによって識別された社会各層といわれている[46]。本研究では、階層を親あるいは家庭の文化的要素を判断する一つの操作概念として用いることにする。

現在中国では、階層をどのように分類しているだろうか。1998年、「中共中央党政幹部学校」[47]の「現在党と政府幹部が注目する思想理論問題」（中国語：当前党政幹部関注的深層次思想理論問題）の研究チームは、現在中国の社会階層を15に大別することができると発表した[48]。それは、(1) 社会管理階層、(2) 知識人階層、(3) 企業家階層、(4) 国有企業に従事する労働者階層、(5) 都市部の町に属する企業（中国語：集体企業）に従事する労働者階層、(6) 農村地域の郷鎮企業に従事する労働者階層、(7) 雇用労働者階層、(8) 自営業者階層、(9) 私営企業者階層、(10) 農村行政機関の幹部階層、(11) 農業に従事する労働者階層、(12) 農村地域からの出稼ぎ労働者階層、(13) 失業・半失業者階層、(14) 定年退職者階層、(15) 無職者階層、であるという。

以上でみたように、この階層種類の区分基準は従事する職種の性質、

または労働者の身分を基準にしているものであるが、厳密な分類とはいえない。本研究は、以上の階層区分を参考にし、かつ分析上の便宜を図って、被調査者の社会階層を13項目に設定し、さらに職業の属性を考慮して六つのカテゴリーにまとめて分析を実施する（第7章参照）。

　これまで、親の職業、学歴および所得は社会階層を判断する基本指標として一般に理解されてきた。ところで、中国における既存の給与体系では、市場経済の発展に適応できないことから、新たな給与体系システムが模索されているところである。こうした状況のなかで、人々の所得はかならずしも職業または学歴と一致しているとはいえない。給与体系制度の不備、所得隠し問題の存在、さらに予備調査の結果、所得の記入を避ける人が多くみられたことから、現時点で所得は人々の社会階層を判断する指標とするには困難であると思われる。それゆえ、本研究では親の社会階層は、親の職業と学歴という二つの指標を用いて説明する。

　一方、親が暮らしている社会の変動は親の教育意識を大きく左右すると思われる。たとえば、1979年以後、経済改革・開放政策の実施によって、社会主義の国でありながら、市場経済を導入した中国は、社会的なイデオロギーが大きく変わってきた。変動する社会は、親の養育態度に大きな影響を与え、家庭教育に侵入している。すでに論じた社会における道徳水準の低下、しつけモデルの不在などの社会変化は、親の教育意識に与える影響が無視できない。

　それゆえ、仮説2を、(1)「一人っ子」親の教育意識と親の社会的な階層（職業・学歴）との関わり（地域による差異の検証も含む）、(2)「一人っ子」親の教育意識と親の社会的背景との関わり、という側面から分析していく。

3. 仮説3 ──「一人っ子」の家庭教育は地域による差異が存在している

　これまで、一つの地域に限っている研究が多く、地域間の比較研究は少ない。しかし、広大な中国においては、地域間における社会背景と経

第Ⅰ部　序論

済発展状況は異なっている。さらに、それぞれの地域は、人々の地域間の移動が戸籍制度によって厳しく制限されたことによって、固定した地域性を作り出しやすいと考えられる。そのために、家庭教育における地域差は考慮すべきである。それゆえ、中国における「一人っ子」の家庭教育の全体像を見出すために、比較的な研究方法を用いて、それぞれの地域における「一人っ子」の家庭教育の相違点を引き出す必要がある。これは、仮説1と仮説2の地域による差異の側面からの検証を通して、明確にする。

第5節　本研究の調査地域と調査対象

1. 調査地域

　1980年以降、経済改革・開放の政策が実施され、深圳市をはじめとする四つの経済特区が先頭に立ち、中国の沿岸地域の経済状況は飛躍的に発展してきた。優れた地理条件と経済の優遇政策によって、従来存在していた沿岸地域と内陸地域との格差は一段と拡大した。そのために、沿岸地域と内陸地域において、経済水準の格差が存在する一方、経済発展によってもたらされた社会諸問題という側面においても差異がみられる。この点を考慮し、本研究は内陸地域の都市に限定して調査を行うことにした。

　本研究で調査した三つの都市、北京市、ウルムチ市、長春市は、地理的、社会的な面においてそれぞれ代表的な特徴をもっている。以下では、『中国城市統計年鑑　2001』[49]、『中国社会統計資料　2000』[50]のデータを用いて、三つの都市における政治・文化、生活・経済および教育の発展状況を概観する。

(1) 政治・文化状況

　北京市、ウルムチ市および長春市における総人口、市の人口密度については、表序-1で示した通りである。

表 序-1　三つの都市の総人口と人口密度
（カッコ内の数字は、全国262都市における順位）

	北京市	ウルムチ市	長春市
2001年末の総人口 （単位：万人）	974.14 （2位）	148.52 （41位）	292.83 （11位）
市の人口密度 （単位：人/平方キロ）	1,500 （70位）	1,779 （55位）	813 （140位）

注：『中国城市統計年鑑　2001』の2001年末の総人口（p.51）、市の人口密度（pp.467-469）より作成。

　周知のように、北京は、金、元、明、清および民国初年という五つの時代の首都であり、中国でもっとも長い歴史をもつ大都市の一つである。1949年以降、中国人民共和国の建国とともに、北京は依然として中国の首都と指定され、全国の政治、経済、文化の中心地という位置をさらに強化した。北京市は漢民族が人口の96.2％を占めており、少数民族は残り3.8％を占めている。北京はこれまでの「一人っ子」の研究においてもしばしば研究対象となってきたためデータの蓄積は多い。

　ウルムチ市は、中国の西北部に位置する新疆ウイグル自治区（以下、新疆と称する）の北部にあり、自治区政府の所在地である。ウルムチ市は、経済改革・開放以来、とくに民族自治区に対する優遇政策のもとで経済水準を大きく上昇させたものの、地理的・歴史的な要因から北京市や沿岸地域の都市の水準には依然達していない。また、シルクロード上の都市として知られている新疆は、少数民族が多数住んでおり、漢民族が人口の37.9％、少数民族が62.1％を占めている。ところで、ウルムチ市に

は、政府機関、大手会社および他の省の駐在商社が多く集まっているために、漢民族の割合は、新疆平均の37.9％よりやや多いと思われる。少数民族の居住地域であるためか、ウルムチ市の「一人っ子」の家庭教育は、これまでの研究ではほとんど取り上げられてこなかった。また、新疆は、イスラーム教の信者が一番多く、中国ではムスリムの人数がもっとも多い地域でもある。宗教と家庭教育との関わりについては、本研究では分析対象でないために、ここでは、対象を漢民族小・中学校の学生とその親に限定した。

　長春市は、吉林省の省都であり、従来から東北地域の政治、経済および文化の中心都市である。吉林省は、漢民族が人口の89.1％、少数民族が10.9％を占めている。ここは、「一人っ子」に関する研究もかつて実施されている。また、吉林省の一人当たりの国民総生産は、全国13位であり、これは12位の新疆ウイグル自治区における国民総生産の値と近い。経済水準が近く地理的に非常に離れたウルムチ市と長春市では、「一人っ子」親の教育意識に関する研究は現在まで行われていない。それゆえ、地域上に遠く離れている一方、同様な社会的属性をもつ二つの都市は、比較研究にとって格好の地域であると思われる。また、地方都市と首都北京との差異を探究する研究は一定の意義を有するものと考えられる。

(2) 生活・経済基本状況

　三つの都市の市民生活状況は、一人あたりの住宅面積、貯蓄額または従業員の平均収入などの指標からみることができる（表序-2）。それから、個人の生活水準と関連する都市の全体の経済水準は、表序-3に示したデータから知ることができる。

　市民の生活状況を判断するもう一つの指標として、失業率を挙げることができる。1980年代以降、中国では経済の高度発展にしたがって、産業構造の再編成がもたらされ、これによって、経営不振企業の倒産、従業員のリストラ現象が発生した。失業率の増加は、市民生活の水準に大

きな影響を与えている。表序-4は、北京市、新疆と吉林省の1990年、1998年と1999年の失業率の変化を示したものである。そこから、三つの都市の経済発展状況の他の一面を知ることができるだろう。

表序-2　三つの都市の一人あたりの住宅面積、貯蓄額および平均年間所得
（カッコ内の数字は、全国262都市における順位）

	北京市	ウルムチ市	長春市
一人あたりの住宅面積 （単位：平方メートル）	16.52 （59位）	13.96 （135位）	14.38 （116位）
一人あたりの貯蓄額 （2001年末）（単位：元）	26.50 （10位）	17.47 （30位）	15.08 （56位）
従業員の平均年間所得 （単位：元）	16,536 （6位）	10,638 （54位）	10,744 （50位）

注：『中国城市統計年鑑　2001』の一人あたりの住宅面積（p.479）、一人あたりの貯蓄額（p.535）、従業員の平均年間所得（p.539）より作成。

表序-3　三つの都市の経済状況
（カッコ内の数字は、全国262都市における順位）

	北京市	ウルムチ市	長春市
一人あたりの地方財政収入 （単位：元）	1,626 （29位）	1,688 （26位）	897 （93位）
国内生産総値 （単位：億元）	2,332.31 （2位）	257.53 （41位）	618.16 （16位）

注：『中国城市統計年鑑　2001』の一人あたりの地方財政収入（pp.523-524）、国内生産総値（p.483）より作成。

第Ⅰ部 序論

表 序-4　三つの地域における失業率の変化

単位：%

	1990年	1998年	1999年
北京市	0.4	0.7	0.6
新疆ウイグル自治区	3.0	3.9	3.7
吉林省	1.9	3.1	3.3

注：『中国社会統計資料　2000』（p.50）より作成。

(3) 教育発展状況

『中国社会統計資料　2000』によれば、各地域における小学校の入学率は、北京市99.95％、吉林省99.84％、新疆97.09％となっている。また、平均人口に占める教育事業費、高等教育機関の在学者数または蔵書状況などの指標（表序-5）から、三つの都市の教育発展状況をみれば、ウルムチ市、長春市と北京市との格差が一目瞭然である。とくに、ウルムチ市は、一人あたりの公共図書蔵書の少なさが目立っている。

表 序-5　三つの都市の教育発展状況

（カッコ内の数字は、全国262都市における順位）

	北京市	ウルムチ市	長春市
一人あたりの教育事業費（単位：元）	545（6位）	152（96位）	154（92位）
1万人あたりの高等教育機関の在学者数（単位：人）	227（53位）	303（36位）	436（14位）
100万人あたりの公共図書館の蔵書数（単位：冊）	291（4位）	78（65位）	161（20位）

注：『中国城市統計年鑑　2001』の一人あたりの教育事業費（pp.531-532）、1万人あたりの高等教育機関の在学者数（p.543）、100万人あたりの公共図書館の蔵書数（pp.551-552）より作成。

2. 調査対象

　以上でみたように、北京市は中国の北部、ウルムチ市は西北部、長春市は東北部に位置している。また各地域の人口に占める少数民族の比率は、北京市が 3.8％、吉林省が 1 割弱であるのに対して、新疆ウイグル自治区は、62.1％ である。新疆ウイグル自治区は、中国の 32 省・市・自治区のなかでチベット自治区と並んで少数民族が人口の過半数を占める自治区である。「一人っ子政策」は、夫婦ともに漢民族である家庭を対象とするものであり、少数民族居住地域では「一人っ子」家族の比率が低い。さらに、人口比率上少数派である漢民族の「一人っ子」に対する教育意識が、他地域とどのように違うかという問題についての比較検討は、いままでほとんど行われていない。それゆえ、ウルムチ市の漢民族の「一人っ子」に対する教育意識は、他地域とどのように異なっているかという点が注目される。

　上述のような特徴をもつ各地域で、「一人っ子」家族の教育意識における共通点と地域差を明らかにするために、筆者は北京市、ウルムチ市、長春市で小学校 4、5、6 年生と中学 1、2、3 年生とその親を対象として、3 回にわたって「一人っ子」の家庭教育に関する意識調査を行った。調査時期、調査地域および調査対象は以下の通りである。(1) 1995 年 1 月、ウルムチ市、小学校 4、5、6 年生とその親、(2) 1996 年 9〜10 月、北京市、ウルムチ市、長春市、小学校 4、5、6 年生と中学 1、2、3 年生とその親（北京市は小学校のみ）、(3) 2000 年 3 月、北京市、ウルムチ市、長春市、小学校 4、5、6 年生と中学 1、2、3 年生とその親（北京市は中学校のみ）に対してアンケート調査をした。本稿においては、これらの現実に一番近い意識調査結果について分析し、そこから親の教育意識規定要因と社会との関係を検証し、そして中国における「一人っ子」の家庭教育、さらに親の教育意識の構造を明らかにする。

　最後に、本研究が取り上げている「一人っ子」家族の性質を説明しておこう。本研究は、中国都市部の「一人っ子」家族を研究対象とするも

第Ⅰ部　序論

のである。農村地域の「一人っ子」家族を本研究の対象としなかった理由は、以下の２点である。第１は、中国の「一人っ子」家族の分布特徴に合わせていることがある。すでに述べたように、農村地域では、「第２子出産条件」の実施と緩和によって、「一人っ子」家族の数が非常に少なくなってきた。現在「一人っ子」家族のほとんどは都市部に集中し、都市部家庭の基本形態になっている。第２は、中国では、農村と都市部との間に、経済的、教育的、文化的な側面における格差が非常に大きいということがある。こうした格差が、分析の結果に与える影響があまりに大きいため、農村と都市部との単純な比較は不可能である。以上の理由によって、本研究は、都市部の「一人っ子」を取り上げることとする。

第６節　本研究の構成

　本稿の構成は、第Ⅰ部 序論（序章、第１章）、第Ⅱ部 社会変動と「一人っ子」の教育問題の出現（第２章、第３章）、第Ⅲ部「一人っ子」に対する親の教育意識（第４章、第５章、第６章）、第Ⅳ部「一人っ子」親の教育意識の規定要因（第７章）、終章、補章から成っている。各章の内容展開は以下の通りである。
　序章は、本研究の研究課題を取り上げる理由を説明し、「一人っ子」に関する先行研究の検討および先行研究に残されている課題を明らかにすることによって、本研究の目的、研究方法および本研究の「一人っ子」研究における位置づけを明らかにする。
　第１章の目的は、「一人っ子」の研究がもっとも多く行われている教育学分野に目を向け、「一人っ子」をめぐる議論の展開を社会変化のなかで考察し、中国社会における「一人っ子」、または「一人っ子」の家庭教育に対する認識の変遷過程を明らかにすることである。本章は、第１節では、

序章　課題と方法

中国における「一人っ子」に関する研究が出現した背景について考察する。第2節では、「一人っ子」の研究現状を言及する二つの論文の研究方法および問題点について検討し、これと関連して本章の文献研究の分析対象と方法を説明する。第3節では、「一人っ子」の家庭教育問題をめぐる議論の流れを四つの段階に分けて考察する。最後に、「一人っ子」の家庭教育問題に関する議論をまとめると同時に、中国における「一人っ子」の家庭教育研究の特徴と意義、さらに残された課題を明らかにする。

　第2章の目的は、教育意識の根底と存在する社会構造に注視し、中国における家庭教育の位置づけと教育理念を明らかにすることによって、中国の家庭教育の特徴を概観することにある。本章は、中国の社会主義体制という社会背景に注目しながら、第1節では、「組織共同体」と家族との関係を検討することによって、中国における家族の位置づけならびに現代家族の変化の特徴を明らかにする。第2節では、1949年以降の家庭教育に関する研究の展開過程を概観することによって、中国における家庭教育に対する認識の社会変化を示す。第3節では、中国の家庭教育状況を把握するために、現代家庭教育の理念に大きな影響を与えた伝統的な家庭教育理念を遡って考察する。第4節では、社会主義社会における家庭教育の位置づけと教育理念を明らかにする。最後に、以上の四つの側面からの考察にしたがって、中国における家庭教育の特色を示唆する。

　第3章の目的は、経済改革・開放以降の中国における社会変動に焦点を当て、「一人っ子政策」が提起される要因と実施過程、または「一人っ子政策」の実施によってもたらされた諸問題を明らかにすることである。本章は、第1節では、経済改革・開放以降の中国における社会変動の実態、またはもたらされた社会問題について考察する。第2節では、経済発展と人口問題との葛藤について検討しながら、「一人っ子政策」実施に至る経緯を明らかにする。第3節では、「一人っ子政策」の実施過程、「一人っ子政策」の実施内容および計画出産に関する補助政策、いわゆる「第

47

第Ⅰ部　序論

2子政策」を解明する。第4節では、「一人っ子政策」の実施によってもたらされた社会問題である、戸籍に登録されていないいわゆる「ヤミっ子」の問題の実態を概観する。第5節では、「一人っ子政策」の産物である「一人っ子」の家族における教育問題点について考察する。最後に、以上の五つの側面を通して変動する中国の社会実態を概観し、そこから社会変動と「一人っ子」の教育問題の出現との関わりを明らかにする。

　第4章の目的は、ウルムチ市における小学校4、5、6年生およびその親に対する意識調査の結果の分析を通じて、家庭教育の実態、または親子の家庭教育に対する意識の差異を明らかにすることである。本章は、第1節では、本章の分析に用いる調査データの概要を説明する。第2節では、家庭教育に対する親の意識を、（1）子どもの存在意義、（2）家庭の教育力、（3）家庭教育における役割分担、（4）子どもの学歴に対する親の期待、という四つの側面から論証する。第3節では、子どもの家庭教育に対する意識について、（1）親子間のコミュニケーション、（2）子どもの家事労働への参加実態、（3）親に対する子どもの期待、（4）学歴に対する子どもの考え、という四つの側面から検証する。最後に、家庭教育に対する親子の意識の差異について考察し、本章の分析結果をまとめる。

　第5章の目的は、「一人っ子」親の教育意識の地域ごとにみた相違を明らかにすることである。本章は、ウルムチ市、長春市と北京市で行った意識調査の分析結果をめぐって、第1節では、それぞれの地域を対象にした先行研究について検討し、そして本研究の分析に用いられている意識調査の概要を説明する。第2節では、これまでの「一人っ子」家族の教育意識に関する先行研究によりながら、その教育環境について言及する。第3節では、親と子どもに関する意識調査データを用い、各地域の「一人っ子」の教育意識の共通点と差異を分析し考察する。第4節では、前節の分析結果にしたがって親の教育意識における共通性と地域差についてまとめる。最後に、本章の研究結果に得られた知見から今後の「一人っ

子」の家庭教育に関する研究の問題点を示す。

　第6章の目的は、ウルムチ市、長春市で行った子どもと親の「家庭教育に関する意識調査」の分析結果に基づいて、「一人っ子」と「非一人っ子」との比較、また地域による「一人っ子」親子関係の差異を明らかにすることである。本章は、第1節では、特定の地域の「一人っ子」を研究対象とした先行研究について検討し、それの問題点を指摘すると同時に、本章の問題意識を明らかにする。第2節では、「一人っ子」家族と「非一人っ子」家族との親子関係の比較を通して、両者における相違を明らかにする。第3節では、地域による「一人っ子」家族の親子関係における相違を検証する。第4節では、本章の分析結果に基づいて、中国における「一人っ子」の親子関係の特徴について考察する。最後に、本研究において実証的に検討された知見を併せて、今後の「一人っ子」家族の親子関係に関する研究の問題点を示す。

　第7章の目的は、中国のウルムチ市および長春市で親を対象にして行った「家庭教育における両親の教育意識」調査に基づき、親の階層と子どもに対するアスピレーションとの関係を分析し、それによって社会主義中国における「階層と教育」の構造的特徴の一端を明らかにすることである。本章は、第1節では、「読書無用論」から高学歴を求める社会風潮の形成要因と変動社会との関わりについて検討する。第2節では、本章の分析に用いる意識調査の概要を説明する。第3節では、子どもに対する親の教育アスピレーションと親の職業または学歴との相関関係を検証する。第4節では、「一人っ子」親と「非一人っ子」親の教育アスピレーション、またはウルムチ市と長春市の「一人っ子」をもつ親の教育アスピレーションとの比較を通して、それぞれの特徴を明らかにする。第5節では、「一人っ子」の進学意識における親の社会階層の影響を検証する。第6節では、本章の分析結果に基づいて、中国における親の社会階層と子どもに対する教育アスピレーションとの関連性と特徴を明らかにする。最後に、中国の「階層と教育」との関係について考察し、今後の課題を示す。

序章　課題と方法

　終章の目的は、以上の各章における分析結果によりながら、本研究の分析の枠組み ― 三つの仮説の検証結果を要約し、社会主義中国における親の教育意識の規定要因と経済の高度発展にともなって変化しつつある家庭教育の発展状況を総合的に考察することである。本章は、第１節では、三つの仮説の検証結果をめぐって考察する。第２節では、「一人っ子」の家庭教育が社会文化システム、または社会階層システムとの関わりによって、中国における「一人っ子」の家庭教育の特質を明らかにする。最後に、変動する社会における「一人っ子」の家庭教育問題の実態をまとめ、今後の課題を示す。

　なお本書では、２つの補章を設けることで、本論で十分に取り上げることができなかった「一人っ子」問題に関連が深いテーマを掘り下げる。

　補章１では、1980年代の中国で開設された「家長学校」に注目し、その家庭教育指導の補助機関としての意義について検討する。第１節で中国の家庭教育の問題点を整理し、第２節では「家長学校」を出現させた社会的背景について論じる。第３節では南京市の取り組みを具体例とし、「家長学校」の設置目的・運営体制・学習内容の実態に迫る。そして第４節では、家庭教育の振興における「家長学校」の役割について議論し、最後に今後の研究課題を提示する。

　補章２は、中国における「一人っ子」研究の現状を概観するものである。1979年の「一人っ子」政策の開始から30年以上が経過し、「一人っ子」は、結婚、育児、退職後の親への経済的援助といった様々な問題に直面する世代に到達した。そのため、「一人っ子」研究の課題は多様化している。第１節では近年の「一人っ子」研究の特徴を整理した上で、近年の代表的な研究を、「家庭生活および家庭教育のあり方をめぐる成人『一人っ子』とその親との世代間葛藤の問題」「農村地域における『一人っ子』の高齢の親の生活問題」「『一人っ子』の家庭教育の改善提案」の３つに分類する。続く第２～４節では、それぞれのカテゴリーに属する研究の意義と限界について述べる。最後に、今後の「一人っ子」研究の進むべき方向

序章　課題と方法

について検討する。

【注】

(1) 「一人っ子」は、日本語で「ひとりっ子」、「ひとりっこ」、「独りっ子」と表記する場合もあるが、本稿では、「一人っ子」と表記する。しかし、本稿中の引用文は、原文の表記にしたがうことにする。
(2) 劉錚主編　1986、『人口学辞典』人民出版社、431頁。
(3) 彭立栄主編　1988、『婚姻家庭大辞典』上海社会科学院出版社、57頁。
(4) 依田新監修　1977、『新・教育心理学事典』金子書房。
(5) 青木一他編集　1988、『現代教育学事典』労働旬報社。
(6) 細谷俊夫他編集　1990、『新教育学大事典』第一法規出版株式会社。
(7) 前掲、『新・教育心理学事典』、675頁。
(8) 「一人っ子」家族は、「一人っ子」家庭、または「一人っ子」の家族と表記する場合もあるが本稿では、「一人っ子」家族と表記する。
(9) 前掲、『人口学辞典』、431頁。
(10) 久世敏雄・長田雅喜編　1981、『家族関係の心理』（シリーズ現代心理学7）福村出版、94頁。
(11) 「第2子出産条件」については、第2章で詳細に説明しており、それを参照。
(12) 孫雲暁・卜偉主編　1999、『培養独生子女的健康人格』天津教育出版社、2頁。
(13) 田村毅「子どものしつけに関する国際比較」『教育と情報 ― 特集・少子化時代の子どもたち』5月号、1996年、21頁。
(14) 依田明　1996、「少子化時代の『きょうだい関係』」『教育と情報―特集・少子化時代の子どもたち』5月号、11頁。
(15) 前掲、久世・長田　1981、81-82頁。
(16) 同上、95頁。
(17) 前掲、『新教育学大事典』、32頁。
(18) 濱嶋朗・竹内郁郎・石川晃弘編　1997、『社会学小辞典（新版）』有斐閣。
(19) 森岡清美他編集　1993、『新社会学辞典』有斐閣、209頁。
(20) Falbo主編　1996、『中国独生子女研究』華東師範大学出版、1頁。
(21) 同上、201頁。
(22) 同上、208-223頁。

51

第Ⅰ部　序論

(23) この研究成果は、前掲の『中国独生子女研究』にまとめられている。
(24) この研究のテーマは、中国語では「中国城市独生子女人格発展現状及教育」と呼ばれ、研究の詳細結果を前掲『培養独生子女的健康人格』、『中国青少年発展現状研究報告』（中国青年出版社、1997年）などにまとめられている。
(25) 同上、16頁。
(26) 依田明　1967、『ひとりっ子・すえっ子』大日本図書。
(27) 依田明　1981、『ひとりっ子の本』情報センター出版局。
(28) 山下俊郎　1979、『ひとりっ子』同文書院。
(29) 詫摩武俊　1989、『ひとりっ子の本』主婦と生活社。
(30) 陳丹燕　1997、『独生子女宣言』南海出版公司。
(31) 風笑天　1993、「論独生子女父母的角色特点」『華中師範大学学報』（哲社版）第2期。
(32) 風笑天　1993、「偏見与現実：独生子女教育問題的調査与分析」『社会学研究』1993年1期。
(33) 風笑天　1998、「家庭与中学独生子女社会化」『青年研究』1998年第1期。
(34) 『現代中国における教育の普及と向上に関する実証的な研究－江蘇省の場合を中心に－』（平成7-9年度科学研究費補助金研究成果報告書、研究代表者　福岡県立大学教授阿部洋）、1998年3月。
(35) 同上、119-126頁、李秀英「中国の少子化と一人っ子教育」。
(36) 同上、97-118頁、趙志毅・朱乃識・賀暁星「蘇南地区の小中学生の学習と生活に関する実証的に研究」。
(37) 若林敬子　1989、『中国の人口問題』東京大学出版会。
(38) 若林敬子　1994、『中国　人口超大国のゆくえ』岩波書店。
(39) 前掲、詫摩『ひとりっ子の本』、9-13頁。
(40) 中国で「知識分子」（知識人）とは、一般に中等専門学校卒以上の学歴を有する人々を称する。
(41) たとえば、中国では一般にいうと、「工人階級」（労働者階級）は企業で働く労働者を指し、農民は農業をする労働者というように見なされている。しかし、農村地域の工業の発展によって、郷鎮企業の従業員の人数が大きく増えてきた。この人たちは、農村戸籍であるにも関わらず、農業生産をせずに工場で働く労働者である。しかし、郷鎮企業の従業員が「工人階級」と規定できるかといった問題が存在している。そのほか、外資・合弁企業の従業員、自営業者などの新しい階層も出現してきている。
(42) 李培林　1995、『中国新時期階級階層報告』遼寧人民出版社。
(43) 前掲、『社会学小辞典（新版）』、51頁。
(44) 同上、57頁。
(45) 小笠原眞　2001、『集団の社会学』晃洋書房、71頁。
(46) 同上、71頁。
(47) 北京市にある共産党幹部を養成する高等学校。

(48) 「現段階中国社会分為十五個階層」『中文導報』1998 年 8 月 6 日。
(49) 国家統計局城市社会経済調査総隊編　2002、『中国城市統計年鑑　2001』中国統計出版社。
(50) 国家統計局人口と社会科技統計局編　2000、『中国社会統計資料　2000』中国統計出版社。

第 1 章

中国の「一人っ子」の家庭教育問題をめぐる議論の展開過程
― 家庭教育に関する研究文献の分析を中心に ―

はじめに

　序章の第3節においては、「一人っ子」に関する先行研究の出現、研究状況、代表研究および問題点について、1980年以前と以降の二つの時期に分けて全般的に検討した。そこで、中国における「一人っ子」の研究については少し触れていたが、中国の「一人っ子」の研究状況を知るには不十分である。それゆえ、本章は1980年以降に出現した中国の「一人っ子」の研究に焦点を当て、「一人っ子」に関する研究を詳細に検討するつもりである。本章の目的は、「一人っ子」の研究がもっとも多く行われている教育学分野に目を向け、「一人っ子」をめぐる議論の展開を社会変化のなかで考察し、中国社会における「一人っ子」、または「一人っ子」の家庭教育に対する認識の変遷過程を明らかにすることである。

　「一人っ子政策」の実施過程には、二つの特徴がある。一つ目は強行実行の性質をもっていることである。このために、以降の第3章で述べるような「ヤミっ子」の問題を含む多くの社会問題が生み出された。二つ目は立案から実施に踏み切るまでの期間が非常に短いことである。そも

第1章　中国の「一人っ子」の家庭教育問題をめぐる議論の展開過程

そも、中国社会は「一人っ子」が望ましくない存在であるという認識があった。一方、「一人っ子政策」が提起された当時、中国では「一人っ子」に関する研究の蓄積が全くなかった。このような「一人っ子」を受け入れる社会態勢が備わっていないがゆえに、急速に進む「一人っ子政策」につれて、「一人っ子」問題に対する認識に多くの混乱がもたらされたといえよう。

　周知のように、家庭における子どもの数の変化によって、親子関係にも変化がもたらされる。家庭教育は親子関係を通じて展開されるために、この点でいえば「一人っ子」家族における親子関係の変化は、かならず家庭教育にも影響を及ぼすといえる。一方、これまで研究者たちは、「一人っ子」の家族には親の養育態度に問題が生じやすいと指摘してきた。だが、「一人っ子」家族が出現する背景がほかの国とは全く異なる中国では、「一人っ子」の家庭教育をめぐって、どのような議論が引き起こされたであろうか。

　「一人っ子政策」が実施されてから、すでに20年余りを経た。「一人っ子」に対する認識が変化し、または「一人っ子」に関する研究も充実するようになってきた。これまで、「一人っ子」または「一人っ子」の家庭教育研究の展開過程については、詳細に検討する研究が見当たらなかった。本研究の主題は「一人っ子」の家庭教育であるが、この主題をめぐって中国社会における「一人っ子」に対する認識の変化、「一人っ子」の家庭教育問題に関する議論の展開などを明らかにする必要がある。

　以上を念頭におきながら、本章は、まず中国における「一人っ子」研究が出現した背景について考察する（第1節）。次に、「一人っ子」の研究現状に言及する二つの論文の研究方法について検討し、そして本章の分析対象と方法を説明する（第2節）。続いて「一人っ子」の家庭教育問題をめぐる議論の流れを四つの段階に分けて考察し（第3節）、最後に「一人っ子」の家庭教育問題に関する議論をまとめると同時に、中国における「一人っ子」の家庭教育研究の特徴と意義、さらに残された課題を明確にする。

第Ⅰ部　序論

第1節　中国における「一人っ子」研究の出現

　近年、中国のマス・メディアや学術論文のなかで、「一人っ子」という言葉が頻繁にみられるが、「一人っ子政策」が提起された当時には、それが研究対象とされることは全くなかった。この状況が形成された要因には、まず「一人っ子」家族の総数の少なさが「一人っ子」研究の展開を抑制したという、世界各国で共通してみられる理由がある。このほかには、中国の特殊な社会背景と絡み合う二つの要因を指摘できる。それは、中国社会における旧来からの「一人っ子」に対する認識と、家庭教育研究の展開状況である。本節は、この二つの要因を中心に検討し、「一人っ子」研究の展開状況および家庭教育研究における「一人っ子」研究の位置づけを明確にする。

1.　「一人っ子」に対する認識

　親の身の上の要因、あるいは生活環境の変化によって、どのような時代でも「一人っ子」家族は存在する。しかし、子孫の繁栄こそが家族の幸せ、と考えられている中国社会において、「一人っ子」家族はもともと望ましくない存在であった。

　封建的な小農経済の基盤のうえに構築された中国の社会は男子優位論が主流である。「不孝有三、無後為大」（跡継ぎのないことが最大な不孝行為である）と説く儒教思想は、男子優位論の定着や、子どもをもつ意味が家族の跡継ぎである、という伝統的な子ども観の形成に大きな影響を与えた。それゆえ、子どもが多ければ幸せも多いとされる社会のなかで、「一人っ子」家族、とくに女の子の「一人っ子」家族は、決して幸せな家族のカテゴリーに入らないのである。

　以上の社会意識の問題以外に、中国社会では従来から、「一人っ子」の子育てが「独苗難栽」（1本の苗は栽培しにくい）という諺で喩えられて

第1章　中国の「一人っ子」の家庭教育問題をめぐる議論の展開過程

いる。このような「一人っ子」は育てにくいという認識をもたらす要因の背後に、「一人っ子」が事故に遭遇する、または死亡によって子どものいない家庭になることに対する恐怖感が存在している。とりわけ、「一人っ子」家族に生じる問題に対して、子どもの数に要因を帰属する風潮が伝統的に見受けられる。

　もちろん、「一人っ子」に対して消極的な態度を有する国は中国だけではない。ここでは、アメリカの例を取り上げてみよう。アメリカでは、心理学者 G. スタンリー・ホール（G. Stanley Hall）は、1927 年に「一人っ子はそれ自体が一つの病気である」[1]という論点を提起し、これが人々の「一人っ子」に対する認識を導いたといわれている。1941 年、インディアナ州の出生に関する意識調査によれば、第 2 子を産んだ理由として、第 1 子の予期せず死亡で子どものいない家庭になることを避けるというのが 5 位であったのに対して、第 1 子が「一人っ子」にならないようにするためというのが 2 位であった[2]。このような「一人っ子」に対する認識は、時代が変化しても維持されていた。1972 年の全米民意調査では、78％の白人が、「一人っ子」はデメリットしかないという調査結果が報告された[3]。

　以上でみたように、社会背景が異なるにもかかわらず、「一人っ子」に対して不理解が存在する。これが「一人っ子」に関する注目度を低下させ、「一人っ子」に関する研究が活性化しない状況をもたらしたといえる。

2.　家庭教育研究の再開と「一人っ子」研究の出現との関わり

　「一人っ子」の研究が少ない要因については以上で述べたが、ここで問われるのは、中国で 1980 年代までに「一人っ子」に関する研究が出現しなかった理由である。この状況を形成する要因は、単に社会の「一人っ子」に対する認識によるものではなく、中国の家庭教育研究の展開状況と深く関わっているといえる。

　1949 年以降、中国社会は社会主義的なイデオロギーへの統合が行われ

第Ⅰ部　序論

た。政治性が重視される社会風潮のなかで、あらゆる研究は政治性の有無によって大きく分別されることになった。こうした社会背景のもとで、家庭教育はブルジョア的なイデオロギーに合致したものとして批判され、家庭教育に関する研究も政治性のないものとしてやむを得ず停止するに至った。この状況は文化大革命運動の終結まで続いた。この間に家庭教育研究さえも全く行われなかったのであるから、「一人っ子」に関する研究も当然存在しなかった。

　20世紀70年代末以降、左翼的な思想から脱した中国社会は、以前の政治的な誤りを認め、社会改革・開放によって正常な社会秩序が回復した。こうした社会変化のなかで、家庭教育に対する認識が高まり、したがって家庭教育研究も再開された。これは「一人っ子政策」の実施時期と重なっている。それゆえ、家庭教育研究の再開は「一人っ子」研究の出現を大いに支えたといえる。

3.　「一人っ子」研究の出現

　中国における「一人っ子」研究の出現は、「一人っ子政策」の実施によってもたらされた「一人っ子」の教育問題に合わせたものであるといっても過言ではない。1979年、中国は「一人っ子政策」を打ち出し、全国で強行的に実施した。これによって「一人っ子」に関する社会の注目度が一気に高まった。

　これまで、「一人っ子」家族は非常に少ないために目立たない存在であった。しかし、「一人っ子政策」の実施によって、一つの地域（都市ないし街）に大勢の「一人っ子」が集中する現象が生み出され、「一人っ子」社会は急速に形成された。中国における「一人っ子」は、「四、二、一っ子」の言葉で表現されているように、四人の祖父母と両親に囲まれるなかで生活し、家族に甘やかされるケースが多い。そのために、自立性の発達に欠き、身の回りのことができないという子どもが多くみられた。このような「一人っ子」は、中国では「四・二・一症候群」と呼ばれている。

第1章　中国の「一人っ子」の家庭教育問題をめぐる議論の展開過程

　「一人っ子」に対して、マス・メディアに限らず、多くの研究者もしばしば「一人っ子」を「小皇帝」、「小太陽」などの言葉で形容している。これによって、「一人っ子」が家族に溺愛されるため自立心が持てず、わがままなどの特徴をもつというイメージが作り出された。このような見方が進む一方、「一人っ子」は本当に「問題児」なのかという疑問が人々の間で生じるようになった。ここに、「一人っ子」に関する研究の必要性が生まれてきたのである。

4.　家庭教育研究における「一人っ子」研究の位置づけ

　国家利益の至上主義を提唱する中国において、個人は全体の利益に服従することが要求されている。このために、多くの親は自らの意思ではなく、国家の計画出産の提唱にしたがって、「一人っ子」家族にしたわけである。この点でいえば、中国における「一人っ子」家族の最大の特徴は、家族の自らの意思によって作り出されたものではないといえよう。このような出産意思へのアスピレーションが抑制されたために、家族のあらゆる期待が唯一の子どもに寄せられ、「一人っ子」をより大切に育てたいという親の気持ちは著しい。そもそも、「一人っ子」家族では親の養育態度に問題がみられがちであるといわれているが、こうした子どもに対する親の過剰な期待が「一人っ子」の教育問題をいっそう深刻にしたといえる。もちろん、「一人っ子」家族であれば、かならず問題が生じるわけではない。しかし、「一人っ子」に対する認識の歪み、さらに「一人っ子」の家庭教育のあり方の不適切さなどの問題によって、「一人っ子」はまさに「問題児」のように取り上げられるケースがしばしばであった。

　1997年の時点で、「一人っ子」家族は、全国家族総数の五分の一弱を占めている[4]。しかし、その「一人っ子」家族のほとんどは都市部に住んでいる。北京、上海のような大都市の場合は、「一人っ子」は同年齢層の子どもに占める割合がすでに90％以上に達している。こうした社会背景のなかで、「一人っ子」の家庭教育問題に対する社会的な関心はきわめ

第Ⅰ部　序論

て高く、もちろんそれは多くの研究者たちが注目する問題でもある。大勢の「一人っ子」はすでに「一人っ子」集団を形成しているため、現在子どもの教育問題を論じる際、「一人っ子」の問題に触れないことは考えられない。たとえば、「1949年以降の初の家庭教育研究の学術書」[5]と評価された趙忠心の著作『家庭教育学』(1994年)では、「一人っ子」の家庭教育問題について一章を割いて論じている。

　とりわけ、家庭教育研究と「一人っ子」研究との関係については、次の２点にまとめることができる。まず、「一人っ子」の家庭教育問題はすでに社会問題化されており、多方面から関心を呼んでいる。さらに、これに関する研究は重視され、家庭教育研究の重要な位置を占めている。また、中国の家庭教育研究は、主に都市部の家庭を研究対象とする傾向が強い。現在「一人っ子」家族は都市部家族の基本形態であるために、家庭教育研究が取り上げる問題のほとんどは「一人っ子」問題と関わっている。この点でいえば、「一人っ子」に関する研究は家庭教育研究の重要な一部であるといえよう。

第２節　「一人っ子」研究に対する評価と本章の分析対象・方法

1.　先行研究に対する評価

　中国における「一人っ子」の研究は、「一人っ子政策」の実施にともないスタートし、これまですでに20年余りの道を歩んだ。この領域の研究の歴史は短いにもかかわらず、多くの研究者の努力によって蓄積がみられる。しかし、中国の「一人っ子」に関する研究には、その系譜について詳細に検討したものがきわめて少ない。このような状況のなかで、以下の二つの研究を取り上げることができる。一つ目は、風笑天の「我が

第1章　中国の「一人っ子」の家庭教育問題をめぐる議論の展開過程

国における『一人っ子』の研究現状についての分析」（1990年）である[6]。二つ目は、李学斌の「視野を広げ、より深めへ進む－最近我が国の『一人っ子』研究の現状と分析」（1998年）である[7]。

　風笑天は1980年から89年までに発表した「一人っ子」の研究論文を分析の対象としており、李学斌はその後の1990年から96年までに発表した「一人っ子」の研究論文を分析の対象としたものである。この二つの論考は、それぞれの検討対象期間が異なるにもかかわらず、多くの類似点が存在する。それらは、(1)『全国雑誌・新聞資料索引』（『全国報刊資料索引』）に依拠し、そこに掲載された「一人っ子」の研究論文を分析対象とした点、(2)「一人っ子」の研究を研究分野、研究内容・結果、残された課題、という三つの側面から論述した点などである。このために、以下ではこの二つの論考を合わせて検討することにする。

　表1-1は、1980年代以降、中国の主な雑誌・新聞に発表された「一人っ子」に関する研究論文を分野に即して分類したものである。この16年間に行われた「一人っ子」の研究特徴についての二つの論考の評価を次の3点にまとめることができる。

　第1に、「一人っ子」研究の行われた分野に偏りがある。「一人っ子」の研究は、1980-89年の間に社会学と人口学よりも教育学と心理学の領域で行われたものの比率がもっとも高く、全体に占める割合がそれぞれ51％と35％であった。この割合は、1990-96年の間に少し下がってきた

表1-1　研究分野別に発表された「一人っ子」の研究論文総数と全体に占める割合

	総　計		教育学		心理学		社会学		人口学	
年代（年）	80-89	90-96	80-89	90-96	80-89	90-96	80-89	90-96	80-89	90-96
論文数（篇）	63	52	32	18	22	13	5	9	4	12
割合（％）	100	100	51	35	35	25	8	17	6	23

出所：李学斌（1998）p.19頁より。

が、いずれにしても社会学、人口学よりは高いものである。以上の結果をもたらした要因について、両論考はともにほかの研究領域より教育学と心理学の研究成果が優れていると主張している[8]。

　第2に、研究内容に四つの焦点が存在することである。それらは、(1)「一人っ子」と「非一人っ子」との心理的な特徴、行動様式といった側面における相違点、(2)「一人っ子」の教育問題、(3)「一人っ子」家族の特徴、(4)「一人っ子政策」と計画出産政策との関係である[9]。

　第3に、「一人っ子」研究における問題点について、風笑天は以下のように指摘している。(1) ミクロの視点で「一人っ子」の問題を検討するものが多いが、マクロの視点から論じるものが少ない。(2) 研究者同士間の交流が少ないために、重複した研究が多数みられる。(3) 理論研究より実証研究の方が全体に占める比率は低く、かつ実証研究の論文のなかで正確性に欠けるものが少なくない[10]。

　李学斌は研究の重複と実証研究の方法という点において、風笑天と同じ見解を示した。「一人っ子」の研究内容について、李学斌は以下のように指摘した。(1) 子どもの知力、人格、個性の側面を重視しているが、子どもの健康状態に関する研究が無視されている。(2) 入学前の児童に関する研究では、保健衛生や心理学の側面が重視されているが、児童の社会化問題が無視されている。(3)「一人っ子」と「非一人っ子」との比較研究が重視されているが、「一人っ子」同士、または「一人っ子」家族同士間の差異についての研究が行われていない。

　以上みたように、両研究者は、これまでの「一人っ子」研究について総括的に検討した。これは、中国における「一人っ子」の研究状況を知るうえでは大いに参考になると思われる。しかし、「一人っ子」に関する研究は、研究分野によって、それぞれの研究内容、分析視点、研究方法などにおいて相違点が存在する。そのために、「一人っ子」の研究を一括して議論することは困難であり、これも以上の二つの研究の限界を作り出した根本的な要因といえる。この二つの研究においては、以下の限界

第1章　中国の「一人っ子」の家庭教育問題をめぐる議論の展開過程

点を指摘しなければならない。

　第1に、研究分野を区別せず、一括して「一人っ子」の研究状況を論じたために、教育学領域で行われている「一人っ子」の研究状況を知ることが困難である。

　第2に、「一人っ子」の研究内容の焦点を取り上げたが、それぞれの研究内容の展開状況について触れていない。そのために、「一人っ子」をめぐる議論がどのように展開されてきたのかという問題が解明されていない。

　第3に、これまでの「一人っ子」研究における問題点については、ともに指摘しているが、この問題点がもたらされる要因についての考察が行われていない。

2. 本章の分析対象と方法
(1) 本章の分析対象

　以上を踏まえ、本章は家庭教育研究に焦点を合わせ、80年代以降に発表された家庭教育に関する文献を主な分析の対象とし、研究内容の変化を社会変化のなかで考察し、これによって「一人っ子」の家庭教育をめぐる議論の展開過程を明らかにする。

　家庭教育に関する論文の発表状況について、『複印報刊資料　家庭教育G52』[11]（家庭教育に関する雑誌・新聞の切り抜き資料集）によって提供されている文献情報が大いに参考になる。表1-2は、1984年から97年までの各年度に、中国の主な雑誌・新聞に掲載された家庭教育に関する論文の合計、または全体に占める「一人っ子」研究の割合を示したものである。「一人っ子」の家庭教育に関するものの合計は、文献のタイトルに「一人っ子」を意味する言葉（たとえば、「独生子女」、「独苗」、「小皇帝」、「小太陽」、「四、二、一っ子」など）が使用されている論文に限定したものである[12]。

第Ⅰ部　序論

表1-2　1984-97年に発表された家庭教育に関する論考および記事の総数

発表年代（年）	家庭教育文献の合計（篇）[1]	「一人っ子」文献の合計（篇）[2]	「一人っ子」文献の全体に占める割合（％）[3]
1984	58	1	1.7
1985	132	5	3.8
1986	185	19	10.2
1987	205	8	3.9
1988	128	15	11.7
1989	57	3	5.2
1990	114	0	0.0
1991	108	4	3.7
1992	168	11	6.5
1993	370	10	2.7
1994	401	22	5.5
1995	556	17	3.1
1996	532	24	4.5
1997	513	30	5.8

注：1）『複印報刊資料　家庭教育　G52』（1984-97年）の各巻に掲載されている文献目録による集計。
　　2）文献タイトルに「一人っ子」を意味する文字が使われている論文の合計。
　　3）文献の総数に占める「一人っ子」に関する論文の割合。

　ここでみたように、90年代以前に、タイトルに「一人っ子」という言葉を用いた論文は、全体に占める割合が平均6.1％であったが、90年代以降、この比率が約4.0％までに下がってきた。これは「一人っ子」に関する研究の減少を意味するではなく、「一人っ子」研究の変化を表しているものと思われる。その理由は、90年代以降、同年齢層の子どものほとんどは「一人っ子」であり、これによって「一人っ子」が特別に強調する必要がなくなり、普通の子どもとして扱う傾向が生まれてきたことにあるといえる。

第1章　中国の「一人っ子」の家庭教育問題をめぐる議論の展開過程

表1-3　各時期の論文内容のキーワードと「一人っ子」の成長段階との対照

年代	論文内容のキーワード	80年代初頭に生まれた「一人っ子」
1980-84	幼児教育、有名人の家庭教育、親と家庭教育、家庭教育の役割、「一人っ子」の教育	1-4歳 幼稚園児
1985-89	幼稚園の「一人っ子」、「四、二、一っ子」、過干渉、小皇帝問題、知力発達、子どもの自立性、家長学校、溺愛、家庭教育と青少年犯罪、子どもと家事労働、児童心理	5-9歳 幼稚園児・小学校低学年児童
1990-94	親の自己教育、子どもの過剰消費、子どもとテレビ、孤独症、過剰な早期教育、挫折教育、離婚家庭の子育て	10-14歳 小学校高学年児童・中学生
1995以降	親子関係、星々河、父親の役割、素質教育、しつけ、大学生の「一人っ子」、学校と家庭教育との関係、「一人っ子」兵士	15歳-成人 中学生・高校生・大学生・社会人

注：収集した80年代以降に発表された「一人っ子」に関する研究論文のキーワードより作成。

　家庭教育に関する論考・記事内容をみれば、それぞれの時期におけるキーワードは表1-3にまとめられる。これを通して、各時期の研究内容の焦点をうかがうことができる。本章は、それぞれの段階に沿って、「一人っ子」に関する議論の展開を検討していく。

（2）分析方法

　80年代以降に発足した「一人っ子」の研究は、すでに20年余りを経た。この長い展開過程を本章は四つの時期、第一期（1980-84年）、第二期（1985-89年）、第三期（1990-94年）、第四期（1995年以降）に分けて考察する。この四つの時期の区分は、主に二つの基準によって定めている。一つ目は80年代以降の社会変動状況に合わせること、二つ目は、

第Ⅰ部　序論

以上で述べた「一人っ子」の家庭教育研究の展開特徴に応じることである。一方、各段階における「一人っ子」研究上の特徴によって、本章では四期をそれぞれ「啓蒙期」、「模索期」、「向上期」および「展開期」と呼び、これについては以下の各時期の特徴を論じる節を通してみてみたい。

本題に入る前に、ここではまず四つの段階における社会変動の状況について簡単にまとめる。

①第一期（1980-84 年）

1980 年 9 月に中国史上最初の家庭教育に関する研究団体「北京市家庭教育研究会」が創設された。これをもって家庭教育研究が始められ、「一人っ子」研究が出現するようになった。

社会改革の視点からは、1984 年 10 月、中国共産党第 12 期 3 中全会で「経済体制改革に関する中共中央の決定」（中国語：中共中央関於経済体制改革的決定）が制定・公布されたことが挙げられる。この「中央決定」においては、企業内の改革、社会主義商品経済の発展、行政機構と企業の職責の分離、工場長責任制などの課題が提起されていた。「中央決定」の公布以後、経済発展の状況はいっそう推進され、従来の計画経済から市場経済へと転換すると同時に、経済競争も激しくなってきた。当時社会の流行語は、「一切向銭看（すべてのことはお金を儲けるために）」、「全民皆商（すべての人がビジネスをやっている）」などである。これらの言葉は、当時の経済風潮の熱さを表しているといえる。

②第二期（1985-89 年）

1985 年以降、多くの省で一定の条件内の第 2 子出産が認められるようになった。この「一人っ子政策」の緩和は、主に農村地域に存在している困難な状況への対応に限定されたために、都市部の「一人っ子政策」は維持された。一方、資本主義的な生産方式、市場経済の導入によって、社会が活性化したと同時に、多くの社会問題も生まれた。こうした混乱

第1章　中国の「一人っ子」の家庭教育問題をめぐる議論の展開過程

のなかで、当時の国家総理趙紫陽は、1987年中央政府の第13回全国代表大会（中国語：中共中央第13次代表大会）での演説「政治報告」のなかで、「社会主義初期段階」という概念を持ち出した。しかし、経済発展にしたがってインフレーションが引き起こされ、国民生活レベルの事実上の低下や共産党内の一部幹部の腐敗行為などが原因で国民の不満が募り、1989年6月に「天安門事件」が発生した。

③第三期（1990-94年）
　「天安門事件」以後、社会では「一人っ子政策」の実施に対して、揺れ動く傾向がみられた。この混乱状況のなかで、1991年5月12日、国務院は『計画出産を強化し、人口増加を厳格的に抑制することについての決定』（中国語：『関於加強計画生育厳格控制人口増加的決定』）を発表し、「一人っ子政策」の継続性を強調した。一方、90年代以降、経済発展の安定化、インフレの抑制などによって、社会の状況も少しずつ安定した。

④第四期（1995年以降）
　1995年は国際家族年であった。これに応じて、家庭教育に関する研究会が多く開かれ、家庭教育に関する認識がさらに高まった。この時期に、「一人っ子政策」の実施直後に生まれた「一人っ子」は、成人となり、社会に進出し始めた。大勢の「一人っ子」の社会進出によって、「一人っ子」に対する関心の範囲はさらに広がった。計画出産政策の定着によって、「一人っ子政策」は今後中国の人口をコントロールする主な手段であることが明確にされた。一方、中国社会は、高度経済発展の状況が続くなかで、2008年北京オリンピック・コングレスの申請成功、WTOへの加盟などによって、さらなる活性化をみた。総じて現在の中国社会は、簡潔にいえば、政治の安定、経済の発展、多様性の共存する社会であるといえよう。

第Ⅰ部　序論

第3節　「一人っ子」の家庭教育に関する議論の展開

1. 第一期（1980-84年）──「啓蒙期」

　「一人っ子政策」に取り組む時期が地域によって異なったことや、乳幼児期の「一人っ子」がそれほど問題にされなかったために、「一人っ子」の教育問題はあまり研究されない傾向にあった。この時期には、「一人っ子」と「非一人っ子」を区別せず、一般的な家庭教育の基礎理論について論じるものがほとんどであった。それらの主な特徴は以下の3点にまとめられる。

　(1) 有名人物の家庭教育のあり方を紹介するもの。たとえば、「劉少奇（前国家主席）の子ども教育に関する六通の手紙」[13]、「父親沈鈞儒は私たち子どもに対して如何なる教育したのか」[14]など。

　(2) 家庭教育の基礎理論について論じるもの。たとえば、「家庭教育における父母の地位と役割に関する一考察」[15]、「家庭教育の展開は客観的な規律性に従うべし」[16]など。

　(3) 心理学の側面から家庭教育のあり方を検討するもの。たとえば、「思春期の心理と家庭教育」[17]など。

　以上のような研究が主流である一方、早くも子どもに対する親の不適切な期待、子どもの家事労働への参加などの問題を指摘する研究もみられた。たとえば、学校での調査を通して、子どもに対する親の過剰な期待を指摘するもの[18]、北京の小・中学生の家事労働時間に対する調査から、子どもの家事労働への参加時間の短さを指摘するもの（表1-4）[19]もあった。

　全体からみると、この時期の家庭教育研究は、単に現象的な解釈に留まるものが多く、さらに研究方法の単一性という問題が存在するために、論文の水準に影響を与えたと考えられる。とりわけ、長い研究の空白期間があったために、研究基盤の弱さという問題がもたらされ、研究の水

第1章 中国の「一人っ子」の家庭教育問題をめぐる議論の展開過程

表 1-4 小学生の家事労働への平均参加時間

単位：時間

	家事労働に参加する小学生の割合（％）	平日	日曜日	一週間合計
都市部小学校	25.5	0.2	0.7	1.9
工業団地の小学校	23.3	0.2	0.8	2.0
農村小学校	37.1	0.2	1.3	2.5
平　均	28.6	0.2	0.9	2.1

出所：張立嫺（1984）p.34 より。

準に影響を与えたと考えられる。このような問題があるにもかかわらず、この時期における家庭教育研究の再開、「一人っ子」研究のスタートは、以降の研究の基礎となり、重要な意味をもっている。これらの点から、本章はこの時期を「一人っ子」の家庭教育研究の「啓蒙期」と呼んでいる。

2. 第二期（1985-89年）――「模索期」

1982年に「一人っ子証」の受領率は全国で平均42.3％に達した[20]。「一人っ子政策」が急速、かつ厳しく推進されたことによって、同年齢層の子どもに占める「一人っ子」の比率も急上昇した。この時期は80年代初頭に生まれた「一人っ子」の入園・入学時期でもある。そのために、人々は「一人っ子」の教育問題に高い関心を寄せ、さまざまな議論が交わされた。

(1) 知的に優れた「一人っ子」

すでに述べたように、中国社会には従来「一人っ子」は育てにくいという育児意識が存在している。しかし、これに対して、この時期の論文は「一人っ子」が優れた子どもであると主張するものが目立っていた。1985年6月1日付の『武漢晩報』に、「『一人っ子』の優位性」（中国語：「独生子女的優勢」）という記事が掲載された。この内容をみれば、「『一人っ子』

は親と一緒にいる時間が長いため、知力の発達が『非一人っ子』より早い」や、「アメリカの 16 名の宇宙飛行士はすべて『一人っ子』あるいは長男である」などであった。

　この記事はそれ以降の論文に頻繁に引用され、「一人っ子」の知能指数が「非一人っ子」より高いという議論を裏づける証拠とされていた。辺燕傑の「我が国における『一人っ子』家族の生活様式の基本特徴についての分析」[21]においても、「一人っ子」の平均知能指数は同年齢の人より高く、教育と職業における成功率も同年齢の人より高い」と主張している[22]。しかし、このテーマの論文のほとんどは、自ら厳密な検証を行わず、「一人っ子」あるいは長男（長女）の成功例を報道する記事に頼って議論しているために説得力が弱いことが指摘できる。にもかかわらず、これらの論文や記事は、「一人っ子」が優れた知力を有する子どもであるという見方の形成に大きな影響を与えたといえよう。

　以上の主張に対して、「一人っ子」と「非一人っ子」とは、知力と性格などの点で生来の差異が存在しないと主張する研究者もいる。北京市の 1,148 名の児童を対象とした調査結果によれば、「一人っ子」と「非一人っ子」とは、人との接触、独立性、誠実面などの 10 の調査項目において大きな差異がみられなかったという[23]。しかし、このような研究は、「一人っ子」の知力を大きく強調する社会風潮のなかで、重視されなかった。これは、「一人っ子政策」の実施を積極的に提唱する当時の社会背景と関わっているといわざるをえないだろう。

（2）英才教育の過熱化

　中国の学校教育制度は、小学校の段階から飛び級が認められている。そのために、一部の優れた知力をもつ子どもは、この制度を利用して高校までの教育年数を短縮させた。または独学で、高校卒業以前にすべての学習を終えた少年のケースもある。この状況に対応して、80 年代半ば以降、多くの有名な大学は、優れた学習能力をもつ中学生、あるいは高

第1章 中国の「一人っ子」の家庭教育問題をめぐる議論の展開過程

校生を特別に受け入れる制度が設けられた。これはいわゆる少年大学生の誕生である。

そのために、社会には少年大学生に対する関心が高くなってきた。この時期に、「彼らの知能指数がなぜ抜群なのか？――南京工学院の少年大学生について」[24]、「知能指数が高い子どもの知力発達と早期教育との関係」[25]などのような少年大学生の経験、あるいは幼児期の教育の重要性を論じる論文が目立っている。これらの論文は、知能指数の高い子どもを育成するために、幼少期からの英才教育を重視すべきという点で共通していた。しかし、このような英才教育の成功例に集中する研究は、すでに「一人っ子」が優れた知力を有すると信じる親たちの子どもの教育に対する関心をさらに高めたといえる。

英才教育の影響は、「一人っ子」家族に限らず、「非一人っ子」までも影響を及ぼしていた。「一人っ子」親でも、「非一人っ子」親でも、子どもが幼児期から英才教育を行うべきであるという認識が共通していると指摘されている[26]。

(3) 親の自己教育の必要性

英才教育の風潮がますます過熱化するなかで、1988年青海省で、当時9歳の「一人っ子」が母親の期待する学業成績を満たさないために、体罰によって死亡させられたという報道[27]が全国で大きな反響を呼んだ。これを契機として、親の自己教育の問題がもたらされた。

1995年の人口統計によれば、全国の15歳以上人口の平均教育年数は6.7年である。これは小学校卒業に相当する教育水準である。都市部の「一人っ子」に関する調査研究[28]が明らかにしたように、「一人っ子」をもつ親の教育水準は、高校卒業と中学卒業に集中している（表1-5）。これは全国成人の平均教育水準より大きく上回っている。とはいえ、親の教育水準は育児水準との相関性が比較的低いために、教育水準の高い親が育児についての問題を抱えていないとはかならずしも言いきれないだろう。

第Ⅰ部　序論

表 1-5 「一人っ子」親の平均教育水準

単位：％

回答者（実数）	小学校	中学校	高校・中専[1]・技術学校	大専[2]	大学
父親（3,242）	2.3	28.5	36.4	15.3	17.4
母親（3,244）	2.7	28.9	46.5	13.2	8.7

注：『中国城市独生子女人格発展現状研究報告』（1996）p.4 により作成。
　1）中専：中等専門学校、2）大専：高等専門学校あるいは短期大学に相当する学歴。

　これは、北京市の家庭教育研究会などの専門機構によって開設されている「女性・子どもの保健・家庭教育に関する相談所」（中国語：婦幼保健・家庭教育諮詢処）の 2,000 例を超えた相談ケースによって検証されている[29]。一方、上海市での一万家庭を対象にした調査結果からも、多くの家庭に教育方法の問題が存在することが明らかにされている[30]。

　家庭教育問題に関する社会関心の高まりによって、親を対象にした家庭教育の知識を教える「家長学校」[31]が出現した。「家長学校」とは、子どもをもつ保護者が家庭教育に関する理論と方法を学ぶために、学校によって開設されている家庭教育学級である。「家長学校」での学習を通して、親の家庭教育水準を上昇させることは、多くの研究者から高い支持を得た。たとえば、「社会における父母学校の重要性」[32]、「父母学校に関して」[33]などの論文は、親の自己教育と「家長学校」との関連性について高く評価した。

　長い間家庭教育が重視されなかったために、家庭教育に関する専門家の養成にも大きな影響を与えた。家庭教育の指導体制が不完全という状況のなかで、教室での授業、また専門家との直接の意見交流などの方法で進むという特徴をもつ「家長学校」は、保護者の家庭教育の水準を向上させ、したがって子どもの発達を促進するという役割に政府からも大きな期待を寄せられている。『九十年代中国児童発展規劃綱要』には、「都市部では、地域コミュニティによって運営されている新婚夫婦学校、妊

第1章　中国の「一人っ子」の家庭教育問題をめぐる議論の展開過程

婦学校、乳幼児、小学生、中学生をもつ親を対象とする父母学校を開催し、異なる年齢の児童をもつ親に、全体的な家庭教育の知識と方法を提供する」[34]、という「家長学校」の推進を重要な目標として定めている。

「家長学校」が中国の家庭教育の振興に大きな役割を果たしていることはいうまでもない。膨大な人口、家庭教育に関する指導体制の不備、さらに家庭教育に対する政府の人的、財政的な援助の限界があるという状況のなかで、「家長学校」に対する期待はますます高まると推測できる。しかし、これまでの「家長学校」に関する研究のほとんどは、単に学習内容の視点から検討しているが、「家長学校」の設置目的、運営体制に関する検討が不十分である。これに関して、本研究は一章を割いて詳細に検討を行い、それを補章に位置づけている。

(4)「問題児」としての「一人っ子」

「一人っ子」は、その家族構成および親子関係によって、溺愛、過保護、過干渉の状態に陥りがちである。実際、この時期の「一人っ子」を論じる論文のなかで、共通にみられるのは溺愛、過保護、過干渉という言葉である。そして、これらの論文は「一人っ子」なら、かならず家族に溺愛され、過保護に育てられ、多くの問題を抱える子どもであるという「一人っ子」のイメージの形成に繋がった。

1986年9月19日付の『光明日報』に、「"四、二、一っ子[35]"患者の親の心理に関する一考察」（中国語：「"四二幺"病児家長心理浅析」）という記事が掲載された。ここでは、家族に溺愛され、自立心のない「一人っ子」を「患者」と結びつけ、これによって「一人っ子」は問題児であるという世論がさらに強まった。

これまで、「一人っ子」自身は本来問題がないが、その家族のあり方は子どもに大きな影響を与えていることが明確化されてきた。小林芳郎は、「一人っ子の性格形成においては、一人っ子であること自体が問題性をもっているのではない。きょうだいの有無が、子どもの性格が発達して

第Ⅰ部　序論

いくうえで影響するかもしれないが、それは、本来決定的な意味をもっていないのである。むしろ、「一人っ子」家族に生じやすい家庭のあり方、すなわち、家庭環境の特有性が問題を帯びがちなのである」[36]と指摘している。だが、この時期の論文をみれば、単に「一人っ子」と「非一人っ子」との生活態度、行動様式といった側面での比較によって、「一人っ子」が問題の多い子どもであると結論づける研究が多くみられ、「一人っ子」問題の背後にある家庭環境を深く検討するものが少なかった。

　以上でみたように、この時期には、直接的ないし間接的に「一人っ子」を研究対象とする研究が増えてきた。この時期の研究の特徴は、比較的多様な研究方法を用いて、さまざまな側面から「一人っ子」の家庭教育における問題を論じる特徴が存在している。しかし、この時期の研究は全体的なレベルからみると、不十分なところも存在している。たとえば、20世紀初頭にすでに明らかになっていた、「一人っ子」は問題児ではない、さらに「一人っ子」と「非一人っ子」とは知力において大きな差異が存在しない、などの結論を踏まえず、中国の研究者は再び誤った見方をもたらした。これは、研究上の未熟ということに過ぎないであろう。さまざまな不足を抱えながら、この時期の研究上の模索はそれ以降の研究にとって重要な経験になったため、本章ではこの時期を「模索期」と呼ぶ。

3. 第三期（1990-94年）——「向上期」

　1985年以降、中国では青少年による犯罪が急増してきた。青少年による犯罪は、85年に全犯罪の70.0％を占め、88年には75.6％を占めるに至った。青少年の犯罪要因に関する研究によれば、青少年犯罪と不適切な家庭教育との相関性がきわめて高いと研究者は指摘している[37]。家庭教育に対する関心が高まるなかで、社会の「一人っ子」の家庭教育問題への眼差しがより厳しいものとなった。「一人っ子」の教育問題はますます問題化される方向へ進んだ。

第1章　中国の「一人っ子」の家庭教育問題をめぐる議論の展開過程

(1)「一人っ子」の家庭教育問題の深刻化

　1994年、穆光宗の『中国の未来を誰に任せる−「一人っ子」問題についての緊急報告』[38]が出版され、大きな反響を呼んだ。この本は、多くのデータを用いて、「一人っ子」の現状に関して分析し、子どもに対する親の過剰な期待などの問題を厳しく指摘すると同時に、中国の未来もこのような多くの問題を抱いている「一人っ子」に任せることができるのかという疑問を提起した。

　この時期に、「一人っ子」の家庭教育に存在する知育を偏重し、道徳教育、しつけなどを重視せずという問題を批判しながら、穆のように「一人っ子」の教育問題を国家の将来と結びつける研究は多くみられた。これは、第2章で述べる中国における家庭教育の位置づけ、すなわち「社会主義事業の建設者と後継者の育成」という理念と関わるものである。中国青少年発展基金会の秘書長徐永光の言葉がこれを裏づけている。徐の言葉を借りれば、「『一人っ子』は、特殊な集団として数を増やしつつあることによって、社会の各領域から注目された。彼らが健全に発達できるかどうかということは、国家、民族の未来と非常に密接的に関係している」[39]ということである。

　こうした政治的、社会的な視点から「一人っ子」を論じるものの多くは、理想の子ども像にしたがって議論を展開していたが、理想の子ども像の背後に存在する社会変動の影響、人々の価値観の変化、さらに規範モデルの不在などの社会現象との因果関係についての議論が欠乏している。そのために、これらの論文は説得力が弱いといわざるを得ない。にもかかわらず、「一人っ子」には中国の未来を任せられないというこれらの論文の主張は、「一人っ子」の家庭教育をいっそう深刻に社会問題化する動因となった。

(2)「一人っ子」の家庭教育の優位性

　「一人っ子」家族における欠点に言及する研究が多いなかで、「一人っ子」

第Ⅰ部　序論

の家庭教育における優位性を強調する研究者もいる。これらの研究者は、「一人っ子」の家庭教育において、四つの優位性があると主張している。第一点目は、子どもの数の減少によって、「一人っ子」がより多くの家族愛を享受するようになったことに対する心理的な発達という情緒面からの言及である。第二点目は、「一人っ子」に対する親の高い期待、教育への投資の増加、親による教育指導時間の長さなどの要因によって、より良好な教育を受けることが可能という教育的な効果である。第三点目は、身体面からの指摘であり、親が健康状況により注意を払うために、「一人っ子」は体力的に優れているということである。第四点目は、「一人っ子」の平均消費水準は比較的高いことが、発達過程に必要とされるさまざまな学習を受ける経済的な条件に不足がない、ということである[40]。

このような論調に合わせ、「一人っ子」の家庭教育の主な問題は、いかに欠点を避けるのか、優位性を高揚するのかという議論がある[41]。さらに、今までの「一人っ子」に関する研究には、「一人っ子」の欠点についてすでに認識されているが、「一人っ子」の優位性を発展させることに関する研究はまだ不十分であるという指摘もある[42]。

しかし、これらの研究は、不十分な研究であると言わざるを得ない。なぜなら、「一人っ子」家族における優位性は場合によって逆効果をもたらす可能性も潜んでいるからである。たとえば、情緒面を例にとれば、親のすべての愛情を一人で受ける「一人っ子」が親に溺愛され、過保護にされやすいということは、多くの研究によって明らかにされた事実である。しかし、これらの研究は、こうした問題について全く触れていなかった。

(3)　実証研究の増大と「一人っ子」問題の地域差

この時期の「一人っ子」に関する研究に一つの大きな変化が生じた。「一人っ子」に関する研究は、従来子どもの人数の減少による親の育児態度の変化（溺愛、過保護など）、「一人っ子」への親の不適切な期待（たと

第1章　中国の「一人っ子」の家庭教育問題をめぐる議論の展開過程

えば、高学歴を求める志向)、家庭教育のあり方などの側面から要因を追求し、理論的な解釈にとどまる研究が多かった。しかし現在は、調査規模の拡大、分析方法の改善などによって、レベルの高い実証研究が増えてきた。

　たとえば、風笑天の「『一人っ子』をもつ親の役割の特徴」[43]、密慶続の「家族構成と学生の学業成績との関わり」[44]などの研究は、「一人っ子」家族ないし「一人っ子」の家庭教育の実態を有効に把握するための貴重なデータを提供した。しかし、これらの研究は、ほとんど一つの地域の状況のみを扱ったものである。中国では各地域の状況が歴史的背景や経済発展水準の点でさまざまに異なっていることを考慮すれば、地域によって「一人っ子」の教育問題における差異を知るには単一地域だけの研究では不十分であることを指摘しなければならない。

　そこで、複数の地域を対象とする研究として、序章で言及したファルボとポストンの北京市、安徽省、甘粛省および湖南省における「一人っ子」に対する大規模な調査研究に注目すべきである。ファルボらの研究では、「一人っ子」と「非一人っ子」との間に、体重より身長において一定の地域差があるが、性格と学業成績の点では、大きな差異がみられなかったことが明らかにされた。これは、「一人っ子」が優れた知力をもっているという、社会に広く存在する認識を解消することに有力な実証を与えた。しかし、ファルボらの研究では、「一人っ子」の家庭教育における特徴が一括して論じられたが、地域ごとの差異については論じられなかった。

　上述してきたことから、この時期の研究の特徴は、研究方法の多様化、研究内容の広範化であると要約できる。実証研究の増加、研究における国際的な連携などによって、レベルの高い研究が多く出現し、「一人っ子」の家庭教育に対する研究水準も全面的に向上したともいえる。これによって、この時期は家庭教育の研究における「向上期」であるといっても過言ではない。

4. 第四期（1995以降）――「展開期」

　データによれば、1995年の大学の新入生の60％以上は「一人っ子」であり、また上海市では、1995年の徴兵で「一人っ子」は50％を占めている[45]。成人期を迎えた「一人っ子」の増加にともない、「一人っ子」に対する不安の声も高くなってきた。「中国の"小皇帝"はどこへゆく」[46]という疑問は、そうした不安の声の代表である。この時期に、「『一人っ子』は未来中華民族の大黒柱を如何に支えられるのか」[47]というような、政治的な視点から「一人っ子」の問題を論じるものは依然として多くみられる。このようなさまざまな議論のなかで、「一人っ子」の家庭教育に以下のような新たな展開が現れてきた。

(1)「星々河現象」――「一人っ子」の家庭教育の新たな試み

　「一人っ子」が常に問題視されているのは、きょうだいをもたないこと、または「一人っ子」の親の育児態度に問題があることという2点である。きょうだいの存在は、四つの意味をもっているとされている。つまり、①観察学習ができ代理強化が受けられる、②比較的対象が得られるので明確な自己像を形成することができる、③対人的技能を身につけることができる、④親の過保護を抑制することができる、という利点がある[48]。これによって、きょうだいは子どもの発達に大きな役割を果たす一方、親の育児態度の改善にもつながるといえる。ところが、「一人っ子」の場合は、いかにしてきょうだいがいない穴を埋めることができるだろうか。これに対して、中国では、「星々河現象」が出現した。

　「星々河」とは、北京市で同じく「一人っ子」をもつ三つの家族によって創立された「星々河快楽家族」（中国語：星々河快楽家園）のことである。この三つの家族は、現在「一人っ子」がきょうだいがいない、遊び相手が少ない、「四、二、一っ子」の現状に陥っているなどの問題に対する解決策として自ら「星々河快楽家族」を創立した。すなわち、三つの家族は、子どもの教育について積極的に相談し意見交換し、子どもの教育に互い

第 1 章　中国の「一人っ子」の家庭教育問題をめぐる議論の展開過程

に協力する。一方、子どもにとって三つの家庭が友達との遊び場であり、共同の学習場でもある。三人の「一人っ子」は、「星々河快楽家族」という大家族で、「一人っ子」家族では学べないことを学び、体験できないことを体験し、それによって、「一人っ子」家族における不利な要因を克服する。

「星々河快楽家族」は創立とともに、社会の注目を集めた。1995 年に中国家庭教育学会、『少年児童研究』雑誌出版社などによって「星々河家庭教育検討会」が開催された。この検討会で、多くの研究者は、「星々河は、『一人っ子』の家庭教育を閉鎖から開放へ、孤独から団体へと変化させ、これが『一人っ子』の家庭教育に新たな道を導いた」と高く評価していた[49]。「星々河現象」は、「一人っ子」の家庭教育に対して有益な示唆を与えた。

(2)「一人っ子」の家庭教育における子どもの主体性の重視

「一人っ子」というと、かならず親に溺愛され、過保護にされるために、自立性を身につけていないというイメージと結びつく。ところが、「一人っ子」の家庭教育には溺愛が存在していると同時に、体罰傾向も存在している。前述の「中国都市部における『一人っ子』の人格発達に関する調査研究」も、子どもに体罰を与える親は、「一人っ子」家族の 32.3％を占めていることを明らかにした[50]。これは決して低い数字とはいえないだろう。

親にとって、「一人っ子」はもっとも大切にすべき存在であるにもかかわらず、なぜ体罰が発生したのだろうか。溺愛と体罰の関係について、一人の小学校教師の言葉がよい参考になると思われる。この小学校教師は、「多くの親は、体罰を子どもに対する愛の補償としてみなしている。溺愛と体罰は、子ども遊びのシーソーの両端のような関係である。両端は共同体であると同時に、一端が上がると、一端がかならず下がる。しかし両者はともに失敗した教育方法である」[51]と分析する。この考察に示されているように、不適切な愛は体罰を生じる主な要因の一つである

第Ⅰ部　序論

といえる。
　体罰行為は「一人っ子」の家庭教育にすでにさまざまな悲劇をもたらした。すでに紹介した青海の9歳の子どもが母親の体罰によって死亡した事例は、この種のケースである。この事件の当事者である母親は結局自殺という結末で自分の体罰行為に対して反省を示した。自殺する前に、この母親は自分の行為について反省書を世間に残した。

　　「不適切な教育方法を用いることはよくない。彼は私にとって唯一の子どもであるため、彼に傷害を負わせるつもりは全くなかった。体罰で彼を教育したことが、思わず悲劇を引き起こしてしまった。子どもの学習に対する期待は高いが、それ以外の面では、彼に対して本当に優しい。子どもを非常に愛しているし、母親としての責任をすべて果たしたと思う。」（『人民日報』　1988年3月10日付）

　この反省書には、母親の自責的な気持ちが表現されているが、子どもを愛するからこそ体罰行為を行ったという母親の心情も表れている。しかし、この罪を犯した母親は、最後まで子どもの意思尊重、子どもの人権問題に対する認識が示されなかった。この母親のような、子どもを自分の私物としてしかみていない傾向は中国の家庭には存在している。
　1996年4月、ユネスコの子どもの権利条約の中国での実施状況に関する検討会で、中国に存在する以下のような問題点が取り上げられた。すなわち、①社会における子どもの主体性に対する理念の樹立、②幼児教育の改革、③家庭教育における誤り、④農村地域の子どもに就学の機会を提供すること、という4点が指摘された[52]。しかしながら、子どもの主体性を重視する主張は、新しいものではなく、1930年代にすでに知識人たちによって提起された理念であった。この理念がこれまで中国で定着しなかった要因は、もちろん中国の家庭における家庭至上主義と関わる。社会における子どもの権利条約の推進にも問題があると指摘する研

第1章　中国の「一人っ子」の家庭教育問題をめぐる議論の展開過程

究者もいる。政府の行動は多いが、民間における動きが少ないこと、子どもに対する社会あるいは大人の保護を強調しているが、子どもの意思、希望への視線の欠如を問題視している[53]。

　以上のように、この時期における「一人っ子」の家庭教育研究は、理論研究に集中する状態から実践的な方法を用いる時期に入ったといえる。成人期を迎える「一人っ子」の増加にしたがって、「一人っ子」に対する関心がさらに高められた。これによって「一人っ子」に関する研究もさらなる広範囲で行われることが期待される。したがって、本章では1995年以降の時期を「展開期」と見なしている。

おわりに ─　各時期における「一人っ子」に関する議論

　本章では、中国における「一人っ子」の家庭教育研究の展開過程を四つの段階にわけて考察した。その研究の内容・方法・議論の展開はそれぞれの段階において異なる特徴が存在する。以下では、各段階の展開特徴に沿って内容をまとめておこう。

(1) 第一期（1980-84年）─「啓蒙期」

　この時期は、「一人っ子」研究の初期段階である。「一人っ子」に関する先行研究が乏しく、または家庭教育研究の蓄積の不足といった条件に束縛されたために、水準の高い研究はなかった。この時期の研究は、現象的な解釈に留まる研究が多く、かつ研究手法の単一化という問題が指摘できる。各地域における「一人っ子政策」の実施時期に差異があり、かつ乳幼児期の「一人っ子」の問題がそれほど深刻に至らず、「一人っ子」を特別な研究対象とする研究は少なかった。

　一方、研究内容において、教育学あるいは心理学の視点から家庭教育

第Ⅰ部　序論

の基本機能を論じる研究が主流であった。それと同時に、革命のために犠牲になった英雄、または共産党高級幹部の家庭教育のあり方を家庭教育の模範とする研究も多かった。これは、中国の家庭教育の基本理念－革命事業の後継者の育成に基づいた研究であり、中国社会に求める理想の子ども像が反映されているといえる。

　文化大革命運動が終結して以降、思想解放の提唱、情報公開制度の整備などによって研究状況が大きく改善されたが、この時期の家庭教育研究についていえば、これまでの研究空白を埋めることがもっとも重要であった。この時期における研究の特徴がこのことを裏づけている。このため、本章はこの時期を家庭教育研究、さらに「一人っ子」研究における「啓蒙期」と位置づけている。

(2) 第二期（1985-89年）――「模索期」

　この時期の「一人っ子」研究は、研究方法においてもまた研究課題においても摸索段階にあった。第一期の啓蒙段階を経て、水準の高い研究、または実証調査を取り入れる研究が少しずつ増えてきた。しかし、「一人っ子」に関する研究は、社会の風潮に合わせる傾向があったために、議論の混乱がもたらされた。一方、多くの研究は、「一人っ子」と「非一人っ子」との生活態度や行動様式など比較研究に集中し、「一人っ子」と「非一人っ子」との差異を、単に「一人っ子」の家族構成によるものと解釈する傾向が強かった。

　この時期には、幼稚園または小学校における「一人っ子」の人数の激増によって、「一人っ子」の教育問題に対する社会の関心が増大した。ところが、「一人っ子」のIQ指数の高さを強調する研究によって、「一人っ子」は知的に優れた子どもであるという新たなイメージが作り出された。このうえに、当時大学における少年大学生制度の制定・実施という背景に加え、英才教育の風潮が形成され、「一人っ子」に対する親の期待も著しく膨張した。一方、親の過保護によって自立性の発達に遅れが見られ

第1章　中国の「一人っ子」の家庭教育問題をめぐる議論の展開過程

るなどの問題によって、「一人っ子」は「問題児」であるという議論も生じた。

　「一人っ子」に対するさまざまな議論の出現には、「一人っ子」の教育問題をはじめて経験する社会の困惑が反映されている。言い換えれば、それは「一人っ子」を受け入れる社会の環境が整っていない状況と「一人っ子政策」の強行推進との葛藤からもたらされた問題であった。模索しながら前進するこの時期の研究特徴にしたがって、本章はこの時期を「一人っ子」研究の「模索期」に位置づけられている。

(3) 第三期（1990-94年）── 「向上期」

　この時期における「一人っ子」研究は、蓄積が多く得られたうえに実証研究規模の拡大、外国研究者との連携などによってさらに前進した。「一人っ子」の成長にしたがって、家庭教育における子どもの社会化問題に取り組む研究が主流となった。これらの研究では多くの場合、中国社会に求める理想の子ども像をめぐって議論が行われていたが、社会変動による価値観の変化、さらに規範モデルの不在などの社会問題と子どもの社会化との因果関係についての議論が不足していた。また、「一人っ子」の教育問題がますます社会問題化するなかで、「一人っ子」の優位性を強調する議論も出現してきた。

　中国では、従来から子どもは国家未来の主人公であると言われてきた。この視点に立って議論を展開する研究は、「一人っ子」が未来の重役を担うことはないと結論づけている。こうした研究によって「一人っ子」の教育問題はさらに社会問題化することとなった。

(4) 第四期（1995-2000年初頭）── 「展開期」

　「一人っ子政策」の定着、さらに計画出産政策の制度化などによって、「一人っ子政策」に従うことは国民の義務であると位置づけられた。「一人っ子」家族は都市部家族の主流であり、「一人っ子」が同年齢層の子どもに

第Ⅰ部　序論

占める割合は非常に高い。この結果、「一人っ子」現象はすでに一般化し、「一人っ子」も普通の子どもであるという議論が一般化した。この時期、成人期に入った「一人っ子」の増加にともない、「一人っ子」が社会の各領域に進出するようになった。そのため、「一人っ子」の社会化の問題がさらに広範囲で議論されるに至った。

　この時期における研究はこれまでの蓄積を踏まえて前進し、水準の高い研究が多く現れるようになった。「一人っ子」に関する研究は「一人っ子」の社会への進出を受けて、今後も多角的な視点から「一人っ子」の問題に取り組む必要がある。この意味で、「一人っ子」研究はこれから本格的な発展段階に入り、「一人っ子」の成長にともないさらに期待されるといえよう。

【注】

(1)　Falbo 主編　1996、『中国独生子女研究』華東師範大学出版、1頁。
(2)　同上、194頁。
(3)　同上、194頁。
(4)　中国城市独生子女人格発展調研編　1997、「独生子女、苗正不正？」(『中国城市独生子女発展現状及教育的研究報告』摘要)『青年月報』第7期、37頁。
(5)　趙忠心　1994、『家庭教育学』人民教育出版社、3頁。
(6)　風笑天　1990、「我国独生子女研究現状的分析」『江海学刊』1期
(7)　李学斌　1998、「拓展視野走向深入 ― 近期我国独生子女研究的現状和分析」『当代青年研究』12期。
(8)　風　1990、54頁；李　1998、19頁。
(9)　風　1990、54-56頁；李　1998、20-22頁。
(10)　風　1990、56-58頁；李　1998、22、12頁。
(11)　本表は、『複印報刊資料　家庭教育 G52』(84-98年)によって作成した。『複印報刊資料　家庭教育 G52』(家庭教育に関する雑誌・新聞の切り抜き資料集)は、中国人民大学書報資料センター(中国人民大学書報資料中心)によって、

第1章　中国の「一人っ子」の家庭教育問題をめぐる議論の展開過程

1984年に創刊されたものである。1984-96年までは、半年版雑誌であり、97年が季刊、98年月刊に変わった。99年以降この雑誌の内容が変わった。本誌は全国的刊行されている数百以上の雑誌・新聞の中から家庭教育に関する論文および記事を収集しており、またこれをもとに論文の索引を作成している。本誌は家庭教育研究に関する資料を知るには非常に有益なものであるといえる。
(12) もちろん、タイトルに「一人っ子」の文字が使われていないにもかかわらず、「一人っ子」を対象とした論文もある。たとえば、「龍になる夢における困惑 — 当代家庭教育の現状略観 –」（王霊書　1989、「成龍夢中的困惑 – 当代家庭教育現状一瞥 — 」『父母必読』第6期)、「家族構成と学生学業成績との関わり」（密慶続1993、「関於学生家庭構成状況対学業成績影響的分析」『甘粛教育』第7期）などのような「一人っ子」を対象としたものがある。
(13) 瀟雨　1984、「劉少奇同志関於教育子女的六封信」『中国老年』第1期。
(14) 沈叔羊　1984、「父親沈鈞儒如何教育我們子女」『中国老年』第5期。
(15) 葦懐林　1984、「浅談父母在家庭教育中的地位和作用」『学習与実践』第3期。
(16) 趙忠心　1984、「按照家庭教育的客観規律展開家庭教育」『寧夏教育学院学刊』1期。
(17) 周建中　1984、「青春期心理与家庭教育」『家庭』第3期。
(18) 楊良志　1984、「寄希望於父母 — 発自学校的調査」『父母必読』第2期、8頁。
(19) 張立嫻　1984、「莫譲孩子缺了込問必修科 – 関於部分中・小学生家務労働情況的調査」『父母必読』第8期。
(20) 若林敬子　1995、『中国の人口問題』東京大学出版会、224頁。
(21) 辺燕傑　1986、「試析我国独生子女家庭生活方式的基本特徴」『中国社会科学』第1期。
(22) 同上、104頁。
(23) 金玉芝　1987、「家庭教育在独生子女教育中的特殊地位」『父母必読』第9期、22頁。
(24) 王発麟　1986、「他們為什麼智力超群？ — 記南京工学院少年大学生」『当代婦女』第4期。
(25) 王興華　1987、「超常児童智力発展与早期教育的関係」『人材天地』第4期。
(26) 袁茵　1988、「核心家庭中独生子女教育的調査研究」『教育科学』第4期、88頁。
(27) 「9歳学童被生母打死案震動青海各界」、『人民日報』1988年1月13日。
(28) 中国城市独生子女人格発展課題組　1997、『中国城市独生子女人格発展現状研究報告』（摘要）『青年研究』第6期。
(29) 「北京二千例育児諮詢表明 — 一些年青父母育児方法失当」、『人民日報』1988年2月1日。
(30) 「上海抽様万戸調査家教現状 – 近九成家庭教育方式不甚科学」、『人民日報』1987年5月19日。

第Ⅰ部　序論

(31) 「家長学校」は、日本語で「父母学校」、「父母学級」というように訳すことができるが、本章中は、中国語のままで用いることにする。「家長学校」については、付章「中国の家庭教育振興における『家長学校』の役割」において、詳細に述べているが、それを参照。
(32) 甄硯　1985、「社会需要"家長学校"」『学習与研究』第 6 期。
(33) 趙忠心 1985、「論家長学校」『教育研究通訊』第 1 期。
(34) 楊春華　1998、『九十年代中国児童発展規劃綱要』(全訳)『教育論叢』第 41 号、64 頁。
(35) 「四、二、一っ子」とは、四は四人の祖父母、二は父親母親二人と子どもが一人の意味を示している。これは、元来「一人っ子」をもつ家族の構成を意味する言葉だったが、現在では四人の祖父母、それに父親と母親の計六人の愛を一身に受けて育つ「一人っ子」という意味である。
(36) 小林芳郎　1991、「ひとりっ子の性格特性」『児童心理―特集・ひとりっ子の心理としつけ』第 45 巻 1 号、37 頁。
(37) 余礼明　1990 年、「浅析青少年犯罪的家庭因素」『浙江社会科学』第 5 期、58 頁。
(38) 穆光宗　1994、『中国的未来交給誰－独生子女問題的緊急報告』中国工人出版社。
(39) 前掲「独生子女、苗正不正」、37 頁。
(40) 于涌　1994、「浅談我国独生子女家庭教育的優勢」『現代中小学教育』増刊、25-27 頁。
(41) 和春　1994、「揚"独"之長、避"独"之短 ― 談独生子女優育優教」『人口与優生』第 2 期、32 頁。
(42) 前掲于涌「浅談我国独生子女家庭教育的優勢」、27 頁。
(43) 風笑天　1993、「論独生子女父母的角色特点」『華中師範大学学報』(哲社版) 第 2 期。
(44) 密慶続　1993、「関於学生家庭構成状況対学業成績影響的分析」『甘粛教育』第 7 期。
(45) 陳丹燕　1997、『独生子女宣言』南海出版公司出版、315 頁。
(46) 馬士　1995、「中国"小皇帝"走向何方」『天津青年報』1995 年 3 月 31 日。
(47) 鴿子　1996、「独生子女如何掌起民族脊梁？」『青年月報』第 9 期。
(48) 久世敏雄・長田雅喜編　1981、『家族関係の心理』(シリーズ現代心理学 7) 福村出版、93 頁。
(49) 「北京有条"星々河"－独生子女家庭教育新思路」、『人民日報』(海外版) 1995 年 7 月 28 日。
(50) 前掲「独生子女、苗正不正？」、5 頁。
(51) 楊良志　1984、「寄希望於父母 ― 発自学校的調査」『父母必読』第 2 期、7 頁。

第 1 章　中国の「一人っ子」の家庭教育問題をめぐる議論の展開過程

(52)　葦禾　1996、「児童的権利、一個世界性的新課題」『教育研究』第 8 期、77-78 頁。
(53)　同上、78 頁。

第Ⅱ部　社会変動と「一人っ子」の教育問題の出現

第2章

中国における家族と家庭教育の位置づけおよび教育理念

はじめに

　世界は国家の社会体制によって、資本主義国家、社会主義国家、発展途上にある国家の三種類に分けることが一般的である。これに対して、70年代初頭に、中国は政治的なイデオロギーによって、世界諸国を第一世界、第二世界、第三世界に分類することもすでに知られている。中国は現在に至っても社会主義国家である一方、自ら第三世界、すなわち発展途上国であることを主張している。周知の通り、いかなる社会体制を有する国でも、家族は社会の最小基礎単位[1]であることに変わりがない。とはいえ、国家の社会構造は社会体制に対応しているため、異なる社会体制のもとでは、政治、経済および文化を含む社会システムにも相違がある。これは社会間の格差を作り出す主要な要因である。

　ところで、社会間における相違は、それぞれの社会に置かれる家族の生活状況に反映されるのみに限らず、家族に対する認識、さらに家族政策にも反映される。それゆえ、社会背景の相違によって、そこにあるべき家族の姿も異なる。この点でいえば、どんな国でも、家族が社会の最

第Ⅱ部　社会変動と「一人っ子」の教育問題の出現

小基礎単位であることに共通の認識を有しているにもかかわらず、それぞれの社会における家族の展開状況は実に複雑な様相を呈している。

　社会体制の相違は、イデオロギー領域における相違を生み出し、これが家庭教育の理念をも左右する。社会体制を維持するために、文化の伝達機能を有する家庭教育の基本理念は、制度化される社会文化システムに統合され得る。これによって、異なる社会における家庭教育の位置づけと教育理念には相違が存在する。社会のイデオロギーは、さまざまな手段を通じて、常に家族、または子どもに対する親の教育意識に浸透しており、これは親の教育意識の形成に影響するマクロの要因の一つとなっている。

　以上を踏まえ、本章の目的は、教育意識の根底に存在する社会体制に着目し、中国における家庭教育の位置づけと教育理念を明らかにすることによって、中国の家庭教育の特徴を概観することにある。本章では、社会主義体制という社会背景に注目しながら、まず家庭教育の機能を背負う家族の変化について検討する（第1節）。次は家庭教育に関する研究の展開過程を概観することによって、中国における家庭教育に対する認識の変化を明らかにする（第2節）。そして、現代家庭教育の理念に大きな影響を与えた伝統的な家庭教育理念を遡って考察し（第3節）、引き続き社会主義社会における家庭教育の位置づけと教育理念を明らかにする（第4節）。以上の四つの側面からの考察によって、最後に中国における家庭教育の特色を示唆する。

第1節　社会主義中国における家族の位置づけ

　なぜ中国では、国際社会からの批判にもかかわらず、家族政策の中に「一人っ子政策」を採り入れたのだろうか。この疑問を解くために、まず中

第2章　中国における家族と家庭教育の位置づけおよび教育理念

国における家族の位置づけを明らかにする必要がある。また、子どもに対する教育は家族の基本機能の一つとされているが、家族の変化はかならず家庭教育にまで影響を及ぼす。この側面からみても、家庭教育の状況を知る前提として、中国における家族の変化を明らかにする必要がある。中国の家族展開状況をより正確に把握するため、この節ではまず中国における家族の位置づけを明確にしておこう。

1. **家族の定義**

これまで、「家族」（family）と呼べるものは、一般に婚姻関係により結ばれた夫婦と子どもから形成される集合体を指している。しかし近年、ライフスタイルが多様化している現代社会においては、家族の定義も設定しにくくなってきた。「人類学は『家族』と呼ばれるもののあまりの多様性に、とくに定義を放棄してしまったが、社会学は家族の普遍性をめぐって、それにミニマムの定義をあたえようとしてきた」[2]といわれている。日本の社会学においては、家族を以下のように定義している。「家族とは、居住共同に基づいて形成された親族集団である。内容に即して言えば、夫婦（親）、子の結合を原型とする感情的包絡で結ばれた、第1次的な福祉志向集団である」[3]と定義している。

中国の社会学者は、家族に以下のような定義を与えている。つまり、「家族とは、家族成員が婚姻関係、血縁関係あるいは養子縁組関係によって形成された社会生活の基本単位である。家族は一般に夫、妻と子どもから形成され、あるいは親族関係を有する他の人も含まれる」[4]と定義している。日中両国の家族定義においては、家族は婚姻関係によって結ばれ、夫婦と子どもから形成されるという点で共通している。

以上を踏まえ、本研究で用いる家族とは、社会学における家族の定義に基づき、近代家族の象徴である「核家族」（nuclear family）、要するに親（または保護者）と未婚の子どもから形成されている基本形の家族のことを意味する。

93

第Ⅱ部　社会変動と「一人っ子」の教育問題の出現

2. 家族と「組織共同体」との関係 ──「戸籍制度」の拘束力

　近代産業革命の発展による伝統的な大家族から小家族（核家族）への移行は著しいものがある。小家族（核家族）は、資本主義の発展に最も適応する家族の形態であると見なされている。産業革命が勃発する以前に、一定の地域社会に生活する家族は、そこに存在する共同体と深いつながりがあり、生活のあらゆる面でその共同体に組み込まれる状況であった。しかし、産業社会の発展は、農村から都市へ、経済発展の後進地域から先進地域へという人々の地域的な大移動をもたらした。このために、家族はそれまでの居住地の共同体から離れ、家族単位とする生活様式を形成した。こうした社会変化によって、家族は産業社会を構成する基礎単位という地位を確立した。

　このように位置づけられている家族は、社会と相互関係をもっており、外部社会に変動を引き起こしたり、促進もする。一方、家族も外部社会の変動の影響を受ける。しかしながら、この両者の関係は対等な関係ではない。近代国家の誕生、そして民主主義国家の実現へというさまざまな歴史変遷のなかで、社会における家族の地位が以前より大きく上昇してきたが、社会の最小基礎単位といわれる家族機能が十分に果たせたわけではない。そのために、家族は社会の変動に影響を与えるというよりも、むしろ社会変動に巻き込まれるケースが圧倒的に多い。

　冒頭で述べたように、異なる社会体制を有する社会における家族の展開様相には相違がある。中国の場合は1949年以降、社会主義国家の建国によって家族には大きな変化がもたらされた。行政組織システムは家族の変化に大きな働きかけをし、家族政策の制定と実行を通して家族領域までに足を踏み込んでいる。先進国においては、伝統的な家族が崩壊することによって個人の権利が強調されているが、中国では伝統的な家族が崩壊した後、「新たな全体的な利益が強調された」[5]といわれている。

　中国における家族の変化は戸籍制度（中国語：戸口制度）の存在と密接な関係がある。1954年の「憲法」第90条第2項において、「中国国民

第 2 章　中国における家族と家庭教育の位置づけおよび教育理念

は居住と移動する自由がある」と明確に規定されていたが、1958 年 1 月 9 日、全国人民常務委員会第 91 回大会（中国語：全国人民代表大会常務委員会第 91 次会議）で、「中華人民共和国における戸籍登録条例」（中国語：「中華人民共和国戸口登記条例」）が審議され、実行に移された。すなわち、一人にかならず一つの戸籍を与え、そして戸籍が置かれている地域（市・町・村）の組織によって戸籍主を管理する制度である。戸籍の種類は、農村戸籍（中国語：農村戸口）と都市戸籍（中国語：城市戸口）がある。一般的には、農村地域に住み、主に農業に従事する人は農村戸籍のカテゴリーに入り、非農業生産に従事し、主に都市部に住んでいる人は都市戸籍のカテゴリーに入る。

　この戸籍制度は、（1）人口動態統計の基準資料、（2）穀物食糧、綿などの配給証明書の裏づけ（1994 年廃止）、（3）無計画な人口移動、とくに農村人口の大都市への大規模流入を防止する、という三つの機能をもっている。この戸籍制度の基本方針によれば、特別な理由[6]がなければ、自分の戸籍地を離れ、ほかの地域へ移住することが認められない。こうしたことによって、中国では就学（高等教育を除く）、あるいは求職の際、学校あるいは求人先の所在地の戸籍を有することが必要条件の一つとして要求されている。このように、戸籍地と異なる地域での生活が不可能であるため、自分の戸籍地で生活することが原則なのである。

　こうした地域間の移動が制限されたために、人々は行政制度によって一定の地域に留まり、そこでそれぞれの生活の基盤を築くことになる。こうした状況のなかで、この生活基盤となる地域は、事実上新たに形成された共同体といってもよいだろう。しかし、この共同体は、近代産業社会出現以前の自然に形成された地域共同体と異なり、行政組織の勢力によって人為的に作り出されたものである。これにしたがって、本研究では、便宜上このような共同体を「組織共同体」と呼ぶことにする。結果として、組織はこの「組織共同体」を管理する主体であり、個人あるいは家族はこの「組織共同体」に服従する客体である。構成員の利益よ

第Ⅱ部　社会変動と「一人っ子」の教育問題の出現

り「組織共同体」の全体利益が常に強調されているため、「組織共同体」の利益への服従は、構成員の義務として要求され、時にはその利益を守るために構成員の利益を犠牲にすることもある。「一人っ子政策」の実施はこのような社会理念に基づくものである。

　とりわけ、戸籍制度は本来人口管理、または農村人口の都市部への大規模移動を防ぐための目的で定められた政策だが、個人あるいは家族は新たに作り出された「組織共同体」に組み込まれ、そして「組織共同体」の利益への服従という要請に拘束される結果をもたらした。さらにいえば、戸籍制度によって個人あるいは家族はコントロールされやすい状態に置かれているといえよう。

3.　組織によってコントロールされる家族

　中国における社会組織は厳密に系統化されている。「新中国は中国歴代政権のなかで、社会の末端まで政治権力をもっとも浸透させた点で、大きな特徴をもっている」[7]といわれたように、行政組織にせよ、共産党組織にせよ、大きな統制力を有している。中国では、個人にとって「単位」はなくてはならない存在である。中国語の「単位」とは、組織、機関、団体、部門などの総称であり、それぞれの「単位」は実に小さい「組織共同体」である。個人は少なくとも一つの組織（単位）に属することが一般的である。

　個人と直接に関わる組織は、一般的にいえば二つの形式がある。有職者であれば勤め先の行政組織と直接に関係するが、無職者であれば住んでいる市町村の行政組織と関係する。一方、一つの機構に共産党委員会（中国語：共産党支部）と行政管理組織が並立に存在し、この二つの組織のもとに、労働者組合組織（中国語：工会）がある[8]。従業員全員が組合に参加することは一般的である。労働者組合組織は、組合員の生活をサポートする組織であり、家族の結婚、出産、育児、避妊薬の配布に関して直接に管理し、さらに家族内部に生じるトラブル、たとえば家族同士の喧嘩、夫婦離婚などの調停にも介入している。

第2章　中国における家族と家庭教育の位置づけおよび教育理念

　中国の独特な社会構造のもとで、それぞれの組織は、異なる役割を果たし、あらゆる面で人々の生活をコントロールしている。組織の任務は、結婚のための証明書の発行[9]、各家族における出産の人数、時期の決定、住宅の提供、家族成員における無職者の医療費の負担、子どもの入園・入学および就職などの協力等がある。こうした社会背景のもとで、個人と家族は組織に依存しなければならない状況に置かれている。それゆえ、国家が組織を通して家族成員をコントロールし、それによって家族生活のあらゆる面に行政勢力が浸透することは、中国的な特徴をもつ社会の統制様式であるといえる。

　中国の家族は、社会制度により高度にコントロールされた単位である。こうした状況のなかで、「国家利益の至上主義」という社会主義中国の国家方針のもとで、社会最小の基礎単位といわれる家族も例外ではなく、個々の家族の権利より全体の利益が強調され、そして組織への服従という社会理念に拘束されている。こうした社会背景のもとで、中国では家族がもつ「公的な領域」と「私的な領域」との境界線は、かならずしも明確に区別されていない。これによって、組織はしばしば家族の「私的な領域」に足を踏み込んでいたが、「一人っ子政策」はその帰結といえる。

　ところが、以上のような状況は現在少しずつ崩れ始めている。その主な要因は市場経済の導入による社会の変化である。これによる社会における主な変化は、私企業の誕生である。1949年の建国以降、社会主義的な企業体制に合わないと見なされる私企業・個人企業はまず社会改造の対象となった。これらの企業に対して、買収、合弁などの行政手段を通して、すべて強制的に国営企業へ転換させた。こうしたことによって、1950年代半ば以後、私企業は中国の産業界から姿を消した。

　しかしながら、1980年代初頭、経済改革政策が制定され、産業振興のために私企業が認められ、そして私企業の出現により雇用制度、個人と企業との雇用関係が変わってきた。要するに、職業における個人の自由選択権を広げることによって、個人は組織に服従することから、個人の

第Ⅱ部　社会変動と「一人っ子」の教育問題の出現

意思決定をより尊重する方向へと展開している。私企業における雇用の自由化により、個人は企業間の移動が多くなり、こうしたことによって、個人は組織との依存関係が薄くなり、一方組織は個人に対するコントロールの範囲も縮小してきた。経済改革・開放によってもたらした社会変化は、従来の組織が個人と家族をコントロールする機能を以前より衰退させたとみられているが、中国の特殊な社会背景によって、家族と「組織共同体」との依存関係は依然として強いといえる。

　一方、長年にわたって、組織は人々の生活を全面的に左右し、個人に与えた影響はきわめて大きかった。経済の高度発展によって、会社あるいは企業といった組織の経済的な機能は強化されている。これに対応

表 2-1　個人に対する企業の果たすべき責任についての認識

回答項目	企業の責任（%）	企業の責任ではない（%）	回答者（実数）
退職金保険	96.6	3.4	2,105
医療保険	97.5	2.5	2,152
文化、教育	89.3	10.7	1,962
職業訓練	88.5	11.5	1,940
トラブルの調停・解決	85.9	14.1	1,979
子どもの就学、就職	82.3	17.7	1,952
生活援助	86.7	13.3	1,964
住宅	91.8	8.2	2,129
スポーツ、娯楽	77.7	22.3	1,891
政治思想の学習	89.6	10.4	1,951
計画出産	79.3	20.7	1,808
共産党あるいは共青団の活動	87.4	12.6	1,822
離婚	45.1	54.9	1,657
結婚、恋愛	47.2	62.8	1,703 (100)

注：1）「共青団」とは、共産党組織の下にある青少年組織「共産主義青年団のことを意味する。
　　2）出所：陸学藝（1996）p.283 より。

して、会社あるいは企業は、これまで背負っていた従業員の生活全般を管理する、いわゆる社会的機能が少しずつ社会専門機構に移りつつある。しかし、社会の変化と人々の意識の変化との間にズレが生じている。1988年、中国社会科学院社会学研究所は、30都市で企業の社会的機能に対する意識調査を実施した[10]。この調査結果のなかで、個人は企業に依存する意識の強さがいまも顕著であることを明らかにした（表2-1）。とくに、子どもの就学、就職といった家族と関わる点において、企業の責任だと認識している人の多さに注目すべきである。それゆえ、組織の家族に対するコントロールが減少するために、人々の組織に依存する意識の変化も必要であるといえよう。

4. 社会変動と家族に対する認識の変遷

すでに述べたように、家族は社会の最小基礎単位という位置に置かれているため、社会変動に巻き込まれるものである。家族成員の家族内における位置は、権力配分によって規定されると同時に、社会との依存関係からも影響を受ける。この証左として、「家族は不可分な状態で私的でありまた公的である依存関係の網、社会的な糸の環を構成している。この環は、もっと大きな社会の集合体から与えられ認められている一つの状態（職業・特権・身分）の維持を中心として個人を組織する」[11]といわれていることが挙げられよう。このような社会とのさまざまなつながりのなかで、時代の変化は家族にまで浸透し、一方家族に対する認識も時代的な特徴を帯びている。

1949年以降の30年間において、中国の社会は政治活動が頻繁に勃発する状況にあった。こうした社会背景のもとで、社会の最小基礎単位に位置する家族は一連の政治活動の影響から逃れることが不可能であった。この時期における家族の特徴は、「家族は革命の場である。言い換えれば社会における闘争を反映する家族内の戦いを通じて、家族全員は平等な同志的結合をうちたて、階級的自覚を高めている」[12]といわれている。

第Ⅱ部　社会変動と「一人っ子」の教育問題の出現

　こうした家族の特徴から分かるように、政治活動が頻発する時代には、家族は社会における最小の政治機構として見なされ、政治活動の目的を達成する協力者として位置づけられていた。
　しかし、すべての家族が、このような枠組みに編入されるわけではなかった。社会におけるプロレタリアとブルジョアとの階級論争は家族にまで影響が及び、これによって家族間の不平等を人為的にもたらした。当時、すべての家族は、マルクスの階級論によってプロレタリア階級とブルジョア階級に分けられ、社会主義的なイデオロギーに適応できるかどうかによって支配する家族と支配される家族という二種類の家族形態を生み出した。就職、進学さらに昇進などのあらゆる場面において、プロレタリア階級出身の人が優遇されることとは対照的に、ブルジョア階級出身の人が社会の改造対象となった。政治活動一色に染められたこの時期には、家族がもつ私的な領域が完全に抹殺されたため、家族の人権を無視し、侵害するに至った事件が多発した。これらの状況は、文化大革命期の家族生活を描く多くの文学作品にも取り上げられている。
　このような家族状況は、1976年の文化大革命の終結によって変化を余儀なくされた。階級論争の終結によって、それぞれの家族の社会における地位は、階級階層から職業階層によって判断されるようになった。現在経済の高度成長によって、産業構造が再編成され、職業の再分化によって家族の職業形態は実に多様なものとなった。こうしたことによって、中国における家族の階層構成は複雑である。経済発展が進むなかで、貧富の格差が拡大されつつ、中国における家族は、社会主義社会の背景のもとで、これからいかなる展開方向を示すのかということが、今後の注目すべきところである。
　とりわけ、中国における家族は、「組織共同体」と強い依存関係にあることから、家族がもつ公的な領域と私的な領域との境界が明確にされておらず、外部に干渉されやすい状態にあるといえる。

第2節　1949年以降の社会における
　　　　　家庭教育に対する認識の変遷

　中国における階級論争は家族だけではなく、家庭教育にまで影響を及ぼしていた。左翼的な思想が主流を占める時代には、社会主義的なイデオロギーに適応できないと判断されるものなら、すべて社会から排除すべきだという社会風潮があった。そのために、家庭教育がブルジョア階級のためのものと見なされたことによって、中国における家庭教育の展開過程には紆余曲折があったといえる。以下に中国における家庭教育研究の展開過程を概観し、これによって中国社会における家庭教育に対する認識の変化を知ることができると思われる。

1. **家庭教育の定義**
　本題に入る前に、まず中国における家庭教育の定義について検討する。これは、中華全国家庭教育学会によって編纂されている『全国における家庭教育の宣伝を担う人材を養成・訓練する教材に関する指導要綱』（中国語：『全国家庭教育培訓教材指導綱要』[13]、以下『教材』と称する）における家庭教育の定義を引用してみる。

>　「家庭教育とは、家族生活のなかで保護者（主に父母）による子女に対する教育である。家庭教育の意味は、広義の家庭教育と狭義の家庭教育に分かれている。広義の家庭教育とは、子どもが産まれてから大人に成長するまでに家庭で受けたあらゆる教育を意味しており、いわゆる"一生の家庭教育"（中国語：終身家庭教育）である。狭義の家庭教育とは、子どもが産まれてから入学前（0～6歳）までの教育、いわゆる"就学前の家庭教育"（中国語：学齢前家庭教育）である。」（『教材』　1993年、1頁）

第Ⅱ部　社会変動と「一人っ子」の教育問題の出現

　家庭教育の具体的な内容については、この『教材』において以下のように述べている。狭義の家庭教育については、「就学前の家庭教育は、人生における最初の教育である。これは、子どもの道徳と能力における"啓蒙教育"である」と規定されている。一方、広義の家庭教育については、「家庭教育は、日常生活のなかで、いつでもどこでも行われる教育である。要するに、"教育は日常生活のなかに宿っている"。家庭教育は決められている教材ないし教育様式をもたず、ニーズに応じる教育である」と書かれている[14]。

　中国における家庭教育の定義の特徴をより分かりやすくするために、ここでは日本における家庭教育の定義と対照しながら説明する。『新社会学辞典』によれば、家庭教育とは、「狭義には、親による子女に対する意図的なしつけ、訓練。広義には、家族の年長者による意図的教育を含み、また生活様式、文化等を子女が身につける場合のように無意図的な人間形成作用をも含む」ものであると定義している[15]。

　以上の中日両国の家庭教育の定義を比較すると、以下のような特徴がみられた。

　第1に、両国ともに家庭教育の特質として主に以下の2点を強調している。すなわち①家庭教育は親によって行われる教育である。②家庭教育は親と子という関係を通じて展開される。

　第2に、家庭教育を定義する視点において、両国には差異が見られる。中国では、家庭教育を受ける者の年齢によって家庭教育を広義のものと狭義のものに分けている。一方、日本の場合、子どもの年齢ではなく、家庭教育の内容によって広義、あるいは狭義の家庭教育を定めている。

　第3に、家庭教育における主な内容は、日本の家庭教育の内容と比べれば、中国では日本ほど明確に規定されていないことが分かる。

　以上取り上げた『教材』には、家庭教育の対象者は、0歳から16、17歳まで、要するに未成年者の教育に重点をおくべきであることを主張している。これにしたがって、未成年者に基本的な生活習慣、道徳観など

を身につけさせることが家庭教育の主な内容であると言えよう。それゆえ、本研究では、家庭教育という概念を、親（保護者）が子ども（未成年者）に対して、しつけ、生活訓練および道徳教育を主な内容として行う意図的ないし無意図的な教育という意味で用いる。

2. 1949年以前の家庭教育の発展状況

中国語の『中国叢書総録』（中国叢書総目録）によれば、中国には魏晋南北朝時代から1949年までの間に、総計100種類以上の家庭教育の書物が刊行されていた。これらの書物の内容は、理論系の専門書から一般の人々を対象とする家庭教育の啓蒙書に至る幅広いものである。

20世紀初頭、西洋文化の影響を受けた多くの知識人たちは、子どもの発達および子ども文化発展の重要性を積極的に提唱した。このなかで、陳鶴琴はもっとも代表的な存在である。幼児教育学者陳鶴琴（1892-1982）は、子どもの固有の心理発達を重視すべきだと主張し、家庭教育における子どもを中心とする教育理論を提唱した。1925年に、陳鶴琴は自らの教育理論と教育実践にしたがって執筆した著作『家庭教育－子どもをいかに教育するか』[16]を発表し、大きな反響を呼んだ。教育学者陶行知（1891-1946）は、この著作に対して、「現在中国で出版されている教育専門書のなかでも、もっとも価値を有する著作である」[17]と高評した。この時代には、西洋文化の流入によって、西洋の子ども中心主義という教育理念は中国の家庭教育に影響を与え、多くの教育学者の提唱によって子どもの主体性を重視する議論が世間に流れていた。

当時の家庭教育に関する教育と研究は、家政科が設置された一部の大学、とくにキリスト系の大学において行われていた。社会の発展に応じて家庭教育の発展を促進するために、1940年9月28日に当時の国民党政府が、『家庭教育を推進する方法』（中国語：『推行家庭教育弁法』）の政府文書を発表した。この『方法』のなかで、家庭教育を推進する具体的な方法、措置、あるいは運営経費などについて明確に規定し、「あらゆ

第Ⅱ部　社会変動と「一人っ子」の教育問題の出現

る教育行政機関は、学校、社会教育機関および文化団体、婦人団体が本方法の規定によって積極的に行われている家庭教育を監督、促進すべきである」と規定した[18]。しかし、これは経済状況の悪化、抗日戦争、絶えない内戦という不安定な社会情勢のなかで、普及することは不可能であった。

　1949年、中国の社会は国民党の台湾への撤退と共産党政権の確立によって、戦乱状態から平和社会へと変化した。社会の安定にしたがって、多くの領域の研究活動が再開された一方で、家庭教育に関する研究は、こうした脚光をあびる機会に恵まれなかった。家庭教育は社会主義的なイデオロギーと異なるもの、つまりブルジョア階級のための教育として批判され、家庭教育に関する研究も抑制された。こうした社会背景のもとで、家庭教育と直接に関わる家政科もすべての大学のカリキュラムから排除され、家庭教育に関する研究が閉ざされた。その後、中国の家庭教育研究は、1980年に再開されるまでに長い停滞期間に入った。

3.　家庭教育研究の再開

　1976年以降、左翼的な思想から脱却した中国社会は、政治改革と経済改革によって著しく変化してきた。高度経済発展にしたがって、社会は大きく揺れはじめるようになる。そのなかで、非行少年の増加、未成年者犯罪率の上昇などの社会問題が顕著となり、社会は家庭教育のあり方に目を向けはじめた。その後、さらに「一人っ子」の教育問題が出現し、家族の教育機能を向上させる必要性が問われてきた。

　こうした社会背景のもとで、家庭教育の重要性は再び認識され、したがって家庭教育研究も長い停滞状態を経て再開された。1980年9月に設立された北京市家庭教育研究会は、中国の教育史上最初の家庭教育研究団体として重要な位置にあった。その後、全国レベルの中華全国家庭教育学会をはじめ、各地域にも家庭教育研究会が設立された。したがって、各地域の家庭教育研究会は、家庭教育に関する宣伝を積極的に展開し、

第2章　中国における家族と家庭教育の位置づけおよび教育理念

各地域に家庭教育専門家を招いて、家庭教育に関する公開講座を開催し、学校と連携して生徒の親を対象とする「家長学校」[19]も開いている。

　こうした社会のニーズに応じて、大学あるいは各種の研究機関も家庭教育に関する研究に積極的に取り組んでおり、北京師範大学、南京師範大学などの大学では、「家庭教育学」という講座を設け始めた。また家庭教育に関する最初の雑誌といわれている『父母必読』（父母がかならず読む）（北京市）が1980年に創刊されて以来、現在『為了孩子』（子どものため）（上海市）、『家庭教育』（浙江省）、『独生子女』（一人っ子）（武漢市）、『嬰幼児家庭教育報』（乳幼児家庭教育報）（北京市）などの何十種類もの家庭教育研究に関する新聞、雑誌が発行されている。さらに中国では、幅広い年齢層の学生を有し、最大規模の教育機関である中国放送大学（中国語：中国広播電視大学）においても、「現代家政教育講座」が設置され、そのなかで「家庭教育」は主な科目として開講されている。

　家庭教育の重要性に関する認識がますます高まる社会背景のもとで、各レベルの行政組織機構も積極的に家庭教育をサポートすることを教育事業の主な内容としている。行政機構はいかに家庭教育をサポートしているのかについて、南京市中華門地区教育委員会における家庭教育の指導体制の組織図を代表例として取り上げる。図2-1は、南京市中華門地区教育委員会の行政組織構成を示している。このような組織構成は中国ではもっとも代表的である。これから分かるように、中華門地区の教育委員会は、家庭教育指導係を単独に設置する一方、家族、学校、ならびに地域に依存する町内会（中国語：街道委員会）、警察署などと連携して家庭教育をサポートしている。このような家族、学校と地域の三者連携のサポート体制は、家庭教育の推進に大きな役割を果たしているといえる。

　一方、家庭教育の推進と青少年の育成との関係は、政府文書の中に明記されている。1991年に公布されている『九十年代中国児童発展規劃綱要』（『九十年代中国における児童の発展に関する計画』[20]）においては、

第Ⅱ部　社会変動と「一人っ子」の教育問題の出現

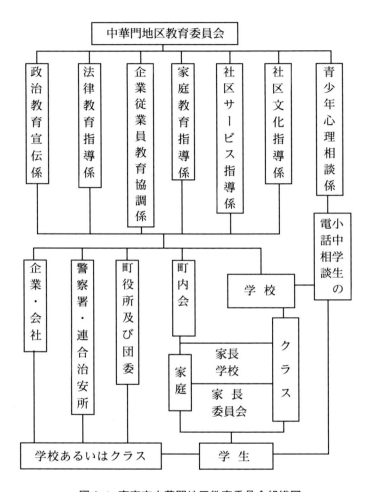

図 2-1　南京市中華門地区教育委員会組織図

注：(1)「社区」は、地域コミュニティ、「団委」は共産主義青年団
　　　支部委員会の省略である。
　　(2) 出所：愉潤生・鮑玉珍（1991）p.25 より。

「児童（14歳以下）をもつ90％の親は、ある程度の保育、教育知識を学ぶことができる」ということを、90年代中国における児童の生存、保護および発達に関する政府の主な目標の一つとして定めた。これは家庭教育の推進・発展を制度化し、したがって行政的な保障を与えることの表れである。以上でみてきたように、中国では80年代以降、さまざまな側面から家庭教育が促進され、それとともに家庭教育に関する研究も新たな展開をみせるようになった。

第3節 「家訓」と伝統的な家庭教育理念

　周知のように、中華文化は儒教文化を基盤にして形成されたものである。そのために、5000年の歴史変遷のなかで、儒教文化の影響は社会の至るところまで根強く存在する。もちろん、儒教思想は家庭教育にも浸透し、家庭教育の基本理念を導いている。儒教文化の特徴を帯びる伝統的な家庭教育理念は、長い歴史の中で家庭教育の主流文化として伝達され、家庭教育文化の中核という地位を築いた。

　1949年以降、儒教思想または儒教文化は封建主義的なものとしてしばしば批判を浴びた。にもかかわらず、儒教思想が家庭教育に与えた影響は根強く存在している。文化の一貫性という観点からすれば、過去と現在は社会文化という糸で繋がっている。伝統文化というものは、過去の文化の結晶であり、現代文化を成立させる基礎文化である。そのために、中国の伝統的な教育理念を探ることは、次の節で論じる現代中国の家庭教育理念をよりよく理解する前提となる重要な作業である。そのために、中国の家庭教育理念を論じる前に、伝統的な家庭教育理念に遡って、振り返ってみる必要がある。この節では、「家訓」の展開過程、および中国の伝統的な家庭教育理念の形成を辿ることにする。

第Ⅱ部　社会変動と「一人っ子」の教育問題の出現

1.「家訓」の展開過程

　数千年の間、儒教社会の道徳観を貫いてきた中国では、家庭教育を重視する伝統がある。社会には、「子不教、父之過（子どもを教育しないことは、父親の罪である）」という伝統的な考え方が古くから存在していた。中国の長い家庭教育の歴史に、「孟母三遷」（孟子の母親は、孟子によりよい発達の環境を作るために、家を3回引っ越した）というような多くの物語が、家庭教育の模範例として今でも伝承されている。子どものしつけは、実に親のしつけの反映であるという社会通念が存在し、親の家庭教育における責任の重要性が広範に認められている。

　しかし、中国では、伝統的な家庭教育理念の形成には、「家訓」から受けた影響がきわめて大きい。「家訓」とは、「中国の伝統社会のなかで展開、形成された家の管理、子どもの教育を導く書物」である[21]。これは儒教文化を軸にして展開した倫理道徳観、礼儀作法にしたがって、家庭における子どもの教育のあり方、親子関係などを分かりやすい言葉で説明するものである。「家訓」は儒教文化の価値観と一致したものであるため、儒教文化を社会の主流文化とする時代の為政者たちに認められ、そして展開してきた。「家訓」の展開時期は、概ね以下の三つの時期に分けることができる[22]。

　第1は、先秦－両漢時期である。この時期の「家訓」の内容は、主に孔子、孟子を代表する儒学者たちの"治家作人（家の管理および人間形成の道徳規範）"の理論である。孔子、孟子の倫理道徳、礼儀作法規範についての思想は、『易』、『礼』、『詩』、『書』、『春秋』、および『論語』、『孟子』などの著作に記述されている。これらの儒教文化の代表思想は、以後の伝統的な家庭教育理念の基本となった。この時期における「家訓」の特徴は、有名な儒学者の著作の内容を「家訓」の基本内容としていることである。

　第2は、三国両晋南北朝－隋唐時期である。この時期の中国社会は、数百年の発展を経て社会に広範に認める倫理道徳観、礼儀作法規範など

が形成された。そして、この時期の「家訓」の特徴は、儒学文化だけではなく、社会に既存するほかの文化内容も含んでいる。この時期の「家訓」の代表作は、顔之推の『顔氏家訓』である。『顔氏家訓』は、20編の文書で構成され、第1部「家訓著作」として知られていた。『顔氏家訓』は、人間の発達における教育の重要性を主張し、家庭教育の理論を論じる最初の著作といわれている。

　第3は、宋元明清時期である。この時期の「家訓」の内容は、発展から衰退へと至る文化の多様性を反映している。そのために、「家訓」に関する著作が多く刊行されてきた。たとえば、代表とする著作は、司馬光の『居家雑議（生活雑談）』、朱熹の『蒙学須知（学習の時、知る必要があるもの）』、陸游の『放翁家訓（陸游の家訓）』などがある。

　以上のように、儒学者たちの倫理・道徳観、またはこれに基づく礼儀作法を論じるものが「家訓」の基本内容となっている。これを言い換えれば、「家訓」は儒教文化における倫理・道徳観の集大成である。

2. 伝統的な家庭教育理念

　そもそも、「家訓」の展開過程は、儒教文化の伝達過程であり、「家訓」の内容は儒教文化の思想、価値観そのものの反映である。そのために、家庭教育へ導く書物という地位に占める「家訓」は、家庭教育の基本理念を左右し、儒教文化の価値観を主導する家庭教育理念の形成に大きな影響力を発揮したといえる。以下では、伝統的な家庭教育理念における主な考え方について検討する。

(1)「親孝行」── 伝統的な家庭教育理念の中軸

　「家訓」は、さまざまな事例を取り上げ、子どもの教育、親子関係などを論じている。しかし、これらの内容を貫く一本の糸は忠・孝の思想である。ちなみに、忠・孝の思想は「家訓」の基本思想である。「家訓」は君主に対して忠誠の義務であり、親に対して孝行をする義務であると主

第Ⅱ部　社会変動と「一人っ子」の教育問題の出現

張している。これは封建主義社会の特徴－君主制社会の秩序、家父長制家族内の秩序を維持することがもっとも重視される社会風潮に応じたものである。

　『論語』、『孟子』を始めとする儒学者たちの著作には、親孝行に関する事例が枚挙に暇がないほど取り上げられている。このような儒教思想を基盤にして、親孝行が人間の美徳として提唱され、また教養として要求されている。しかし、「家訓」において共通して強調されているのは、親との対立が最大の不孝行為であるということである。したがって「犯上（目の上の人を批判する）」の行為を不孝の行為として厳しく批判している。親孝行の理念が昔も今も中国の家族関係をつなげるもっとも重要な役割を果たしている。一方、親孝行を強調することによって、親の家族における権威が守られ、子どもの家族における発言が抑制されるという問題も存在している。これは若者を拘束し、とくに今日の家族に存在する子どもの人権が重視されない問題とつながる要因であると考えられる。

(2)「立身出世」── 伝統的な家庭教育理念の目的

　親孝行が美徳とされる儒教社会には、立身出世が親に対する最高の孝行行為であるという見方が存在している。『孝経』には、"身体発膚、受之父母、不敢毀傷、孝之始也；立身行道、揚名後世、以顕父母、孝之終也"と書かれている。つまり、親からもらった体に傷をつけないことは、親孝行の基本であり、立身出世により名を広げ、父母に脚光を浴びさせることは最上の親孝行だということである。

　ところが、ここで議論する立身出世のカテゴリーに留意したい。これは儒教の階層論を主とする中国の伝統社会の階層意識と関わっている。孟子は、儒教の階層論について、「或勞心、或勞力、勞心者治人、勞力者治於人。治於人者食人、治人者食於人、天之通義也。」[23]、と述べている。つまり、知的な仕事に従事する者がいれば、肉体労働に従事する者もいる。前者は後者を支配し、後者は前者に支配される。支配される者は他者を

養い、支配する者は他者に養われる。これは世の中における普遍的な原則である、と説いている。

このような儒教文化の価値観に基づく階層論は、肉体労働者を蔑視し、知力者階層優位論を主張し、さらに社会における不平等を、「天之通義」というように正当化している。これは社会の階層意識を導き、そのために「立身出世」の内容とは支配者階層への進出という意味にほかならない。

(3)「万般皆下品、唯有読書高」── 伝統的な家庭教育理念の基本方針

さて、封建主義社会においては、社会的な秩序を保つために、厳しい身分制度を設けている。世襲制によって、支配者階層の地位が保障され、社会の不平等は維持された。ところが、儒教的社会イデオロギーは、社会に存在する不平等を「天之通義」というように正当化すると同時に、社会的地位が個人の優秀さによって決定されるべきであるという原則を支持した。このイデオロギーの二元性がより適切に解消されたのは、「科挙」という高等文官試験制度が明朝時代に固定されてからのことである[24]。「科挙試験」制度の実施は、当時の社会的な状況によって作り出されたものである。明清時代の中国における社会階層の根本的な問題、すなわち社会的地位の決定要因となるのは、教育と財富である[25]。しかしながら、優れた経済力を有しない下層階級にとって、より高い社会的地位が得られる唯一の手段は教育であった。だが、ここでいわれている教育とは、「科挙試験」によって認められる教育水準のことである。誰でも「科挙試験」を通して官吏に採用される機会が得られるために、「科挙試験」はすべての階層の人々にとって官吏階層への進出の重要な手段であった。

だが、ここでもっとも注目すべきことは、どんな身分に帰属しているにせよ、誰でも「科挙試験」によって自分の身分を変えることができるという点である。中国の社会では、従来この儒教的イデオロギーがあら

第Ⅱ部　社会変動と「一人っ子」の教育問題の出現

ゆる階層、とくに下層階級にまで浸透していた。明清時代の資料、または「科挙試験」をテーマにした文学作品には、貧しい下層階級の人は、「科挙試験」によって官吏になる事例が多く載せられていた。それゆえ、優れた家族背景を有しない人々にとって、社会的地位の著しい変化をもたらす唯一の道が「科挙試験」に合格することであった。

　こうした社会背景のもとで、社会には「万般皆下品、唯有読書高」（世の中に読書より以上のことがない）という教育理念が形成され、人々の教育に対する関心度を高めた。こうした要因によって、現在に至っても中国では、肉体労働を蔑視する社会的な意識が根強く残存している。一方、このような教育による階層の再分化を求める社会風潮を背景にして、功利性を求めることに偏る教育という傾向ももたらされ、以後の教育に大きな影響を与えた。

　以上を簡単にまとめれば、時代の変化とともに展開してきた伝統的な家庭教育理念は、複雑でかつ時代的な特徴を強く帯びている。長い歴史のなかで形成した伝統的な教育理念は、すでに社会文化の一部として現代家庭教育理念に浸透している。現在、中国でみられている「教育への熱狂」という社会問題は、従来の功利性を求める伝統的な教育理念とつながるものであるといわざるを得ないだろう。

第4節　中国における家庭教育の位置づけと教育理念

　中国社会の歴史を辿ってみれば、従来封建社会時代の為政者たちは、「治国（国家の統治）」と「治家（家族の管理）」とは同様に重要であると主張し、「治国」より「治家」が最も重要であるという見方が強かった。古代の儒教名作『礼記・大学』における記述はこれを裏づけている。たとえば、「古之欲明徳于天下者、先治其国；欲治其国、先治其家（古代には、明徳を

第2章　中国における家族と家庭教育の位置づけおよび教育理念

天下に明示したい人は、まず自国を治める；自国を治めるよりまず自家の管理をする）」、また「家斉而後国治、国治而後天下平（家の管理がよければ国家も治まり、国家の統治がよければ社会の安定が得られる）」ということである。

　以上のような社会的なイデオロギーは、実際に家庭教育の基本機能－文化の伝達という機能に注目したものである。家庭教育は社会における道徳観、基本の礼儀作法などを家族成員に伝え、社会共通の文化習慣を守ることによって個人と社会が共存する。この視点でいえば、家庭教育は社会体制の維持・安定することに重要な役割がある。以上によって、社会における家庭教育の位置づけが分かる。

　ところで、家庭教育に対する認識、家庭教育理念の形成は、社会文化を基盤にして展開したものであるため、社会体制、社会構造の違いによって家庭教育への期待も異なる。この節では、社会主義中国の家庭教育の位置づけと教育理念について検討する。

1.　「社会主義事業の建設者と後継者の育成」── 家庭教育の位置づけ

　1949年以降、中国の社会にもっともダメージを与えたのは、「文化大革命運動」（1966-76年）である。当時、国民は毛沢東（1893-1976）のブルジョア階級との闘争という提唱に応じて、異常な政治活動のムードが形成され、ラディカルな政治活動の幕が開かれた。イデオロギーの分岐からもたらされた政治論争の波紋は家庭教育にまで及んだ。政治的なイデオロギーから、家庭教育はブルジョア階級のものとして批判され、これによって家庭教育の必要性が暗黙に否定された。このような状況は、文化大革命期にさらに極端な方向へと展開し、ラディカルな行動が引き起こされた。文化大革命期に、ある有名な言葉、「老子英雄、児好漢」が全国で流布した。これは、人間の発達における家庭教育の必要性を徹底的に否定し、遺伝性の至上主義を強調するものであった。すなわち、子どもの素質は遺伝的に決定され、よい素質をもつ親はよい子どもを育て

第Ⅱ部　社会変動と「一人っ子」の教育問題の出現

るという意味である。これは当時の社会におけるブルジョア階級の家族に対する差別を正当化するための根拠づくりに過ぎなかったのだが、家庭教育における文化伝達機能が完全に否定された。

　すでに第1節で論述したが、政治活動を中心とした時代には、家族は社会における最小の政治機構として見なされ、政治活動の目的を達成する協力者という位置づけであった。このような政治的な背景を基盤に、家庭教育の目的も当時の階級論争風潮に合わせることを要求されていた。たとえば、1969年の子どもの日に（6月1日）『人民日報』は、一人の母親の口を通して、「子どもの教育でもっとも重要なことは、階級論争の観念を教えることだ」という記事を掲載した。これは当時の政治的なイデオロギーへの統合という目的であり、政治活動の影響が家庭教育に浸透することと見なすことができる。文化大革命期の子どもの教育に対する社会的認識は、政府機関紙の紙面からうかがうことができる。1972年3月19日付の『人民日報』は、「子どもの教育は、学校、社会と家庭に責任がある。すべての革命的人々は、自分の子どもを社会主義的自覚と文化を有する労働者に、プロレタリア階級の革命事業の後継者とするように努力し、ブルジョア階級の思想が青少年を蝕むことを警戒し封殺しなければならない」[26]と述べて、革命の後継者育成の場としての家族の役割を明確にした。

　このような家庭教育が階級論争の延長として見なされる時代は、文化大革命運動の終結によって幕が閉じられた。1995年3月18日に制定された「中華人民共和国教育法」第5条には、「教育はかならず社会主義現代化に貢献し、かならず生産労働と結びづき、徳育、知育、体育などの全面発展する社会主義事業の建設者と後継者を育成する」[27]と記述されている。これは教育の目的を、これまでの「革命事業の後継者の育成」から、「社会主義事業の建設者と後継者の育成」へと変わり、社会の経済活動への転換と合わせたものであるといえる。この教育目的は、学校教育だけではなく、家庭教育にも同様に適用される。

2. 「全人教育」── 家庭教育の基本理念

さて、「社会主義事業の建設者と後継者の育成」という位置づけである家庭教育は、どのようにこの目的を達成しようとしているだろうか。言い換えれば、社会主義中国における家庭教育理念はどのようなものであろうか。1991年9月4日第7回全国人民代表大会常務委員会第21回会議で決着した「中国未成年者保護法」(中国語：中華人民共和国未成年人保護法) は、第1章第3条には子どもの教育に関して以下のように定めている。

　　「国家、社会、学校および家族は、未成年者に対して、理想教育、道徳教育、文化教育、紀律教育と法制教育を行い、愛国主義、集体主義と国際主義、共産主義の思想を教え、祖国を愛し、人民を愛し、労働を愛し、科学を愛し、社会主義的な公徳を愛することを提唱し、資本主義、封建主義およびほかの未成年者を蝕む思想に反対する。」[28]

これは社会教育、学校教育ならびに家庭教育の教育理念を明確に示したものである。この教育理念は全人教育を提唱している一方、社会主義的なイデオロギーに基づき、共産主義の提唱と資本主義に反対という政治的なニュアンスが強い。しかし、共産主義、社会主義、資本主義というキーワードで表されるこの教育理念については、政治的な色が強いのみならず、内容と現実との矛盾が存在していることが指摘できる。

周知のように、中国では1980年以降、資本主義的な経営方式─市場経済の導入によって、高度経済成長期を迎えた。しかしながら、経済発展がもたらした産業構造の再編成などによって、社会における貧富の格差の増大、失業者の出現などの社会問題が噴出した。これまで貧富の格差、失業者などの問題が資本主義社会の特徴であり、社会主義の理念が社会における貧富の格差を撲滅するというように教えられてきた人々にはこれらの問題に対する戸惑いがある。そのために、社会主義の目的は貧富

第Ⅱ部　社会変動と「一人っ子」の教育問題の出現

の格差の撲滅であるという言説と、貧富の格差が拡大されつつある社会現実との矛盾、すべての国民がともに豊かになるという共産主義の理想と、少数の人々が先行して豊かになるという政府の提唱との矛盾が生じている。このような思想と現実とのズレという事例は枚挙に暇のないほどたくさん存在している。現在中国の社会は、経済の自由化社会である一方、多種多様なイデオロギーが共存する社会でもある。こうした社会状況のなかでの空洞化する教育言説は、社会意識に矛盾を生じさせやすいのである。

3.「全人教育」の実現──「素質教育」の提唱

　空洞化する教育言説が存在する一方、進学をめぐる教育競争がますます過熱化してきた。学校教育はもちろんのこと、家庭教育もこうした進学競争の影響を大きく受けている。そして、家庭教育における知力への偏重という問題は常に指摘されてきた。こうした教育領域の変化に対して、全人教育の教育理念を実現するために、中国では「素質教育」を提唱するようになった。

　「素質」は、心理学において資質、素質という意味である[29]。国家教育委員会副主任柳文斌は、「素質教育」が道徳教育であると定義している[30]。柳文斌は家庭教育と素質教育との関係について、「道徳教育は子どもの家庭教育における主な基盤である」と述べていた。「素質教育」の提唱は、教育における知育偏重、道徳教育無視の現象、社会全体における道徳水準の衰退などの社会現象に対応したものである。その目的は家庭教育と学校教育を知育偏重の教育から、道徳教育を含めた全人教育へと転換させることにある。この目的を達成するために、社会道徳規範内容の制定、道徳教育の模範モデルの提起などが実施されている。しかし、道徳教育における内容の空洞化の問題が存在している。

　これまでの家庭教育における道徳教育の衰退化の主要な要因の一つとして、進学競争のための知育偏重を取り上げたが、道徳教育内容の空洞

第2章　中国における家族と家庭教育の位置づけおよび教育理念

化にも要因があるといわねばならない。これについては、中学校の現場教師の言葉を引用してみよう[31]。

　「私は、景山学校（北京市）で二十数年教壇に立っている。教育問題を論じる際、道徳水準の衰退、教育における成績の高さに対する能力の低さの問題、体力の低下などの問題がたくさん取り上げられるが、われわれの教育は、虚しいものが多すぎるのではないのか。…道徳教育といったら、"雷鋒"[1]を学び、"十佳"[2]を学ぶことに過ぎない。われわれの道徳教育は、雷鋒を学ぶことのほかにすることがないのか。われわれの教育には、人格教育、明確な行為規範教育がきわめて少ない。…われわれは、空洞的なスローガン式あるいは定式化のものを子どもに教えるべきではなく、現実に相応しい教育を実現すべきである。」

　以上のような学校教師の意見は、道徳教育における教育意識の問題を提起したものである。たとえば、道徳教育の手本とされる雷峰は、1960年代に全国の規範モデルとして樹立されて以来、すでに40年弱を経ていた。この40年間の間に、中国の社会状況は大きく変わってきたにもかかわらず、雷鋒についての学習運動が以前と同じような内容、方法で行われている。ところが、政治改革ならびに経済改革の進行によって、中国の社会は閉鎖社会から開放社会へと転換してきた。既存する社会規範と新たに出現したさまざまな社会的なイデオロギーとの葛藤・摩擦は絶えず引き起こされている。このような「価値の多様化」を求める社会のなかで、特定した人物についての学習、また定式化される好人物の基準の宣伝は、社会のニーズに合わず、一種の説教に過ぎない。それゆえ、道徳教育の内容の明確化、あるいは教育意識の改善は、今後の家庭教育における「全人教育」の高揚の主な鍵であるといえよう。

第Ⅱ部　社会変動と「一人っ子」の教育問題の出現

おわりに ― 中国的な家庭教育の特色

　以上の考察で分かったように、中国では家族、家庭教育に対する認識は独特な特徴を帯びている。しかし、この特徴は、国家体制―社会主義、社会文化―儒教文化を基盤に、という二つの柱を軸にして形成されたものである。こうした社会背景のもとで、中国の家族は行政組織によってコントロールされ、組織共同体と密接な関係が依存している。産業社会発展のなかで、一般的に伝統的な家族が崩壊することによって個人の権利が強調されるといわれるが、中国では伝統的な家族が崩壊した後、新たな全体的な利益が強調されたという局面が形成された。そして家族がもつ私的領域と公的領域の境界枠が厳格に区分されていないために、家族は社会変動に巻き込まれやすい状態にあった。

　家族の変化とともに家庭教育も紆余曲折の道を歩んだ。政治的なイデオロギーの分岐によって、家庭教育に関する研究の展開が大きく抑制され、その研究展開過程は5段階に大別することができよう。つまり、(1) 50年代にブルジョア的なものとして批判を浴びた"批判時期"、(2) 60年代末からの10年間は文化大革命期のラディカルに過ぎない政治活動から大きな衝撃を受けた"衝撃時期"、(3) 社会の激変によって、家庭教育の重要性は再び認識された"再認識時期"（70年代末）、(4) 家庭教育に関する研究の再開によって家庭教育の振興を迎えた"振興時期"（80年代）、(5) 経済水準の上昇、子どもの人数の減少によって、子どもの教育問題がますます重要視され、社会のニーズに応じて家庭教育に関する研究が一層推進された"飛躍時期"（90年代から21世紀初頭に至るまで）を迎えたのである。

　社会主義中国の家庭教育の特色は、(1) 社会主義事業の建設者と後継者の育成、(2) 社会主義的な道徳教育を基盤にした全人教育、の2点にまとめることができる。中国は資本主義の市場経済システムを導入した

第 2 章　中国における家族と家庭教育の位置づけおよび教育理念

にもかかわらず、社会主義を放棄したわけではない。そのために、教育理念は社会主義的な道徳理念・規範への統合が行われている。しかしながら、社会変化によって、教育理念には内容と現実との矛盾がもたらされている。多種多様なイデオロギーが並存する現状のなかで、現在社会は「価値観の多様化」の時期である。これらの状況に対して、人々がもつ態度は「黒猫白猫論」[34]で喩えることができる。要するに、黒猫であれ、白猫であれ、ネズミを掴まえる猫がよい猫であるという意味である。これを経済発展に当てていえば、社会主義にせよ、資本主義にせよ、経済発展ができれば、どのような主義でも構わないという意味も読み取れるだろう。こうした社会状況のもとで、社会道徳規範の稀簿化、しつけモデルの不在といった社会傾向が著しい。そして、教育理念の内容の空洞化と現実との矛盾が存在する。

　情報公開に対する規制緩和、情報伝達手段の改善などによって、既存の社会規範と新たに出現した社会的なイデオロギーとの摩擦・葛藤がますます激しくなる。これを背景にして、子どもに対する親の教育意識の形成要因は一元的なものではなく、多元的なものであろう。これについては、次の章で検討する。

【注】

(1)　中国では、家族は社会の最小細胞と表現されている。
(2)　井上俊・上野千鶴子・大澤真幸・見田宗介・吉見俊哉編　1996、『〈家族〉の社会学』（岩波講座 現代社会学 第 19 巻）岩波書店、1 頁。
(3)　森岡清美他編　1993、『新社会学辞典』有斐閣、177 頁。
(4)　章人英編　1992、『社会学詞典』上海辞書出版社、348 頁。
(5)　李楯　1991、「家庭政策与社会変遷中的中国家庭」『社会学研究』1991 年 5 期、51 頁。

第Ⅱ部　社会変動と「一人っ子」の教育問題の出現

(6) この特別な理由とは、さまざまな規定条件があるが、例としていえば、異なる地域に住む夫婦の同一地域への移住、高等教育機関への入学合格者などのケースが挙げられる。
(7) 辻康吾など編　1995、『原典中国現代史』（第4巻）岩波書店、91頁。
(8) 農村地域の場合は、労働者組合組織がないが、行政組織のなかで、婦人幹部によって担当する婦人主任（中国語：婦女主任）というポストを設けている。婦人主任は、家族に関する全般的な事柄について責任を負っている。
(9) 中国では、結婚届を提出する際、男女双方の所属先から発行されている未婚証明書を添付することが義務づけられている。
(10) 陸学藝編　1996、『21世紀的中国社会』雲南人民出版社、283頁。
(11) ジャック・ドンズロ著／宇波　彰訳『家族に介入する社会 — 近代家族と国家の管理装置』（新曜社、1991年）、54頁。
(12) 福島正夫編　1976、『家族　政策と法　5 社会主義国・新興国』東京大学出版会、258頁。
(13) 中華全国家庭教育学会編　1993、『全国家庭教育培訓教材指導綱要』上海科学普及出版社。
(14) 同上、1頁。
(15) 前掲、『新社会学辞典』、209頁。
(16) 陳鶴琴の著作『家庭教育 — 怎様教小孩』（教育科学出版社、1981年）は、1925年に出版して以来、1981年までの50年余りに十数回の再版を重ねていた。
(17) 「陶行知序－願与天下父母共読之 — 」、同上、Ⅱ頁。
(18) 趙忠心　1994、『家庭教育学』人民教育出版社、491頁。
(19) 「家長学校」とは、子どもをもつ保護者が家庭教育に関する理論と方法を学ぶために開設されている家庭教育学級である。「家長学校」については、補章「家庭教育振興における『家長学校』の役割」において、詳細に論じたがそれを参照。
(20) 具体的な内容は、拙訳「九十年代中国における児童の発展に関する計画」（『九十年代中国児童発展規劃綱要』全訳）名古屋大学大学院教育学研究科教育学専攻『教育論叢』第41号、1998年3月を参照。
(21) 張艶国編著　1994、『家訓輯覧』湖南教育出版社、6頁。
(22) 同上、7-11頁。
(23) 孟子著／小林勝人訳注　1972、『孟子』（下）岩波書店、206頁。
(24) 何炳棣著／寺田隆信・千種真一訳　1993、『科挙と近世中国社会－立身出世の階梯』平凡社、95頁。
(25) 同上、54頁。
(26) 前掲、『家族　政策と法　5 社会主義国・新興国』、246頁。
(27) 国家教委政策法規司編　1995、『中華人民共和国教育法』教育科学出版社、1-2頁。

第 2 章　中国における家族と家庭教育の位置づけおよび教育理念

(28) 『中華人民共和国婚姻法　中国婦女発展綱要』　1997、中国法制出版社、27-28頁。
(29) 「素質」とは、書面語として本来の性質を意味するが、心理学では素質、資質という意味である（香坂順一編著　1990 年、『現代中国語辞典』光生館、1187頁）。
(30) 柳文斌　1997、「成功教育与素質教育」『中華家教』第 1 期、5 頁。
(31) 卜偉　1995、「北京"老三届"反省子女教育」『教育学』第 1 期、17 頁。
(32) 雷鋒（1940-1962 年）は、中国人民解放軍の一人の普通の兵士であり、1962 年 8 月公務のために殉職した。その後、「毛主席の好戦士」という栄誉を与えられた。
(33) 「十佳」とは、全国優秀十傑という意味を指している。毎年全国から社会に大きな貢献をした 10 名の優秀青年、いわゆる「十傑青年」、10 名の優秀少年、いわゆる「十傑少年」を選出し、社会規範の模範として表彰する。
(34) 「黒猫白猫論」は鄧小平が初めて提起した論点である。1975 年ごろ、鄧小平は再び重責を任ぜられ、当時経済発展を抑制するさまざまな社会規制に対して、「黒猫白猫論」を提起した。すなわち「無論白猫、還是黒猫、捉住老鼠就是好猫」ということである。

第3章

社会変動と計画出産政策の実施
― 「一人っ子」の教育問題をもたらす社会的な背景 ―

はじめに

　本章の目的は、経済改革・開放以降の中国における社会変動に焦点を当て、「一人っ子政策」が提起される要因と実施過程、または「一人っ子政策」の実施によってもたらされた諸問題を明らかにすることである。
　1970年代半ば以降、内外の要因によって、中国をはじめとする社会主義国は自ら社会改革・開放の道に踏み込んだ。そのなかで、いち早く社会改革の政策に取り組んだ中国は、政治改革を実行すると同時に、1979年から社会主義の生産理念に逆らうものとして批判していた資本主義的な生産方式－市場経済を導入し、高度経済成長期を迎えた。この「眠れる獅子」が目覚めたと比喩されている中国の変化は、世界に大きな衝撃を与えた。中国の社会改革の成功と対照的なことは、ソビエト連邦の改革の試みである。中国とほぼ同時期に社会改革・開放の道に踏み込んだソビエト連邦政府は、社会改革執行政策の失敗によって連邦の分裂を招いた。90年代に入ってから、ソビエト連邦の解体と社会主義の放棄、さらに西ドイツと東ドイツとの統一などの社会主義大国が相次いで崩壊す

第3章　社会変動と計画出産政策の実施

るなかで、依然として社会主義の旗を揚げる中国は、ますます世界に注目されるようになった。

　中国の飛躍的な経済発展と同時に、新しい計画出産政策「一人っ子政策」の実施もまた世界に衝撃を与えた。経済改革・開放政策の取り組みが世界から高評を得られたのに対して、計画出産政策の実施は人権侵害問題として、国際社会から厳しい批判が寄せられてきた。以下に詳細に論じるが、「一人っ子政策」は、経済改革・開放政策の実施を成功させようという中国政府の願いを実現するための重要な方策の一つでもあった。

　こうした社会改革および計画出産政策の実施によって、中国の社会は激変し、「一人っ子」の教育問題を含む多くの社会問題がもたらされた。序章ですでに論じたように、親の教育意識の形成には、内的要因と外的要因が働く。内的要因は親自身の価値観、育児観念および親の階層などと関係しているのに対して、外的要因は家族が置かれている社会背景と密接に関わっている。それゆえ、「一人っ子」親の教育意識の形成に影響する外的な要因を追求するために、社会変動の実態、または変動によってもたらされた諸問題を明らかにする必要がある。

　以上の問題意識をめぐって、本章では、(1) 経済改革・開放以降の中国社会はどのように変わってきたのか（第1節）、(2) なぜ、人口を抑制する必要があったのか（第2節）、(3) 「一人っ子政策」の実施過程はいかなる段階を経たのか（第3節）、(4) 「一人っ子政策」の実施によってどのような問題をもたらしたのか（第4節）、(5) 「一人っ子」家族にどのような問題が生じたのか（第5節）、という5つの側面を通して変動する中国の社会実態を概観し、そこから社会変動と「一人っ子」の教育問題の出現との関わりを明らかにする。

第Ⅱ部　社会変動と「一人っ子」の教育問題の出現

第 1 節　中国における社会変動
―経済改革・開放とそれがもたらされた社会諸問題―

1.「政治活動」社会から「経済活動」社会への社会改革

　中国は、1974年に自ら発展途上国であることを公式に表明した。これは、ただ政治的、外交的な方策に過ぎず、経済的に遅れていることを自覚しているとはいえなかった。これは長年にわたって中国の社会が政治至上主義を主張し、経済を軽視する社会風潮によって形成された政治と経済間のアンバランスに要因がある。

　1976年に国家主席毛沢東が逝去、左翼の思想を代表する「四人組」[1]の逮捕を契機として、中国は政治活動に対する認識が変わり始めた。そのうえで、1977年に鄧小平はリーダーシップを執った後、「実践は、真理を判断する唯一の基準である」という思想論争が行われ、これによって「思想の解放」が提唱され、人々はようやく毛沢東時代の個人信仰の熱狂から脱出し、社会改革を求める声が高くなってきた。こうした社会の変化に応じて、1978年12月に開催した中国共産党第11期第3回の中央委員会総会（中国語：中国共産党第11届3中全会、以下「3中全会」）において、中国はこれから「全党の活動の重心を社会主義的近代化の建設に移行する」「大規模な階級闘争は基本的に終了し……国民経済を加速的に安定的に発展させるべき」、という方針を明示した。この会議以降、貧乏経済が社会主義経済の特徴ではないという主張は社会世論の主流となり、こうした一連の社会的動きによって経済改革・開放の推進論が高揚した。

　中国の経済発展が遅れた要因は、政治社会の変動と関わる一方、国家経済政策の方針とも関わる。1949年以降、中国は社会主義的な生産方式－生産体制の公有制と計画経済を採用した。こうした社会背景のもとで、中国におけるあらゆる経済活動は、国家の統一経済計画に従わなければ

第3章　社会変動と計画出産政策の実施

ならない結果となってしまった。しかし、市場メカニズムへの無視、かつ経済政策の試行錯誤などの要因によって、中国の経済状況は長期間にわたって大きな進展が見られず、世界先進国との格差が拡大するばかりであった。1976年以降、このような経済状況は新しい社会変化に対応できなくなり、経済発展の必要性が高まった。この新しい社会変化のなかで、主に求人市場におけるアンバランスの問題、つまり大勢の潜在的な失業者（「待業青年」）の存在が深刻な社会問題になった。

　文化大革命期に中等教育を終えた大勢の都市部の若者（当時「知識青年」と称する）は、毛沢東の「若者が農村へ、労働者たちの教育を受けよう」という提唱に応じて、住んでいる都市を離れ農村（牧場、魚業、林業作業場を含め）へ流れていった。これは、当時都市部の求職人員を分流し、就職状況を緩和する効果があったといえる。ところで、1976年以降、文化大革命の終結にしたがって、これらの「知識青年」のほとんどは、新しい「帰省条例」[2]によって一斉に出身都市に戻ってきた。しかし、当時低水準の経済状況によってすでにバランスが崩れ始めた求人市場は、これらの「知識青年」を十分に受け入れる条件が備わっていなかった。

　とくに、このような雇用状況は、60年代ベビー・ブームの時に生まれた世代が学校教育を終了し、求人市場に参入する時期と重なったために、さらに深刻な方向へ進み、大きな社会問題となった。中国では、定職に就く前の若者を「待業青年」と呼んでいるが、これは求人市場の視点から見れば、潜在的な失業者と呼んでよいだろう。毎年大勢の新規卒業者の求人市場への参入によって、求人市場の状況はますます悪化し、年齢幅が広く、教育水準が異なる「待業青年」の問題が社会混乱を引き起こす最大の不安定要因となった。

　経済発展の遅れは、雇用条件の悪化をもたらしただけではなく、国民生活水準の上昇、教育事業、社会福祉などの発展も大きく抑制した。こうした社会状況のなかで、国民の不満が爆発寸前になったが、これは文

第Ⅱ部　社会変動と「一人っ子」の教育問題の出現

化大革命の混乱からやっと安定な社会状況に回復した中国にとって、非常に恐れられたものであった。このような事態の発生を避けるためには、経済発展を推進する以外に方法がなかったといえる。

　一方、1970年代以降、国際情勢においては、新たな変化が出現した。社会主義国と西ヨーロッパを主とする資本主義国との政治的なイデオロギーに関する論争は冷戦状態に入り、経済発展の推進があらゆる国の目指す主要な目標となった。こうした国際経済の発展のなかで、中国の経済力は世界先進国との格差がますます拡大した。以上のような国内の経済発展に対する要望の高まりと国際情勢の変化という二つの要因を基盤にして、さらに政府指導者層における経済推進論の高揚に加え、中国は経済発展の遅れを深刻に認識し、そして本格的に経済改革・開放路線を決定した。

2.　経済改革・開放によってもたらされた社会問題

　中国における経済改革・開放の最大の特徴といえば、これまで社会主義経済の敵と見なされていた市場経済システムの導入である。市場経済における競争機能のダイナミックスによって、人々の積極性が引き出され、これは高度経済発展の成果に繋がった。ところが、中国は資本主義的な市場経済システムを導入したにもかかわらず、社会主義の理念を放棄したわけではない。このために、一方で、資本主義の思想に反対する（中国『憲法』第1章第24条）と主張し、他方で、資本主義的な市場経済の進行を認めるという矛盾する局面の存在が中国社会の現状である。経済改革・開放は、人間、物流、情報伝達の流動化を作り出し、人々の思考や活動の範囲も広げ、これまでとは大いに異なるさまざまな思想とイデオロギーが出現した。だが、これらの新しい思想とイデオロギーはかならずしも社会主義の理念に一致するわけではない。そのために、文化的な衝突、新旧理念的な摩擦が絶え間なく引き起こされている。

　改革とは、社会の発展をより促進するための新旧制度交替の過程であ

第3章　社会変動と計画出産政策の実施

る。そのために、改革の実施過程において、葛藤・矛盾を生じることがありうる。中国の社会も経済改革・開放にともないさまざまな問題が引き起こされたが、これについては主に以下の5点を取り上げることができる。

　第1は、貧富の格差拡大である。社会主義社会の基本理念が、貧富の格差の撲滅であるということはすでに知られている。中国は建国以来、この理念に基づき努力し、そして社会における貧富の格差が大幅に縮小してきたという成果が得られた。ところが、経済改革・開放の政策を取り組む当初から、中国政府は一部の人が先に豊かになることを提唱し、これが実質上、貧富の格差拡大を黙認したといえる。経済の高度発展によって、産業構造が再編成され、職業間の格差をもたらした一方、経営不良企業のリストラ、さらに企業倒産による失業者などの現象がみられるようになってきた。こうした社会背景のもとで、中国では既存する貧富の格差がさらに拡大したと同時に、新しい貧困層が作り出された。これを示すものとして、2002年7月10日までに、中国の都市部では、社会の最低生活基準を満たせず、生活補助を受けている人が1,930.8万人に達したという報告が挙げられる[3]。

　第2は、「信仰危機」の問題である。経済の高度発展によって、中国は急速に「消費社会」へと突入した。「一切向錢看」（すべてのことがお金を儲けるために）ともいわれるほどの活発な経済活動が展開される一方、他方で人々の政治への無関心、権力的統制の弛緩を引き起こした。こうした社会を背景に、さらに経済促進のための諸改革は、制度的不備・不徹底さなどを要因として深刻な混乱を招き、とくに一般市民の不満が高揚した。インフレの存在、「官倒」（役人ブローカー）現象、および共産党内の一部幹部の腐敗行為をめぐる不満から、政治に対する不信感を強め、遂に政治的無関心までに落ち込んだ人は少なくない。それゆえ、「個人信仰」から脱した人々は、現在逆に無信仰の問題と直面している。

　第3は、「しつけモデルの不在」、「社会道徳規範の稀薄化」などの問題

第Ⅱ部　社会変動と「一人っ子」の教育問題の出現

である。中国の社会は、経済活動を橋渡しとして外国との交流を広げることにより、外国のさまざまな思想あるいは生活様式が中国に流入してきた。そして、従来社会主義思想、共産主義思想しか許さなかった社会は、一転して多種多様のイデオロギーが並存する社会へと変化した。しかしながら、新たに出現した社会的なイデオロギーと既存する社会規範との摩擦・衝突は絶え間なく引き起こされており、こうした社会変化に戸惑う人が少なくない。こうした社会変化のなかで、いままで政府によって提示された「しつけモデル」（第2章第4節を参照）を手本にする状況が崩れる一方、多様化へ進む社会のなかで、「しつけモデルの不在」、「社会道徳規範の稀薄化」という問題が生じた。このような社会において、離婚率の上昇、公共道徳水準の低下、経済犯罪事件の増加が著しくみられるようになった。

　第4は、学歴を求める社会風潮が促進されたことである。経済発展にしたがって、産業界は人材育成への要望を高め、とくに高い教育水準を有する人材を求める傾向が形成された。一方、中国の雇用制度における学歴を偏重する問題、さらに従来の教育による立身出世という伝統理念があるため、より高い学歴を求める社会風潮が生まれた。学歴社会へ突入したといわれる社会背景のなかで、大学への進学をめぐる教育競争は、学校教育のなかで蔓延し、この教育への熱狂が家庭教育にまで影響を及ぼしている。

　第5は、経済体制改革の推進にともない、政治体制改革を推進する世論が高揚した問題である。中国の政治社会構造を見れば、複数政党的政治体制が生まれにくく、基本的には共産党による一党独裁体制である。そのために、政治決定、政策遂行における制度的なメカニズムが十分に働かず、「人治」（権力によって社会を統治する）と「法治」（法律・法規によって社会を統治する）の葛藤が存在している。現在、法的体制が整備され、充実されつつある方向へ進んでいるが、「法治」より「人治」の方が優位する傾向がまだ根強く存在している。そのために、政治体制を

改革しようという動きと、改革する条件が備わっていない現実との間に時々摩擦がみられた。すでに知られている1989年夏の「天安門事件」は、こうした一連の社会摩擦がもたらした結果であるといえる。

とりわけ、経済改革・開放によって、中国の経済水準は上昇してきたが、一方多くの社会問題がもたらされた。現在共産党一党独裁の統治であるにもかかわらず、思想解放の提唱、情報公開の実施、さらに外国との交流が深まるなかで多くの新しいイデオロギーが出現した。このために、中国の社会は以前と比べると、より開放性、柔軟性をもつ社会へ進行しつつあるのは事実である。しかしながら、中国における思想解放は無条件の解放ではなく、情報公開にも規制が存在しており、社会主義の理念が中国の基本理念であることを忘れてはならない。そのために、中国の社会は、経済改革・開放以降、「政治社会」から「消費社会」へと変化した中国と、社会主義理念に対する執着を変えない中国という両面性を強く帯びているといえよう。

第2節　経済発展と人口問題との葛藤
　　　　―「一人っ子政策」の実施要因―

1. 経済改革・開放の総目標と総人口との因果関係

中国経済は世界を驚かせるほど成長した。しかし、経済改革・開放の成功は、人口抑制政策－「一人っ子政策」の実施と絡み合った結果といえる。

中国の経済改革・開放の目的は、20世紀末までに国民の生活水準を「小康水平」（まずまずの生活水準）に達成することにある。この「小康水平」とは、中国政府の目標によれば、20世紀末の年間農工業総生産額を80年当時の4倍に増やす、つまり国民一人当たりのGNPを800ドル

第Ⅱ部　社会変動と「一人っ子」の教育問題の出現

～1,000ドルにするということである。しかし、ここで注目したいのは、この目標が総人口12億を基盤にして計画されたものということである。もし、人口が12億を超えるとすれば、目標の達成において、GNPの毎年の平均伸び率も増やさなければならない。だが、一般的にいえば、人口の増加は確実なものであるのに対して、GNPの毎年の平均伸び率を持続することは難しいものである。そのために、経済改革・開放の総目標を達成する主要な条件として、総人口数を12億以下に抑えなければならない。これを言い換えれば、経済改革・開放の総目標が達成できるかどうかと、人口増加をどこまで抑制できるかは、密接な関係がある。そのために、中国政府にとって、経済発展と人口増加との矛盾をどのように解決するかは、きわめて重要な課題である。

2. 人口問題を作り出した社会的要因

　経済発展を阻害するとされる中国の人口問題は、どのような要因によって生じたのか。ここでは、この問題について分析してみる。

　中国の人口問題は、1949年以降情報公開の制限によって、長い間謎のベールに包まれていた。1982年7月1日に、中国史上初の大規模の人口調査が行われ、総人口数は11億強であることが明確にされた。これは、1949年中国当初の総人口5億4,000万人に対して、わずか30年間で倍増したことを示している。この倍増の要因は、どのようなものであろうか。これについて、概ね以下の5点を要因として挙げることができる。

(1) 中国の長い歴史の中、封建的な小農経済の基盤の上に形成された伝統的な出産観念の存在

　これは、「多子多福」(子どもが多ければ福も多い)、「無児絶後」(男子がいなければ後が絶える)などの言葉に代表されている子どもをもつ意味を表わしている。子孫の繁栄は家族の繁栄と同様に見なしている中国の伝統意識は、人々の出産意識を導き、多産の結果を招いた。

（2）医療技術の向上

1949年以降、社会情勢の安定、生活水準の上昇、医療衛生条件の改善などによって、乳幼児の死亡率が大幅に低下した。これによって、人口が多産多死から多産少死へという段階へ進み、人口増加の結果をもたらした。

（3）出産意識を潜在的に導いた社会背景

これについては、農村地域と都市部の状況が異なるために、分けて考える必要がある。まず農村地域においては、1970年代末までに、農業生産における食料分配政策の実施が出産意識を左右したとみられている。たとえば、1958年に人民公社が設立されてから1978年に崩壊するまでの時期において、生産の経営方針には平均主義的な分配制度を取り、生産物は子どもを含める家族構成員の数に応じて分配された。これは、農民の生産積極性を抑える一方で、出産に刺激を与えたといえる。子どもが多ければ、家族にとって、生産物も多くもらえるという利益があったからである。都市部では、政治活動に熱狂する社会背景のなかで、正常な経済活動の秩序が乱され、人々にとって子育てをする時間の余裕が得られた。出産における無政府状態、さらに政治活動に興味を持てず子育てをすることに充実感を得る人もいるなどの要因は、人口の激増と結びづいていた。

（4）毛沢東の人口思想

建国当初の中国は、第二次世界大戦で大きな人的損害を被ったため、出産奨励政策を採り入れた旧ソ連を一つのモデルとして参考にした。しかしその後、毛沢東の人口思想が強調され、人は多ければ多いほどよく、人が多ければ生産も多くなり、蓄積も多くなるということになった。人を重要な労働力として重視する毛沢東の思想に代表されるように、人口の絶えざる増加こそ社会主義の人口法則であるという見方、すなわち「人

第Ⅱ部　社会変動と「一人っ子」の教育問題の出現

口が多ければ多いほどよい」という理論が主流を占めた[4]。毛沢東が絶対権威を有する時代に、この思想が計画出産政策の基本思想となっていた。

(5) 政府の出生人口に関するコントロール機能の衰弱化

　これは人口激増の結果を直接に招いた要因である。1949年以降の無計画的な人口増加状況に対して、もっとも早くから計画出産の必要性を主張する研究者がいた。経済学者馬寅初（Ma Yin-chu、1882-1982）博士は、このような研究者の一人である。馬博士は、1957年に発表した『新人口論』において、マルクスの人口論を批判し、「人口は幾何級数的に増加するのに対して、食糧生産は算術級数的にしか増加しない」というマルサスの理論により、社会主義社会でも人口増加を抑制する必要性があると主張した[5]。しかし、まもなく発生した「反右派運動」のなかで、馬博士の人口論は厳しく批判された。その後、政治優位論を主流とする社会は、一連の政治活動に熱中し、人口問題に目を向ける余裕が得られなかった。そのために、出生人口に関する政府のコントロール機能が失われ、遂に出生率が激増する状況をもたらした。

　以上でみたように、中国の人口問題は主に長年にわたって計画出産政策の誤りからもたらされた問題であり、人為的な要素が大きい。1981年に中国では、いち早く計画出産を提唱した馬博士に公正な評価を与え、計画出産論も再評価されたにもかかわらず、膨大な人口と経済発展との矛盾がすでに現実の問題となってきていた。このような状況は、中国では、「一人を誤って批判し、10億の人口に増加してしまった」（錯批一人、誤増十億）と指摘されることがある。

3. 国勢と膨大な人口とのアンバランス問題

　中国の国勢状況をみると、膨大な人口は社会のあらゆる面に対してマイナスの影響を与えている。すなわち、(1) 大勢の人口と少ない土地と

の矛盾が存在している。中国は広大な国土といわれているが、開墾可能な面積が限られている。70年代末の人口一人当たりの耕作面積は、建国当初の1949年と比べ半分に減少してきており、これが食糧の増産を抑制した。(2) 大勢の人口において、生活に関わるエネルギーと水資源の不足の問題は深刻である。この問題を解決するために自然環境と生態系の崩壊に至るケースが多い。(3) 大勢の人口は求人市場に与える圧力がきわめて大きい。すでに触れた都市部の「待業青年」、または農村地域での1976年以降の生産責任制の実行による過剰労働人口の増加は、深刻な問題である。そのほかにも、人々の教育問題、住宅問題等々の現実問題が多く存在している。

このような社会状況のなかで、人口の激増によって人々の経済発展に対する要求がますます高まる一方で、既存の経済発展水準がこの要求を満たすことができないという悪循環が存在している。膨大な人口と経済発展水準とのギャップが多くの社会問題を生み出した根源であり、これらの問題の解決のためには経済改革・開放政策を成功させることに大きな期待が寄せられている。

すでに述べたように、中国の経済改革・開放の目標は、総人口12億以下に抑える条件を成功の大前提としている。しかし、70年代末の出生率が非常に高く、これが続けば、21世紀末に総人口12億を超えることは時間の問題である。それゆえ、21世紀末までに人口を12億以下に抑えることに向けて、さらに30年間積み重ねてきた人口と自然資源とのアンバランスの問題を解決するために、1979年末から中国は計画出産政策に取り組み、「一人っ子政策」の実施に踏み込んだのである。

第Ⅱ部　社会変動と「一人っ子」の教育問題の出現

第3節　「一人っ子政策」の実施
―実施過程と「第2子出産条件」の制定―

1.「一人っ子政策」の提起

　1949年以降、中国における出産・人口増加に関する認識の展開は、政治社会によって大きく左右され、人口政策の制定と実施に大きな影響を与えた。建国初期、政府は避妊、中絶を厳しく制限し、基本的には認めない方針であった。しかし、このような状況は社会変化によって少しずつ変化がみられた。1957年3月5日付の『人民日報』は、「出産を適切にコントロールすべし」という社説が発表された。これは、『人民日報』における計画出産に関するはじめての社説[6]である一方、政府の計画出産に関する態度の変化も表明されたといえる。

　その後、経済学者馬寅初博士の『新人口論』が発表され、これによって計画出産に関する社会の関心が高まった。しかしながら、すでに述べたように、その直後に発生した「反右派運動」で、馬寅初博士のような人口増加をコントロールすべきであると主張する学者たちが批判され、したがって彼らの人口論も批判された。それ以降、長い間、政治運動に熱中するなかで、計画出産に関する社会の動きがあったにもかかわらず、大きな影響をもたらさずに至った。

　1978年6月に、当時の副総理陳慕華がリーダーシップをとり、計画出産委員会が発足した。その後の6月26日から開催された当委員会の第一回会議では、「一組の夫婦につき一人の子どもがもっとも好ましい、多くても2人とし、出産間隔を3年以上としなければならない」という政策を定めた[7]。この政策にしたがって、全国では「一人っ子」の出産を積極的に提唱した。しかし、20世紀末に総人口を12億以下に抑制するために、人口自然増加率を1％以下に抑えなければならない。1979年中央政府会議で、鄧小平は「人口自然増加率を5‰以下に低下させ、これを

第3章　社会変動と計画出産政策の実施

達成するために、行政的、経済的な方法を用いてもかまわない。目標が達成できることはもっとも重要である」[8]と発言した。この発言にしたがって、さらに一連の人口増加率の推算によって、中国の計画出産政策は、「一組の夫婦につき一人の子どもがもっとも好ましい、多くても二人」という方針から、急速に「一組の夫婦につき一人の子ども」という方針へと切り替えた。1979年に「一人っ子政策」は、まず一部の地域において試行されたが、1980年代に入ってから賞罰制度にともない全国で本格的に推進されることとなった。

「一人っ子政策」は、一組の夫婦に子どもが一人という人口抑制政策である。これをより正確にいえば、夫婦ともに漢民族の家庭において、子どもが一人しか産めないことを指している。70年代末の時点で、漢民族は中国総人口の96％を占めており、この点から考えれば中国の第一民族－漢民族の出生率を抑えれば、総人口の増加率がかならず低下するという意味合いであろう。

中国における計画出産政策の位置づけは、すでに『憲法』によって明確化されている。現在の『憲法』（82年末に制定された）では第25条で、「国家は、計画出産を推進し、人口の増加を経済及び社会の発展計画に適応させる」[9]とされ、さらに、第49条で「夫婦は、双方ともに計画出産を実行する義務を負う」[10]と規定され、中国の基本国策の一つに据えられたのである。こうした国家の利益を優先する状況のなかで、多くの家族は本意であれ不本意であれ、これに従うしかなかった。

この計画出産政策の基本方針を簡潔にいえば、「晩婚晩育」（結婚と出産年齢を遅らせる）と「少生優育」（子どもの数が減少し、育児の水準を向上させる）である。新婚姻法（80年制定）の結婚年齢は、「男は満22歳、女は満20歳以下であってはならない。結婚と出産の年齢を遅らせることを奨励すべきである」と決めている[11]。しかし、中国のほとんどの地域には、政府の計画出産の方針に基づき、地域住民の結婚年齢は婚姻法に定めた年齢より最低3年を遅らせることが一般化している。中国で

第Ⅱ部　社会変動と「一人っ子」の教育問題の出現

は、婚姻届を出す際、所属の組織機関から発行する結婚証明書がなければ、結婚申請を受理されないという規則がある。これによって、婚姻法に定めた結婚年齢を満たさない人に対して、所属する組織機関は結婚証明書を発行しないなどの措置をとっている。

とりわけ、中国の計画出産政策の実施目的は、結婚、出産年齢を遅らせ、さらに子どもの人数を「一人っ子」に制限するということによって、総人口 12 億を超える時期の到来をなるべく遅らせることにある。

2.「一人っ子政策」の実施過程

中国では、歴史的、地理的、文化的な要因によって、各地域間に大きな格差が存在している。こうした地域間の差異から、各地域の社会的背景に相違がある。そのために、各地域はそれぞれの社会的背景に合わせながら、「一人っ子政策」の実施に踏み切ったために、「一人っ子政策」の実施時期には地域差が存在する。若林の分類によれば、「一人っ子政策」の実施時期は、(1) 1979 － 84 年期、(2) 1984 － 85 年期、(3) 1986 － 87 年期、(4) 1987 年以後、という四つの段階に分けられている[12]。以下は、この四つの時期に沿って「一人っ子政策」の実施過程をみてみよう。

(1) 1979 － 84 年期

1979 年 1 月の全国計画出産委員会主任会議において、「一人っ子政策」は国策として明確にされた。80 年代初頭、「一人っ子政策」の実施は、共産党員と共青団員[13]に対して、「一人っ子政策」に従うようにという呼びかけをはじめ、次第に一般の人々までに広げた。この政策の実行中に、「一人っ子」しか産まない意思表明を有する家庭に対して、「一人っ子証」（中国語：独生子女証）を発行すると同時に、子どもの保健費の支給（16 歳まで）、託児所、幼稚園への入所、入園の優先順位、さらに親の賃金をアップするなどのさまざまな優遇政策が与えられている。一方、「一人っ

第3章　社会変動と計画出産政策の実施

子政策」を守らず、超過出産をした家庭に対して、高い罰金が課せられると同時に、親の賃金もカットし、場合によっては職務を失うこともあるという罰則を与えている。厳しい出産管理のもとで、人口の抑制に大きな成果をあげ、1982年に「一人っ子証」の受領率は全国で平均42.3%に達した[14]。この時期における「一人っ子政策」の実施は、非常に厳しいものであり、摩擦・葛藤も多くもたらされた。

(2) 1984 — 85年期

　この時期のもっとも注目すべき変化は、農村地域の「第2子出産条件」実施条件の拡大である。「一人っ子政策」の実施は、当初から多くの現実問題と遭遇した。さまざまな問題を解決するために、一定の規定条件を満たせば、第2子の出産も許可するという「第2子出産条件」が設けられている。ところが、70年代末から生産責任制の導入によって、男子労働力の重要性が高まった農村地域において、「一人っ子政策」の実施は多大な圧力をかけられた。地理条件、経済発展水準の面に大きな格差が存在する農村地域の現状に応じて、84年から農村地域向けの第2子出産に関する補助条件が追加された。要するに、第1子が女児でありかつ実際的な困難を有する農村家庭に限って、4年の出産間隔をおけば第2子の出産が許可されたのである。しかし、これに対して「男子労働力の確保として、家の継承や老人扶養という伝統思想がなお残存することを容認しての"実質的な農村2子策"といえようか」[15]という指摘があるように、この追加条件は農村地域に残存する男子優位論に対する妥協であるといえよう。

(3) 1986 — 87年期

　この時期に農村の出産政策についての調整は全国範囲で行われた。しかし、農村地域向けの「第2子出産条件」の追加は、本来女児を有する生活困難の家庭に限ったものであるはずだが、実際の実施過程において

137

第Ⅱ部　社会変動と「一人っ子」の教育問題の出現

条件枠を超えたケースが少なくない。これは農村地域における行政組織機能の低下に要因があったと思われる。1970年代末から、人民公社の解体によって農村における行政組織の影響力は、以前に比べると大幅に低下した。行政組織のコントロール機能の低下は、「第2子出産条件」実施に大きな歪みをもたらした要因に繋がっている。1989年2月20日の『人民日報』（海外版）に、「我が国では昨年1,541万人も増加した。3年連続で人口抑制制限を超えた。90年代末には13億を突破する可能性がある」[16]という記事が掲載され、人口激増に対する懸念が表明されている。この増加要因は、農村地域における出産人口の増加と関わっていると思われる。

(4) 1987年以後

この時期は計画出産政策の定着時期であり、1991年3月までに、チベット自治区と新疆ウイグル自治区を除いた28省・市・自治区において計画出産に関する条例の制定が完了した。この状況と合わせるように、1991年5月12日、国務院は「計画出産を強化し、人口増加を厳格的に抑制することについての決定」（中国語：関於加強計画生育厳格控制人口増加的決定）という政府文書を発表し、「一人っ子政策」の継続性を強調した。

しかし、「一人っ子政策」は実施されて以来、すでに20年あまりが経過した。人口増加率が確実に低下してきたという状況のなかで、今後計画出産政策は緩和の方向へ移行するのではないかという推測がある。しかし、中国人民代表大会常務委員会（議会に相当する）副委員長彭珮雲は、2002年8月30日に開催した「人口と計画出産に関する懇談会」の発言において、計画出産政策を持続する必要があり、今後も現状維持であると強調した[17]。さらに、中国では、2002年9月1日から「人口と計画出産法」（中国語：人口与計画生育法）が施行された。これは、社会における計画出産政策の位置づけを法的な手段によって確定したと同時に、計画

出産政策を持続的に実施する意向を明確に表明したものといえよう。

3.「一人っ子政策」の補充条件 ――「第2子出産条件」

　「一人っ子政策」の実施当初、第2子の出産に関する明確な規定はなかった。1982年、政府は「特殊事情」を有する家庭に対して、第2子の出産を許可する政府文書を公布した。この「特殊事情」とは、「①第1子が非遺伝性身障者で働けない場合、②再婚で一方に子があり、他方が初婚の場合、③長年不妊で養子をもらった後懐妊した場合」という三つの条件である[18]。その後、各地域はこの三つの条件をベースとしたうえで、かつ自らの地域の必要な状況に合わせて、「第2子出産条件」の制定を行った。第2子出産に関する条件の内容は、それぞれの地域社会の特殊事情によって相違があるが、ここでは上海市を代表例として取り上げてみる[19]。上海市は、81年に最初の「第2子出産条件」を制定したが、その後何度もの修正を行い、1987年に以下のような条件を発表し、実施した。

（1）　夫婦の一方が「一人っ子」（跡継ぎが一人）。
（2）　夫婦の一方が障害者で労働に影響し、一人では生活能力がない。
（3）　男が娘ばかりの家に婿入りし、戸口（戸籍－筆者注）を移し、老人の扶養をする。
（4）　兄弟二人以上のうち一人に出産能力がなく、ほかの兄弟には各々子供一人がいる。
（5）　五年以上にわたり海洋漁業に従事し、現在も継続して漁民である。
（6）　遠洋航路にのっている船員。
（7）　井戸掘り(炭鉱・鉱山)作業に三年以上従事し、現在も継続している。
（8）　夫婦の一方が華僑で香港・マカオ・台湾の同胞。
（9）　夫婦の一方が少数民族。

第Ⅱ部　社会変動と「一人っ子」の教育問題の出現

(10) 夫婦の一方が革命烈士（国のために犠牲になった人－筆者注）の子女、あるいは烈士の兄弟、姉妹のうち一人のみ。
(11) 傷痍軍人、二等乙級以上の障害者。
(12) 再婚夫婦の再婚前の双方の子があわせて二子を超えないとき。

　以上でみた上海市の「第2子出産条件」の特徴とは、危険な職業従事者、華僑、革命烈士の親族、傷痍軍人が「第2子出産条件」の枠に入っている一方、女子しかいない家庭もこの枠に入っていることである。このような特徴は、ほかの地域の「第2子出産条件」にも同様にみられる。これは男子が家の跡継ぎという中国社会の伝統意識に妥協した結果であるといえよう。
　中国における「一人っ子政策」の実施は、世界にきわめて大きな衝撃を与えた。なぜなら、これまで生殖は家族の基本機能の一つと見なされている。そして出産に関して、社会的背景の相違によって、人々の出産に関する意識にも相違がある。しかしながら、これまで何人の子どもを産むのかは、個々の家族の権利であり、家族構成員の意思決定に委ねることが一般的なのである。そのために、「一人っ子政策」は家族の人権を侵害したものとして国際社会から批判を浴びた。
　世界一の人口大国になったことの背景には、中国社会の複雑な要因が存在するが、現在の計画出産政策の実施は中国にとって長年積み重ねてきた人口問題を解決するためにはやむを得ない選択であったといえる。こうした成果は、すでに人口増加率の減少と繋がっている。国家計画出産委員会の統計によれば、1982年末、中国総人口は10億1,654万人で、自然増加率が15.6‰であったが、2001年末に総人口は12億7,627万人で、自然増加率が6.95‰までに減少してきた。要するに、計画出産政策が実施されてから20年間に、中国では約3億の人口増を抑えられたということである[20]。
　統計数字に示した通り、「一人っ子政策」の実施目的は達成した。これ

により、中国における膨大な人口と社会発展との矛盾から生じた諸問題が緩和したといえる。しかし、人口絶対数の大きさという特徴をもつ中国の人口実態をみると、今後いかに人口増加を有効にコントロールするのかは依然として厳しい課題である。世界各国の人口動態の変化によれば、出産に関する人々の意識が変われば、かならず出生率の変化をもたらす。それゆえ、行政手段で人口をコントロールする方法は有効であるにもかかわらず、唯一の方法ではないといわざるを得ない。今後、中国にとって重要な課題は、計画出産政策を実施すると同時に、社会における出産意識をいかなる方向へと導くかということであろう。

第4節 「一人っ子政策」との葛藤
―「ヤミッ子」問題の出現―

　80年代以降の20年間に、「一人っ子政策」の実施によって、中国では約3億の人口増を抑えることができた。「一人っ子政策」の実施はこのような注目すべき結果をもたらした一方、多くの社会問題も引き起こしている。「一人っ子」しか産めない状況のなかで、女の子を間引いたり、性別判定検査後の中絶などによって、中国の社会における男女の人口差が増大し、「今世紀末、中国は男性超過社会」[21]になるのではないかという指摘がある。そして、「一人っ子政策」との葛藤から生じたさまざまな社会問題のなかで、もっとも注目すべきなのは、「ヤミッ子」(中国語：黒孩子)の存在である。

　「ヤミッ子」とは、親が子どもの出生届を提出しておらず、戸籍に登録されていない子どものことを指している。戸籍を持たないために、児童に対する社会的援助が受けられない一方、就学、就職にも大きな支障が存在している。このために、闇人間として暮らしている「ヤミッ子」の

第Ⅱ部　社会変動と「一人っ子」の教育問題の出現

運命の行方は注目すべきである。「ヤミっ子」の出現は、二つの要因と絡み合っている。一つ目は中国で「盲流」と呼ばれる出稼ぎ人口の存在である。二つ目は「一人っ子政策」の実施である。以下はこの二つの要因をめぐって「ヤミっ子」の問題を考察する。

1. 「盲流」と「ヤミっ子」

　中国語で「盲流」とは、仕事を求めるために、自分の定住地を離れ、よその地域で生活する出稼ぎの人々のことを指している。「盲流」の流れは、一般的にいえば農村から都市へ、生活水準の低い地域から生活水準の高い地域への移動がほとんどである。「盲流」層の構成は複雑であるが、農村出身者が主流を占めている。農村から出てきた人々のなかでは、農業の休耕期間を利用して出稼ぎにきた農民がほとんどであるが、長年農村を離れ、地元に戻らない人々もいる。両者の特徴として、前者は家族を農村に残して単身で出稼ぎにいく人が多いのに対して、後者の場合は家族連れが多いことが挙げられる。後者の場合は、農村に戻らない理由にはさまざまな事情があるが、「一人っ子政策」が実施されて以降、超過出産のため、または超過出産に対する罰則を逃れるためという理由で農村に戻らないケースが急増してきた。

　中国の求人制度によれば、現地の戸籍をもたない者は、この地域の正社員・従業員の募集条件枠に入らないということが一般化している。このために、農村戸籍の出稼ぎ者は一定期間の労働しか従事できず、転職によって居住地を転々とする傾向が強い。このような住所不定の出稼ぎ労働者は、都市部では流動人口として扱われており、現地行政組織の管理対象者の枠外に置かれている。このために、「盲流」家族に対する社会的な援助政策が存在しないうえ、その出産状況に関しても有効な指導措置を設けていない。それゆえ、「盲流」家族は計画出産の管理網の外にあり、出産の放任状態がみられた。このような出産管理の落とし穴を利用し、「盲流」生活を選んだ家族もいる。

第3章　社会変動と計画出産政策の実施

　定住地から離れ、各地を点々としながら子どもを産み落とすという人々は、中国で「超生游撃隊（超過出産ゲリラ）」と呼ばれている。すでに述べたように、「一人っ子政策」の実施以降、超過出産に対しては厳しい罰則が課せられてきた。この罰則から逃れるために、計画出産の枠外の子どもを戸籍に入れない親は少なくない。このように、戸籍に登録されていない、いわゆる「ヤミっ子」が誕生した。

　これまで、出稼ぎ労働者が所属する市町村の行政組織が管理するのか、または出稼ぎ先の地域行政組織が管理するのかについての議論は、盛んにはなっていたが、管理権限の範囲、行政予算などの側面からいまだに明確な結論のないまま進行している。出稼ぎ家族における超過出産の問題は、「一人っ子政策」への抵抗というより、行政管理システムの権限区分における官僚主義の問題からもたらされた問題といってもよいだろう。

2. 「一人っ子政策」との葛藤

　1978年以降、農村地域では農業生産を振興するために、人民公社を解体して生産責任制を導入した。要するに、農業生産は人民公社単位での生産方式から家族単位の生産方式へと切り替え、収穫高を家族の利益と直接に結びつかせることによって、個人の積極性を発揮し、農業生産の発展を促進した。しかし、農業機械水準の低い状況のなかでは、家族構成員、とくに家族内の男子労働力は農業生産を支える重要な労働力である。一方、退職金で老後生活を営む都市部の人々と異なり、農村地域では長男が親の老後生活の面倒をみることが一般的である。そのために、農家の男子は重要な労働力、親の老後の介護、家の継承人といった役割を背負わされている。このような農村地域に根強く存在する男子優位論に対して、政府は1984年以降、農村地域に向けての「第2子出産条件」の追加によって妥協の姿勢を示した。

　しかし、男の子を欲しがるという伝統出産意識の強さは想像を遥かに超えたものである。農村地域における超過出産の隠蔽行為がしばしばマ

第Ⅱ部　社会変動と「一人っ子」の教育問題の出現

スメディアに取り上げられている[22]。1988年に『人民日報』は、「我が国に今約100万人の子どもが戸籍に登録してない」[23]と発表し、「ヤミっ子」の存在を正式に認めた。しかし、実際には中国では1,000万人近い「ヤミっ子」が存在している[24]という見方もある。「ヤミっ子」の性質から、この具体的な人数を把握することは不可能ではあるが、政府の公表した数字を上回ることは間違いなさそうである。2000年、湖北省で大洪水が発生し、大きな人的損害をもたらした。農村地域の洪水災難を受けた人々に対する救済登録の際、戸籍名簿に登録されていない「ヤミっ子」が大勢いることが発覚し、これは中国の各新聞のトップ・ニュースになり、「ヤミっ子」の存在が再び大きな波紋を呼んだ。「ヤミっ子」の出現を防ぐ施策として、農村地域における行政管理機能の強化、計画出産管理システムの改善などを取り上げることができるが、社会における救済政策の制定もより重要であろう。

　中国では、戸籍を置く地元学校への就学は一般的な原則である。そのために、学校の教育予算は、現地戸籍を有する子どもに限られているために、生徒の募集も地元に限定する。しかし、経済活動の活発化によって移動人口の増加、とくに長い間問題とされてきた出稼ぎ家族の子どもの教育問題に対する社会の関心が高まり、出稼ぎ家族の子どもは、現地学校への臨時就学が許可されるという規則が制定された。だが、「ヤミっ子」の場合は就学の際、戸籍に登録しなければならない。しかし登録すれば、親が超過出産に対する罰則を課せられる。こうした矛盾のなかで、罰則から逃れるために、子どもの就学を犠牲にする親が少なくない。子どもの教育権を守るために、「ヤミっ子」のそういった親を裁く必要がある。それと同時に、これらの子どもがどのようにして社会生活から疎外されないようにするかが重要な課題である。

　結果として、「ヤミっ子」のほとんどは、農村に住んでいる、あるいは出稼ぎの両親と一緒に地域を転々としているために発覚しにくい。にもかかわらず、「ヤミっ子」の人数は少なくないといえる。今後、「ヤミっ子」

第3章　社会変動と計画出産政策の実施

の問題は社会に大きな不安をもたらす一つの要因になると推測できよう。

第5節　「一人っ子」の教育問題の出現

1.「一人っ子」家族の特徴

　中国の人口統計によれば、総人口に占める14歳以下の人口の割合は、1982年に33.6%であったが、1996年には25.9%まで大幅に減少した[25]。これは、明らかに「一人っ子政策」の所産であるといえる。

　序章で論じたように、一般的にいえば内的要因、つまり親の身の上の要因によって「一人っ子」にした家庭が多い。これに対して、中国における「一人っ子」家族の最大の特徴は、特別な外的要因、「一人っ子政策」の実施によってもたらされたものであるといわねばならない。80年代以降、「一人っ子」を喩える「小皇帝」、「小太陽」、「四、二、一っ子」[26]などの言葉が流行し、現在は「一人っ子」の代名詞として定着している。これらの言葉は、「一人っ子」を中心する家庭の様子を端的に表しているといえよう。「一人っ子」家族は、「非一人っ子」家族に比して以下のような特徴がみられる。

　第1に、心理学的な視点でいえば、「一人っ子」家族は子どもの数の減少によって、家族構成員の関係に変化がもたらされる。一般的には、家族関係は夫婦関係、親子関係およびきょうだい関係という三つの軸によって形成されるものである。しかし、「一人っ子」家族の場合は、きょうだい関係が存在しないために、親子関係が密接になりがちである。

　第2に、物理的にいえば、「一人っ子」家族は「非一人っ子」家族より、子どもの面倒をみる時間が長く、かつ金銭的に「一人っ子」に充てる育児費も比較的に多い傾向がある。たとえば、天津市での1,000戸余りの家族を対象にした調査では、「一人っ子」家族の育児時間は、「非一人っ

145

第Ⅱ部　社会変動と「一人っ子」の教育問題の出現

子」家族の倍であることが明らかとなっている[27]。また、都市部の「一人っ子」家族の収入状況をみると、それぞれの家族構成員の一人あたりの消費水準が異なっているにもかかわらず、「一人っ子」そのものの平均消費額には差異がみられなかったという[28]。

　第3に、親の精神情緒面からいえば、親の「一人っ子」への配慮が過剰になりがちなことである。北京市、安徽省、甘粛省と湖南省で実施された調査では、「子どもに対する親の心配ごと」について、「子どもが事故に巻き込まれること」と「病気になり、病弱になること」などを挙げた「一人っ子」の親は、「非一人っ子」の親より11ポイントも多いという[29]。

　以上を簡単にまとめれば、「一人っ子」家族の特徴は、子どもが一人しかいないがゆえに、わが子を大切に育てたいという親の気持ちから、「一人っ子」を中心として家族生活が営まれていくことになりがちであるといえよう。

2.「一人っ子」の教育にもたらされた諸問題
(1)「一人っ子」親の養育態度における過保護・過干渉の問題

　「ひとりっ子の親の一般的な養育態度として誰もが指摘するのが、過保護・過干渉という問題である」[30]と指摘されているように、中国の「一人っ子」家族において問題視されているのは、溺愛、過保護、過干渉といった問題である。

　「一人っ子」に対する過剰な配慮から子どもの身の回りのことをすべて代行してしまう親が少なくない。さらに、「四、二、一っ子」（四人の祖父母、父親と母親、一人の子ども）の家族構成で生活している「一人っ子」は、親だけではなく、祖父母も関与しているがゆえに、いっそう溺愛、過保護にされやすい。現実をみると、ゆで卵の皮が割れない「一人っ子」のことは寓話ではなく事実である。小学校では、生徒の親あるいは祖父母が、子どもの掃除当番を代行するニュースももはや驚くに値しないの

である。親の過剰な配慮のもとに、基本の生活習慣が身についていない「一人っ子」の事例はしばしばマスコミによって取り上げられている。たとえば、優秀な成績で清華大学に入学したが、身の回りのことができないという理由から退学した「一人っ子」や、母親がいないところで生活できないために留学を断念した大学院生といった報道は社会に大きな衝撃を与えた[31]。

　生活水準の上昇、電気製品の普及による家事時間の短縮などの要因によって、子どもの世話をする時間が多くなった社会背景のもとで、溺愛、過保護の問題は「一人っ子」家族だけに当てはまるものではない。しかし、「一人っ子」家族がもつ特徴から、子どもが溺愛、過保護状態に陥りやすいということが指摘できる。親の過保護行為は、子どもの自立性の発達を阻害すると同時に、子どもを親の思うようにコントロールするという過干渉へ向かうケースも少なくない。これについては、子どもに対する過剰な期待と関連して以下に論じる。

(2)「一人っ子」に対する親の過剰な期待

　「一人っ子」は、「親にとってみれば、将来を託す大切なただ一人の子であるから、親のわが子に寄せる期待は大きくふくらむ」[32]といわれている。この指摘を裏づけるように、中国の「一人っ子」家族において、親が子どもに過剰な期待を寄せることが社会問題化している。これは、「一人っ子」親の生活背景と深く関係している。

　80年代に結婚適齢期に入った若者、すなわち「一人っ子」の親たちは、ちょうど文化大革命期に学校教育を受けた世代である。彼らの学生時代は、学習より政治活動に熱中する時代であったがゆえに、学校教育を十分に受けられなかった。学校教育を終わった後、ほとんどの人は毛沢東の「知識人の若者は農民労働者の教育を受けよう」という方針にしたがって、都市部を離れ、農村地域で一般労働者として働いていた。そのために、1977年に大学入試が回復されたときも、彼らのほとんどはまだ農村地域

第Ⅱ部　社会変動と「一人っ子」の教育問題の出現

あるいは工場で単純労働に従事していたのであった。こうした事情から、この世代の人々の多くは、高等教育を受ける機会に恵まれていなかった。しかしながら、やっと都市部に帰ってきて定職に就いたときに、彼らを待っていたのは高学歴を求める社会であった。

　80年代の経済成長から生まれてきた高度技術を基盤とした産業構造の形成によって、社会は労働者の学歴を重視するようになった。しかしながら、すべての人が高学歴を得られるわけではない。学歴の壁を重く感じるこの世代の人々は、自分の子どもによりよい教育をさせたいといった夢をもつ者が少なくないのである。

　このような歴史的・社会的背景のもとで、親たちは「一人っ子」の教育に対して特別な関心を示している。「一人っ子」の親を対象とした調査は、子どもの家庭教育に対する親の主な関心が、有名大学への進学、外国への留学にあることを示している[33]。しかし、このような子どもに対する親の期待は非常に高い一方で、「いつまでも、親の期待に到達できない」[34]と哀嘆する「一人っ子」は少なからず存在する。さらに、北京、長春、ウルムチの「一人っ子」の中学生に対する調査においては、「一人っ子」としての最大の悩みについての答えをみると、「親の期待が重荷である」を挙げた子どもが圧倒的に多いことが分かる[35]。

　「一人っ子」家族においては、過保護、過干渉および過剰な期待といった問題が常に議論されるが、こうした問題をもたらす要因については親の教育意識と社会背景という二つの側面からさらなる詳細な分析を行う必要がある。これについては、本研究の第Ⅲ部で調査データに関する分析と合わせながら検討する。

おわりに ―
社会変動期における「一人っ子」の教育問題

　以上、1970年代半ば以降、社会改革・開放の政策に取り組んだ中国における社会変動、ならびにもたらされた社会問題について検討した。これから分かるように、世界に大きな衝撃を与えた二つの政策－経済改革・開放政策と計画出産政策の実行とは相関関係を有している。つまり、1978年に左翼的な思想から脱した中国は、経済改革・開放の総目標を定め、これを達成するために、二つの措置をとっていた。一つ目は、社会主義国でありながら、資本主義の経済様式－自由経済を導入し、これによって高度な経済発展が実現された。二つ目は、経済発展と膨大な人口との矛盾を解決するために、「一人っ子政策」が実行された。それゆえ、中国の高度経済発展の到来は、経済改革・開放政策と計画出産政策の相乗効果によるものであるといえよう。
　しかし、「一人っ子政策」はその実施において、二つの特徴がある。一つ目は「一人っ子政策」が提起されてから実行に移されるまでの期間が短いこと、二つ目は強制的な性質をもっているということである。もともと個人の私的な領域とされる家族の生殖に関して、人為的に子どもの人数を制限する手段をとった中国に対して、いまだに人権問題の観点から中国を批判する国が少なくない。国際・国内の批判を浴びながら、「一人っ子政策」は79年から現在に至って四つの実行段階を経て確実に実行され、現在中国の主要な計画出産政策とする位置づけがすでに定着した。しかし、「一人っ子政策」の実施によって、二つの主な問題がもたらされた。一つは、「ヤミっ子」の問題であり、もう一つは「一人っ子」の教育問題である。出生届を提出せず、戸籍に登録されていない「ヤミっ子」は、中国の人口統計に大きな支障を与えていると同時に、闇人間として社会生活から疎外される深刻な問題となっている。現在「ヤミっ子」の人数、

第Ⅱ部　社会変動と「一人っ子」の教育問題の出現

生活の様子などの具体的な状況のほとんどは、解明されず謎のベールに包まれているが、「ヤミっ子」の問題は今後社会の大きな不安定要因になることが推測できる。

　ところが、水面下に潜む「ヤミっ子」の問題より、「一人っ子」家族における子どもの教育問題の方により社会の注目が集まった。「小皇帝」、「小太陽」と呼ばれている「一人っ子」は、家族の中心となり、親に溺愛、過保護、過干渉されるという問題が著しい。しかし、ここでは、二つの重要な問題に注目したい。まず、中国の「一人っ子」家族の主な特徴は、「一人っ子政策」の実施によってもたらされたものである。国家利益の至上主義を主張する中国では、多くの親は「一人っ子政策」に従うしかほかにない。そのために、すべての期待を唯一の子どもに寄せる傾向が強い。次に、「一人っ子」の親たちは、ちょうど文化大革命運動を経験し、正常な教育システムが壊された時期に学校教育を受けた世代である。そのために、自分たちが実現できなかった夢を「一人っ子」にかける親は少なくない。とりわけ、中国における「一人っ子」の教育問題の出現は、社会変動と大きく絡み合っている。そのために、「一人っ子」の教育にもたらされた問題は、単に"「一人っ子」だから"という結論で総括できず、この問題の背後に存在する中国の特殊な社会背景を要因分析の視野に入れる必要があるといえよう。

【注】

(1)　毛沢東の夫人をはじめとする四人（江青、姚文元、張春橋、王洪文）の小集団を指している。
(2)　中国の戸籍制度は、人々が新しい移住地の戸籍を持たなければ移動できないと定めている。このために、「知識青年」たちは出身都市を離れる際、都市戸籍

から行く先地域の戸籍へと変わった。ところが、出身都市の戸籍を放棄することは、そこに戻る道を閉ざすことになる。文化大革命運動は、「知識青年」を作り出した主要な要因であったために、文化大革命運動の終結によって「知識青年」の問題を解決しようという声も高くなってきた。多くの「知識青年」の出身都市へ戻りたいという要望に応じて、政府はこれらの「知識青年」のための「帰省条例」を定めた。しかし、すでに現地で結婚した「知識青年」にとって、この「帰省条例」はただ「知識青年」本人あるいは子どもに限ったものであるため、多くの別居家族の問題が生じた。

(3) 中国民政部は、2002 年 7 月 19 日の情報公開発表会で、この統計データを公表した。「中国城市初歩実現応保尽保目標」、『人民日報・海外版』2002 年 7 月 20 日。
(4) 加藤千洋　1991、『中国の「一人っ子政策」― 現状と将来』（岩波ブックレット No.213）岩波書店、25 頁。
(5) 同上、26 頁。
(6) 楊子慧主編　1997、『中国歴代人口統計資料研究』改革出版社、1726 頁。
(7) 同上、1731 頁。
(8) 同上、1731 頁。
(9) 中国研究所編著　1988、『中国基本法令集』日本評論社、8 頁。
(10) 同上、9 頁。
(11) 同上、183 頁。
(12) 若林敬子編／杉山太郎監訳　1992、『ドキュメント、中国の人口管理』亜紀書房、12 頁。
(13) 共産党組織下にある青年団組織（中国語：共産主義青年団）のメンバーである。
(14) 若林敬子　1995、『中国の人口問題』東京大学出版会、224 頁。
(15) 同上、77 頁。
(16) 『人民日報』（海外版）、1989 年 2 月 20 日。
(17) 『人民日報』（海外版）、2002 年 8 月 31 日。
(18) 前掲、若林『中国の人口問題』、77 頁。
(19) 同上、82-83 頁。
(20) 『人民日報』（海外版）、2002 年 8 月 31 日。
(21) 『朝日新聞』、1993 年 3 月 2 日。
(22) 　社会の関心を集めたものとして、四川省の向登仕夫婦の事例を挙げることができる。この夫婦は「一人っ子政策」に対抗するために、故郷より約 150 キロ離れた湖北省の原生林の洞穴で、16 年間に自給自足の原始的な生活をし、6 男 3 女をもうけていた（『子だくさん』貫き洞穴に 16 年）、『朝日新聞（夕刊）』、1994 年 2 月 28 日）。これは、子どもが教育を受ける権利を親が著しく侵害した事例とみることができるが、中国でもこのような批難を浴びることとなった。

第Ⅱ部　社会変動と「一人っ子」の教育問題の出現

(23) 『人民日報』（海外版）、1988 年 6 月 30 日。
(24) 前掲、加藤『中国の「一人っ子政策」— 現状と将来』、42 頁。
(25) 『中国歴代人口統計資料研究』（1996 年）、『中国人口統計年鑑』（97 年）によるものである。
(26) 「四、二、一っ子」とは、四は四人の祖父母、二は父親母親二人と子どもが一人の意味を示している。これは、元来「一人っ子」をもつ家族の構成を意味する言葉だったが、現在では四人の祖父母、それに父親と母親の計六人の愛を一身に受けて育つ「一人っ子」という意味である。
(27) 辺燕傑　1986、「試析我国独生子女家族生活方式的基本特徴」『中国社会科学』第 1 期、101 頁。
(28) 同上、98 頁。
(29) Falbo　主編　1996、『中国独生子女研究』華東師範大学出版、186 頁。
(30) 繁多進「ひとりっ子をもつ親の心理」『児童心理 — 特集・ひとりっ子の心理としつけ』45(1)、1991 年、12 頁。
(31) 孫雲暁・卜偉編　1999、『培養独生子女的健康人格』天津教育出版社、83 頁。
(32) 小林芳郎「ひとりっ子の性格特性」『児童心理 — 特集・ひとりっ子の心理としつけ』45(1)、1991 年、38 頁。
(33) 楊春華　1998、「『一人っ子』家族の教育意識における共通性と地域差 — 中国の北京市、ウルムチ市、長春市でのアンケート調査の分析を中心に — 」『中国研究月報』610 号 12 期、24 頁。
(34) 陳丹燕　1997、『独生子女宣言』南海出版社、26 頁。
(35) 前掲、楊論文、27 頁。

: 第Ⅲ部 「一人っ子」に対する親の教育意識

第4章

家庭教育における親の教育意識
― 親子に対する意識調査結果の分析をめぐって ―

はじめに

　本章の目的は、ウルムチ市で実施した家庭教育に関する意識調査結果の分析を通して、家庭教育の実態、または家庭教育に関する親子の意識における差異を明らかにすることである。

　核家族の機能について、パーソンズは以下のように定義している。「第1は子どもが真に自分の生まれついた社会のメンバーとなれるよう行われる基礎的な社会化、第2は社会の人々のうち成人のパーソナリティの安定化である」[1]。しかし、近代学校教育の普及と発展により、学校教育が人間教育の主流となることにともない、現代の家庭教育に大きな混乱をもたらしたことは事実である。すなわち、もともと家庭教育の機能と見なしているものが学校教育のなかで実現されており、一方家庭教育は学校教育の延長に位置付けられる傾向が著しく存在している。それゆえ、現代家庭教育と学校教育との境界線が少しずつなくなってきていることを認めざるを得ない。とはいえ、家庭教育は学校教育とは実質上の違いがあり、家庭における子どもの社会化は学校教育では代替できない

第Ⅲ部 「一人っ子」に対する親の教育意識

ものである。

　ところで、1970年代以降、先進国に共通にしてみられるのは、「家族の崩壊」、「家族の危機」といった言葉が頻繁にマス・メディアに登場し、理想の家族像が少しずつ壊れている現象である。このような家族の「崩壊」あるいは「危機」とされる要因は、離婚率の上昇、育児を放棄する親の出現、未婚の母などの社会問題であった。こうした家族の存続に対する危機感の高まりにともない、家族の基本機能である家庭教育に対する心配の声も高くなってきた。日本では、町村信孝文部科学大臣（当時）も、学校におけるいじめ、不登校、校内暴力、さらに凶悪な青少年犯罪の続発などの問題の出現が家庭の教育力の低下と関わっていることを認めている[2]。

　先進国でこうした家族あるいは家庭教育の問題が大きく取りあげられているのに対して、中国の家庭教育はいかなる状態に置かれているだろうか。すなわち、中国では、家庭の教育力の低下が、どのように認識されているだろうかという疑問が生じている。以上を踏まえ、本章はウルムチ市で家庭に関する親子の意識調査を行い、ウルムチ市の事例分析を通して、中国における家庭教育の実態、また家庭における親子の意識の差異に迫ることがねらいである。この目的に沿って、本章は、まず第1節で本章の分析に用いる調査データの概要を説明する。次の第2節では、家庭教育に対する親の意識を、(1) 子どもの存在意義、(2) 家庭の教育力、(3) 家庭教育における役割分担、(4) 子どもの学歴に対する親の期待、という四つの側面から論証する。それから第3節では、子どもの家庭教育に対する意識について、(1) 親子間のコミュニケーション、(2) 子どもの家事労働への参加実態、(3) 親に対する子どもの期待、(4) 学歴に対する子どもの考え、という四つの側面から検証する。最後に、家庭教育に対する親子の意識の差異について考察し、本章の分析結果をまとめる。

第4章　家庭教育における親の教育意識

第1節　調査目的および調査概要

　1980年代以降、社会、経済、さらに政治改革によって、大きく変わり行く社会を背景として、中国の家族は、青少年凶悪事件の激増、離婚率の上昇、社会的倫理道徳観の低下など深刻な問題に直面している。潘允康は、『変貌する中国の家族』[3]において、「官僚組織や企業を侵食するネポティズム、後をたたない売買婚・重婚・蓄妾、急増する性犯罪、氾濫する地下ポルノ、男児ほしさの女児遺棄、厳しい人口計画ゆえの出生性比のアンバランス」[4]などの問題を取り上げ、多くの資料によって中国家族の変化実態を概観した。このように、いわゆる「家族の危機」に直面しているとされる家族において、子どもの教育問題も同様に社会変化に巻き込まれている。

　すでに述べたように、中国における家族、または家庭教育の展開過程は、紆余曲折の道を歩んだ。1980年代以降、中国の家庭教育は激動する社会の影響を受け、変化しつつあるとされている。進学競争をめぐる教育の過熱化、高学歴を求める風潮の形成、しつけモデルの不在などの問題が顕在化する一方、子どもに対する親の教育意識にも変化がみられている。これまで、家庭における溺愛、過保護、または教育への熱狂などの問題が多くの研究によって取りあげられているが、家庭における教育力の問題、家庭教育のあり方に対する親の考え方などの問題を実証する研究は十分ではなかった。

　それゆえ、1995年、中国の家庭教育に関する研究にはじめて取り組んだ筆者は、中国の家庭教育の実態に迫るために、新疆ウルムチ市の小学校で、家庭教育に対する親子の意識についてアンケート調査を行った。この調査は、主に家庭教育力に対する親の認識、家庭における親子間のコミュニケーション、子どもの教育に対する親の意識などの側面に焦点を当て、これらの内容をめぐって、親とその子どもに対して別々に調査

第Ⅲ部 「一人っ子」に対する親の教育意識

を行ったものである。この調査結果に関する分析は、以下の節を通して説明する。

　本題に入る前に、まず今回の調査概要について説明する。この調査は、1995年1月新疆ウイグル自治区（以下、新疆と称する）ウルムチ市沙衣巴克区第3小学校[5]で、生徒には「小学校4、5、6年生の家庭に関する意識調査」（以下、「子ども調査」と略す）、および親には「子どもをもつ親の家庭に関する意識調査」（以下、「親調査」と略す）という2種類のアンケート調査を実施した。被調査者数は、小学校4年生97名、5年生90名、6年生72名を合わせ259名（そのうち、男性133名と女性125名、1人不明）、その親は、215名であった。調査方法は教室における集中調査である。子どもの調査紙はその場で回収したため、回収率が100％であった。親の調査紙は子どもが持ち帰り、三日後に回収した。その回収率は約83.3％であった。

　表4-1に示したように、「一人っ子」の子どもは子ども全体の79.2％、「一人っ子」をもつ親は親全体の83.7％を占めている。しかし、本章の目的は、家庭教育の実態、または家庭教育に関する親の意識を全面的に探ることにあるため、「一人っ子」と非「一人っ子」のデータを一括して扱うことにする。

表 4-1　調査対象者の構成と内訳

単位：実数（％）

	「一人っ子」	非「一人っ子」	不明	合計
親	180（83.7）	34（15.8）	1（0.5）	215（100）
子ども	205（79.1）	52（20.1）	2（0.8）	259（100）

第2節　家庭教育に対する親の意識

1. 子どもの存在意義に対する親の認識

　中国社会における子ども観は、伝統的な儒教思想に大きく影響されている。孟子の「不孝有三、無後為大」(後継ぎのないことは、不孝中の頂点である)という思想は、こうした子ども観の典型的な代表であると見なされている。現在農業によって生活を営む農村部では、年金保険制度が確立されていないために、老後の面倒をみるのは依然として子どもに頼らざるを得ないという現実のなかで、「養児防老(老後生活のために、男子を育つ)」という伝統的な考え方も根強く存在している。これに対して、退職年金制度がすでに定着している都市部においては、親は子育てに対してどのように考え、どのような期待をもっているのだろうか。

　まず、親は家庭に対して何を求めているのかという問題を確認しよう。家庭にもっとも期待する役割に対する親の認識をみれば、表4-2に示したように、心の安らぎを挙げた親がもっとも多かった。これはパーソンズが提唱した家族成員の情緒面の安定という核家族の基本機能と

表 4-2　家庭にもっとも期待する役割に対する認識(複数回答)

回答項目	回答率(%)
心の安らぎを得るという情緒面	66.7
日常生活の上で必要なことをするという家事面	54.5
子どもを産み、育てるという出産・養育面	50.7
親の世話をするという介護面	46.0
その他	5.6
分からない	0.5
合計(実数)	213

第Ⅲ部 「一人っ子」に対する親の教育意識

一致している。

　次に、「子どもの存在意義に対する意識」についての回答は、図 4-1 にまとめられている。そこでみたように、子どもをもつことによって、「喜びや生きがいを与えてくれる」と答えた者が 57.0％であり、もっとも多い。これとは対照的に、子どもに老後の面倒をみてもらいたいと答えた親は、他の回答に比べてきわめて少ない。「家を継ぐ」および「老後の面倒をみてもらう」と答えた人が 5.1％と 7.9％と、全体の回答に占める割合は相対的に小さい。子どもに対して、「家を継ぐ」および「老後の面倒をみてもらう」ことを期待する意識から、情緒面での役割を重視する意識へと大きく変わったことは、家族における新しい変化であるといえる。しかし、自分の夢を託すと思う親の多さに注目すべきである。これは、子どもを自分の言いなりにするために、子どもに過干渉しがちの要因になるだろう。

　最後に、子どもの教育に対する親の認識をみてみよう。図 4-2 に示したように、子どもを育てることに対して、生きがい・やりがいというより、

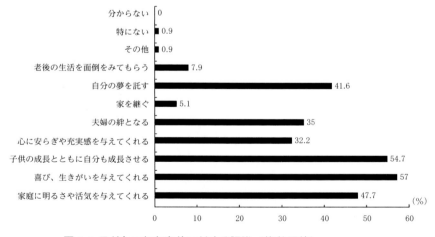

図 4-1 子どもの存在意義に対する認識（複数回答）

義務・責任と感じる親が全体の87.4%であり、圧倒的に多かった。一方、楽しみ、喜びと感じる親（39.5%）の少なさと苦労を感じる親（36.3%）の多さに留意すべきである。これは中国の親の特徴であろうか。この点と比較するために、1993年日本の総務庁青少年対策本部によって実施された小学生をもつ親の家庭に関する意識の世論調査[6]の結果を取りあげてみよう。この調査のなかで、同じ質問項目での日本の親の回答は、楽しみ・喜びと挙げた親は64.9%で、もっとも多い。義務・責任と挙げた親は63.2%であり、二番目に多い。この点に限っていえば、中国の親はともに子育てをすることが義務あるいは責任として受け入れる者が多いといえる。

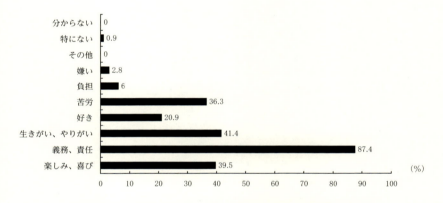

図4-2　子育てに対して、どのように感じたのか（複数回答）

2. 家庭の教育力に対する親の認識

中国では、少年の非行、青少年犯罪率の増加などの社会問題が続発している。これは家庭教育に要因があると指摘されている。家庭教育の担い手である親たちは、家庭の教育力についてどのように認識しているだろうか。

第Ⅲ部 「一人っ子」に対する親の教育意識

　家庭の教育力は低下しているかどうかについて親に尋ねた。この質問項目についての回答をみると、「全くその通りだと思う」と「ある程度そう思う」と答えた親をあわせれば、全体の約6割を占めている（図4-3）。ここで、家庭の教育力が低下していると認める親の方が多いということが確認できた。それでは、家庭教育力の低下要因は何だろうか。これについての親の回答を、回答率の高い順位から表4-3にまとめた。ここでみたように、過保護、甘やかせすぎな親の増加を第一の理由として挙げた親が、第1位であった。これは過保護、溺愛といった問題がすでに一般化しているからだといえよう。

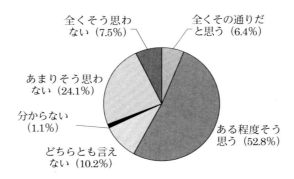

図4-3　家庭の教育力は低下しているか

　過保護な環境にいる子どもは、自立心が弱く、他者への依存心の強いことが、心理学の研究ですでに明らかにされている。そのうえで、過保護・溺愛される子どもたちは、さらにさまざまな生活経験を得る機会がなければ、自立心の養成はきわめて難しくなるだろう。北京市教育学研究会が、1,722名の青少年に対して行った調査において、「あなたは、挫折にあったときに、耐えられるか」という質問項目に対して、3分の1の小・中学生、42.5％の大学生は、あまり耐えられない、あるいは全然耐えられないと

答えている⁽⁷⁾。これはもちろん、以上でみた家庭における過保護の問題、または子どもに生活体験をさせる機会の不足とつながるものであるといえる。

表 4-3 家庭の教育力が低下していると思う理由（複数回答）

回答項目	回答率（%）
子どもに対して過保護、甘やかせすぎな親の増加	53.3
子どもにいろいろな体験をさせる機会の不足	50.9
教育の仕方が分からない親の増加	32.2
親子が触れ合い、共に行動する機会の不足	27.1
学校や塾などの外部の教育機関に対するしつけや教育の依存	23.4
教育に明確な方針を持たない親の増加	21.5
互いに励まし競い合わせる機会の不足	15.4
子どもに対するしつけや教育に無関心な親の増加	14.5
子どもが働く親の姿を知る機会の不足	13.6
教育についての相談相手の不足	12.1
教育に自信をもてない親の増加	9.3
親以外の人と触れ合わせる機会の不足	8.9
家族一人一人の個人主義化	6.1
とくにない	5.6
父親の存在感の低下	5.1
親に対する子どもの信頼感の低下	4.2
その他	1.9
分からない	0.5
合計（実数）	214

第Ⅲ部　「一人っ子」に対する親の教育意識

3. 家庭教育における親の役割分担

　前項で検証したように、半数以上の親は家庭の教育力が低下したことを認めている。こうした状況を背景にして、子どもの教育に対する親の悩みと不安も多いことが推測できる。それでは、親たちは子どものしつけや教育に対して、どのような悩みと不安を感じているだろうか。

　これについての親の考え方は、表4-4に示した通りである。14の回答項目において、上位3位を占めるのは、基本的な生活習慣を身につけていないこと、子どもの非行を心配すること、子どもとの交流時間がないことである。ここでの基本的な生活習慣における問題は、家庭における

表4-4　子どものしつけや教育についての悩みや不安（複数回答）

回答項目	回答率（%）
基本的な生活習慣を身につけていない	51.0
子どもの非行が心配である	41.9
子どもと触れ合い、共に行動する時間がなかなかない	28.6
子どもがなかなか言うことを聞かない	23.3
子どもが引きこもりがちで、なかなか友人ができない	19.5
子どもが生意気で反抗的である	19.0
子どもにどのように接してよいのかよく分からない	14.8
教育について、相談する相手がいない	9.0
子どもが勉強しない	7.6
配偶者があまり協力してくれない	7.1
親子の間で、共通の話題や興味がない	5.2
子どもに対するしつけや教育に自信が持てない	2.4
子どもに信頼されていない	1.9
子どもが学校に行かない	1.0
合計（実数）	210

第4章　家庭教育における親の教育意識

過保護と密接に関係することを認めざるを得ない。

　一般にいうと、母親は子どもの世話をする時間が父親より長い傾向がある。とくに、現代における仕事に没頭する父親のイメージの背後に、家庭における父親の影響の稀薄化という問題が存在している。しかし、今回の調査で、子どもの教育やしつけに対する父親の考え方をみれば（図4-4）、子どもの教育における父親の影響が大きいと思う父親が、半数以上を占めていることがわかる。

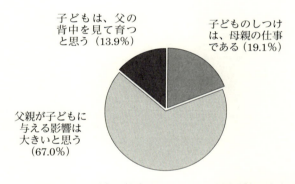

図4-4　子どもの教育やしつけに対する父親の考え方

　これに続いて、子どもの教育やしつけの役割分担に対して、父親に尋ねた。表4-5をみればわかるように、「子どもに勉強しなさいと叱る役割」、「子どもの友人関係の相談にのる役割」、「子どもが絶対にしてはいけないことをした時に叱る役割」の三つの側面において、ともに「両親双方の役割である」と答えた者は圧倒的に多い。この点でいえば、日常生活のなかでの身近なことにせよ、子どもの教育にせよ、いずれにしても両親双方の責任であるという考え方は、すでに中国の一般家庭に浸透している。とはいえ、現実と考え方とは一致しないこともある。表4-6に示したように、子どものしつけと子どもの勉強に関して、もっと父親に分担

第Ⅲ部 「一人っ子」に対する親の教育意識

してほしいと期待する母親は全体の 79.9％と 74.0％を占めており、ここから、家庭教育における父親の姿をうかがうことができる。

表 4-5 子どもの教育やしつけの役割分担に対する父親の考え方
単位：％

質問項目	父親の役割	両方	母親の役割	合計（実数）
子どもに勉強しなさいと叱る役割	5.1	92.9	2.0	100（196）
子どもの友人関係の相談にのる役割	2.6	93.3	4.1	100（193）
子どもが絶対にしてはいけないことをした時に叱る役割	2.7	95.2	2.1	100（188）

表 4-6 母親がもっと父親に分担してもらいたいと思っていること（複数回答）

回答項目	回答率（％）
子どものしつけをする	79.9
子どもの勉強をみる	74.0
親の世話をする	33.3
子どもの世話をする	32.4
近所付き合いをする	24.5
食事の後片付けをする	22.5
食事のしたくをする	21.1
掃除・洗濯をする	19.1
日常の買い物をする	14.2
日々の家計の管理をする	6.4
特にない	4.9
分からない	0.5
合計（実数）	204

4. 子どもの学歴に対する親の期待

中国では、1977年、文化大革命で10年間中断された大学入試が再開されたことによって、大学への進学をめぐる競争はますます激化してきた。教育に対する熱狂の背後に、より高い学歴を子どもに身につけさせたいという親の思惑が存在している。親は子どもの学歴に対して大きな期待をもっていることは事実である。図4-5に示されている親の期待はこれを裏づけているといえる。

ここで、大学以上の学歴を期待する親は全体の80.9％を占めることに注目すべきであるが、もう一つの点を留意したい。すなわち、回答した215名の親のなかに、普通高校を期待する親が全体の3.7％であったことに対して、職業高校を期待する親が0.0％であったことである。このギャップをもたらす要因は、普通高校と職業高校の教育体制における差異によるものであると思われる。一般的に、職業高校は、将来の仕事における技術能力を備えるために、専門技術科目、または実習科目が重視されているが、これによって、一般教養科目の学習時間が普通高校より少ない。そのために、職業高校の卒業生は、大学入試を受ける場合、非常に不利である。これは、より高い学歴を期待する親にとって都合の悪い点である。

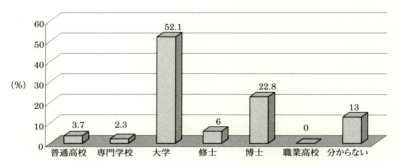

図4-5 子どもにどのくらいの学歴を望んでいるのか

第Ⅲ部 「一人っ子」に対する親の教育意識

もちろん、近年の高等教育の量的拡大によって、職業高校においても大学への進学希望者は急増した。この状況に対応して、職業高校における一般教養科目の増加、あるいは進学希望者のための特別な教育プログラムの実施などの対策に取り組み始めている。これによって、職業高校のイメージは変わるだろうと思われる。

第3節　家庭教育に対する子どもの意識

1. 家庭における親子のコミュニケーション

　家庭における親子のコミュニケーションは、子どもにとって親との触れ合いの機会である一方、親にとっては家庭教育を行う一つの重要な手法でもある。親子のコミュニケーションについて、まず親はこれをどのように評価しているのかをみてみよう。

　子どもとの会話については、図4-6の結果は注目すべきである。そこに、子どもとよく話をする者（66.5％）と時々話をする者（33.0％）を合わ

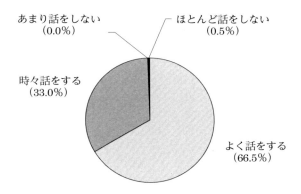

図4-6　親からみる子どもとの会話

第4章　家庭教育における親の教育意識

せると、99.5％である。これを言い換えれば、子どもと話をしない親はほとんどいないという結果になる。

しかし、これに対して、子どもはどのようにみているだろうか。図4-7は、子どもと父親・母親との会話時間をそれぞれ集計したものである。全体をみれば、母親より父親は子どもとの会話時間が短い傾向がある。一方、子どもは父親との会話時間においても、または母親との会話時間においても、ともに30分位と答えた子どもが一番多かった。

親との会話を全くしないという点でみると、父親と会話を全くしない子どもは3.2％で、母親との場合は2.0％である。これは子どもと話をほ

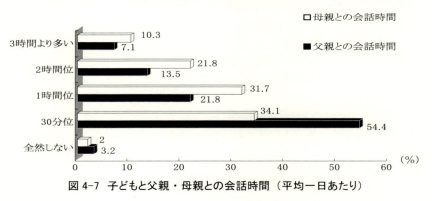

図 4-7　子どもと父親・母親との会話時間（平均一日あたり）

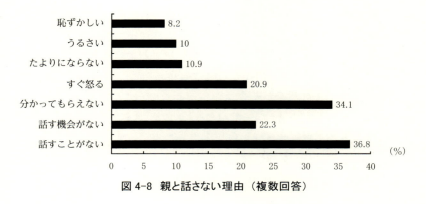

図 4-8　親と話さない理由（複数回答）

第Ⅲ部 「一人っ子」に対する親の教育意識

とんどしないと思う親の0.5％より上回っている。親とあまり話さない理由について、子どもに尋ねた。一番多く挙げた理由は親と話すことがないというものであり、親に分かってもらえないということが第2の理由となっている。この点に限っていえば、親子の間にコミュニケーション・ギャップが存在しているといえる。

　一方、子どもは親との会話内容において、学校のことが親子の会話の中心であることがわかる（図4-9）。

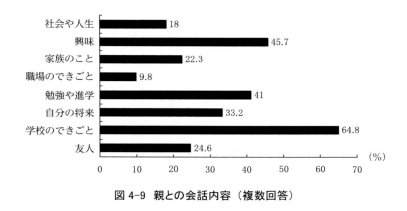

図 4-9　親との会話内容（複数回答）

　子どもとのコミュニケーションは、親にとって子どもの意志を理解でき、子どもとのつながりを深めるものである。また家庭教育を行ううえで重要な家庭内の雰囲気も、親子間のコミュニケーションによって形成されるだろう。有地亨は、少年院の男女に対する調査結果によって、少年非行の発生における家庭側の主な影響は、家族形態、家庭の雰囲気、両親がしつけに熱心だったか、父と子が心を開いた話し合いをしたか、学校に熱心に通ったか、の五点を挙げている[8]。これは、親子間のコミュニケーションは子どもに及ぼす影響の大きさを論証するものである。それゆえ、親は子どもの教育問題だけではなく、子どもの発達段階に生じるさまざまな問題に目を向けるべきであるといえる。

第4章　家庭教育における親の教育意識

2. 家事労働への参加時間と内容

しつけとは、「子どもや未成年者に日常生活における基本的な行動様式や習慣の型を身につけさせること」[9]と定義されている。子どもの基本的な生活習慣の形成には、自立性や自律性などというような人格特性の育成と、洗顔や歯みがきのように具体的な行動様式を身につけさせるという二つの方向があるといわれている[10]。子どもの生活習慣の形成において、どちらの方向を重視すべきであるかという問題について、「まず、第一の方向の自発性とか、自律性の育成を中心にすえて指導することが重要である。望ましい生活習慣を子どもに身につけさせるといっても、自発性や自立性・自律性などの人格特性の育成を考えずに、ただ、顔が洗えるようにするとか、歯をみがくことができるというような形が、優先するものであってはならない」[11]という意見がある。

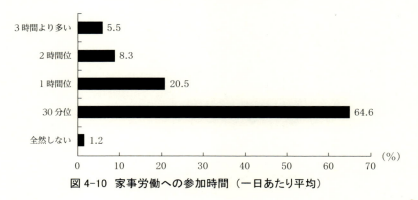

図 4-10　家事労働への参加時間（一日あたり平均）

一方、家事労働は子どもの発達においてどのような役割をもっているだろうか。家事労働への参加は、子どもについていえば、「家庭の共同生活を進めていく上で大きく役立っていることの自覚をもたせることによって、子どもの責任感や自主性も芽生えてくるようになる」[12]という重要な意味がある。中国では、現在家事労働に参加しない子どもが急増したといわれている[13]が、この調査結果に限ってみれば、家事を全く

171

しない子どもは、全体の 1.2％しか占めていない。ほとんどの子どもは長くても短くても家事労働に参加しているという結果が得られた。

子どもが担当している家事労働の内容は、表 4-7 に回答の高い順位からまとめている。これによって、家庭における子どもの家事労働への参加状況をうかがうことができる。

表 4-7　家庭での家事労働への参加内容（複数回答）

回答項目	回答率（％）
ほうきではくこと	75.5
お使いに行くこと	69.3
ゴミを捨てに行くこと	66.5
ぞうきんで掃除すること	50.6
お米を研ぐこと	34.2
料理を作るのを手伝うこと	29.6
食事を並べたり片付けたりすること	26.8
靴磨きをすること	22.2
一人で留守番をすること	13.6
合計（実数）	257

3. 子どもの父親に対する期待

現代産業社会の発展によって、「父親は外、母親は内」という家庭内の役割分担が形成された。そして、仕事人間の父親の増加によって、家庭における父親の影響がますます薄れているという深刻な問題が存在している。これにしたがって、子どもは父親のことをどの程度知っているのかについて、子どもに尋ねた。表 4-8 をみれば、子どもは父親のことをかなり知っているということである。

子どもにとって、父親はどのような存在であろうか。父親に対する子

第4章　家庭教育における親の教育意識

表4-8　父親についての知識（複数回答）

回答項目	回答率（％）
お父さんがしている仕事	81.1
お父さんの誕生日	73.2
お父さんの好きな食べ物	59.1
お父さんが今仲良くしている人	48.0
お父さんの子どもの頃の話	47.6
合計（実数）	254

表4-9　父親への期待（複数回答）

回答項目	回答率（％）
もっと子どもの気持ちを分かってほしい	76.4
あまり、恐い顔で怒らないでほしい	45.2
もっと早く帰ってきてほしい	42.1
もっと家族と一緒にお喋りしてほしい	36.3
もっと新聞や本を読んでほしい	22.0
もっとスポーツなどを一緒にしてほしい	20.5
勉強しろと言わないでほしい	10.4
今と違う仕事だったらよかった	10.4
休日にもっとデパートやレストランに連れて行ってほしい	9.7
もっとお金持ちになってほしい	5.0
もっとオシャレをしてほしい	1.5
合計（実数）	259

どもの期待（表4-9）において、上位に占めるのは、「もっと子どもの気持ちを分かってほしい」、「あまり、恐い顔で怒らないでほしい」、「もっと早く帰ってきてほしい」という三つの内容であった。とくに、「もっと

173

第Ⅲ部 「一人っ子」に対する親の教育意識

子どもの気持ちを分かってほしい」と期待する子どもは約8割にのぼっていることに注目すべきである。

　この点と比較するために、子どもの母親に対する期待を取りあげてみる。表4-10でみたように、子どもは母親に対して、もっとも期待しているのはお小遣いをもらうことである。「もっと子どもの気持ちを分かってほしい」という期待は、四番目である。この点でいえば、父親より母親の方が子どもをより理解しているといえる。

　父親の理解を子どもが期待することと、父親との会話時間の短さと結びつけて考えれば、両者の間は無関係とはいえないだろう。これを言い換えれば、子どもは父親に理解してもらえないために、父親とあまり会話しないという結果になると考えられる。

表4-10 母親への期待（複数回答）

回答項目	回答率（%）
もっと私にお小遣いをください	67.5
もっと家族と一緒にお喋りしてほしい	41.6
あまり家事に手抜きをしないでほしい	41.2
もっと子どもの気持ちを分かってほしい	40.4
勉強しろと言わないでほしい	29.0
細かいことをいちいちうるさく言わないでほしい	23.9
仕事をやめて家にいてほしい	14.1
もっとデパートやレストランに連れて行ってほしい	9.4
もっとオシャレをしてほしい	9.4
もっと新聞や本を読んで、世のなかのことを勉強してほしい	3.1
あまり外へ出かけないでほしい	0.0
合計（実数）	255

第4章　家庭教育における親の教育意識

4. 学歴、職業に対する子どもの認識

　親の子どもの学歴に対する期待の高さについてすでに述べたが、この問題についての子どもの考えをみてみよう。ところで、図4-11に、大学以上の学歴を期待する点において、親子の意見はほぼ一致しているという結果が示されている。ここから、高学歴志向がすでに子どもにまで浸透していることがわかる。

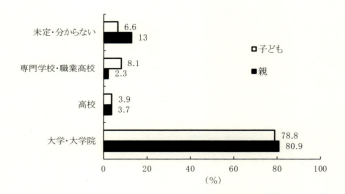

図4-11　進学の最終目標

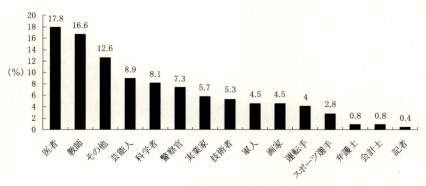

図4-12　将来の希望する職業

175

第Ⅲ部 「一人っ子」に対する親の教育意識

　社会における学歴をもとめる風潮はすでに子どもに影響を与えている。次に、将来の職業について子どもに尋ねた。子どもに「将来の希望する職業」について、二つまでは自由に書かせた。子どもの回答上位15までを図4-12にまとめた。ここでみるように、医者や教師という職業は依然として子どもの憧れの存在であることが確認できた。

おわりに ― 親子の家庭教育に対する意識の差異

　本章では、親と子どもを対象にした家庭教育の意識調査の結果を分析し、これによって親子の家庭に対する認識、または家庭教育における親子の意識の相違を明らかにした。
　1980年代以降、激動する社会を背景として、中国の家族は離婚率の上昇、倫理道徳水準の低下などのさまざまな深刻な問題と直面した。変貌する家族は「家族の危機」に瀕していると、しばしば指摘されるようになった。今回の調査において、家庭にもっとも期待する役割という点でみると、心の安らぎという情緒面を重視する親は約7割であった。この点に限っていえば、家庭内の家族構成員の情緒の安定という核家族の基本機能を求める親が多数であるといえよう。
　本章の分析については、以下の4点に注目すべきである。第1は、子どもをもつことに対する認識の変化である。従来、家族における子どもの存在意義に対して、「養児防老（老後生活のために、男子を育つ）」、「継承家業（家を継ぐ）」といった認識が存在していたが、本調査の結果で検証されたように、「家を継ぐ」および「老後の面倒をみてもらう」と答えた人が全体の回答に占める割合は相対的に小さい。第2は、家庭の教育力が低下したと認める親が約6割にのぼっていることである。その理由について、過半数以上の親は子どもに対する過保護、または甘やかせす

第4章　家庭教育における親の教育意識

ぎな親の増加、子どもにさまざまな体験をさせる機会の不足を挙げている。第3は、親子のコミュニケーションにギャップが存在することである。とくに、親子の会話状況、コミュニケーションに対する親子の認識などの点において相違がみられた。この点において、母親より父親の理解を求める子どものほうが多いという傾向が存在する。第4は、高学歴を求める風潮がすでに小学生にまで蔓延したことである。これは期待する学歴に対する親子間の意見の一致によって裏づけられている。

　とりわけ、子育てに対して、楽しみ、喜びを感じる親が4割弱であるのに対して、責任と義務を感じる親が全体の9割弱にのぼっている。この点でいえば、中国の親は、子育てにおける責任の強さを重く感じているという特徴がある。ただし、子どもの教育は両親双方の責任であると思う親が9割以上を占めている。ここからは、子育てにおける夫婦の協力というスタイルがすでに中国の家庭に定着したということができる。

【注】

(1)　T. パーソンズ /R.F. ベールズ著・橋爪貞雄他訳　1984、『家族－核家族と子どもの社会化－』（上）黎明書房、35頁。
(2)　町村信孝　2001、「21世紀教育新生プラン（基本的考え方）」（文部科学省『21世紀教育新生プラン－学校、家庭、地域の新生～学校が良くなる、教育が変わる～』2001年1月25日、序文。
(3)　潘允康著・園田茂人ほか訳　1994、『変貌する中国の家族』岩波書店。
(4)　『変貌する中国の家族』の表紙からの引用。
(5)　ウルムチ市では、小学校とは、漢民族小学校と少数民族小学校との2種類がある。第3小学校は、漢民族小学校であり、全校生徒が約1,450名である。この学校の規模はウルムチ市において普通であるが、教育水準が平均よりやや上回っている。
(6)　総務庁青少年対策本部編集　1994、『平成5年度版　青少年白書―青少年問

第Ⅲ部 「一人っ子」に対する親の教育意識

題の現状と対策 ―』大蔵省印刷局、55頁、第1-3-2図 子どもの存在意義に対する意識を参照。
(7) 朱敏　1993、『中国小皇帝的成"龍"之路 ― 独生子女成才記事』光明日報出版社、182頁。
(8) 有地亨　1993、『家族は変わったか』有斐閣、260頁。
(9) 森岡清美他編集　1993、『新社会学事典』有斐閣、209頁。
(10) 『現代の家庭教育－小学校低・中学年期編 ― 』、66頁。
(11) 同上。
(12) 同上、77頁。
(13) 張立嫻　1984、「莫譲孩子缺了込問必修科 ― 関於部分中・小学生家務労働情況的調査」『父母必読』第8期。

第5章

「一人っ子」家族の教育意識における
共通性と地域差
――ウルムチ市、長春市、北京市での意識調査の分析を中心に――

はじめに

　本章の目的は、「一人っ子」親の教育意識が地域によっていかなる相違があるのかを明らかにすることである。
　現在「一人っ子」の家庭教育問題は、主な社会問題として人々の注目を集めてきている。多くの研究者がその問題に関心を寄せており、またいろいろな研究を通して「一人っ子」の教育問題の解決の方法を提示している。しかしながら、「一人っ子」の家庭教育に生じている問題を生み出す要因が地域によって異なっているために、「一人っ子」の問題の解決にあたって同じ方法を用いることは不可能である。とくに、現在「一人っ子」に関する研究は、主に漢民族居住地域を対象としており、少数民族居住地域の漢民族家庭における「一人っ子」の教育に対する問題はほとんど明らかにされていない。その意味で、「一人っ子」の家庭教育に対する意識の共通点と地域差を明らかにすることは、「一人っ子」問題の解決のための適切な方法を見出す上で必要であろう。
　本研究では、筆者が北京市、ウルムチ市、長春市で行った、親と子ど

もの「一人っ子」の家庭教育に関する意識調査の分析を通して、親の教育意識が地域によってどういう点で共通し、また異なっているかを考察する。本研究の目的は、都市部における漢民族の「一人っ子」家族を対象として、彼らの教育意識の共通性と地域差を、「一人っ子」への教育期待、学歴志向などの側面から明らかにすることである。

　本章の構成は、以下の通りである。第1節では、それぞれの地域を対象にした先行研究について検討し、そして本研究の分析に用いられている意識調査の概要を述べる。第2節では、これまでの「一人っ子」家族の教育意識に関する先行研究によりながら、「一人っ子」家族における教育環境について述べる。第3節では親と子どもに関する意識調査データを用い、各地域の「一人っ子」の教育意識の共通点と差異を分析し考察する。第4節では、第3節の分析結果に従って親の教育意識における共通性と地域差についてまとめる。最後に、今後の「一人っ子」の家庭教育に関する研究の問題点を示す。

第1節　先行研究の検討と意識調査の概要

1.　先行研究に関する検討

　「一人っ子」家族の教育問題に関する研究は、多くの研究者によってなされている。たとえば、辺燕傑（1986）の「わが国における『一人っ子』家族の家庭生活様式の基本特徴」[1]、風笑天（1993）の「『一人っ子』をもつ親の役割の特徴」[2]、密慶続（1993）の「家族構成と中学生（一人っ子と非一人っ子）の学業成績との関わり」[3]などである。これらの研究は、様々な方法を用いて「一人っ子」家族ないし「一人っ子」の家庭教育の実態を有効に把握するための貴重なデータを提供している。

　しかし残念ながら、以上に取り上げた研究はほとんどが一つの地域の

第5章 「一人っ子」家族の教育意識における共通性と地域差

状況のみを扱ったものである。たとえば、辺燕傑の研究は天津市、風笑天の研究は湖北省、密慶続の研究は蘭州市に限定されている。中国では、各地域の状況が歴史的背景や経済発展水準の点で様々に異なっていることを考慮すれば、「一人っ子」の家庭教育に対する意識が地域によってどのような共通点と相違点があるのかという問題を知るには、単一地域だけの研究では不十分であると言わなければならない。

複数地域の「一人っ子」に関する比較研究のなかで注目すべきものとして、ファルボらによる四つの地域の比較研究がある。しかし、この研究のなかで、地域差は考慮されていない。たとえば、ファルボらの研究結果によれば、一人あたりGDPの水準が他地域より極めて低い甘粛省においても[4]、発展している都市と同じように大学以上の学歴を期待している親がもっとも多く、全体の82.4％を占めている[5]。ところが、親の高学歴志向が地域によってどのように異なっているのかは検討されていない。同研究は、「一人っ子」と「非一人っ子」との比較に焦点をおき、その差異を明らかにすることを目的としており、「一人っ子」に対する意識の地域差がどのように現れるのかという問題は問われていないのである。しかしその一方で、ファルボは彼らの調査結果に地域差が存在していることを認識し、次のように述べている。「実際、各省のデータに対する分析の結果は異なっている。これは、各省で『一人っ子』に影響する主な要因が異なっていることを表している。その地域によってもたらされた差異は、各地域の学校教育の水準、家庭生活、地域における『一人っ子政策』実施上の差異などの要因から生み出されたと考えられる」[6]。

2. 調査対象と方法

本章の分析に用いるデータは、1996年9月から10月にかけて、筆者が中国のウルムチ市、長春市、北京市で行った「家庭教育に関する意識調査」である。この三つの地域を選んだ理由は、序章で述べた通りである。この調査対象者は、北京市、ウルムチ市、長春市の中学1、2、3年生、

第Ⅲ部 「一人っ子」に対する親の教育意識

小学校4、5、6年生（北京市は中学生だけ）とその親である。異なる年齢の子どもをもつ親は、家庭に対する意識には差異があると考えられる。この点を顧慮し、本章は中学生（13-15歳）のデータのみを取り上げた。調査概要は表5-1-1、5-1-2に示した通りである[7]。

「一人っ子」の親[8]についての調査では、親の「一人っ子」の教育に対する意識をたずねた。また、これを子どもに対する調査を通してみられる親の教育行動、あるいは「一人っ子」の教育に対する考え方にいか

表5-1-1 地域別にみる「一人っ子」の割合

単位：実数（％）

	「一人っ子」	「非一人っ子」	不明	合計
ウルムチ市	94（61.8）	36（23.7）	22（14.5）	152（33.0）
長春市	125（87.4）	13（9.1）	5（3.5）	143（31.1）
北京市	154（93.3）	6（3.6）	5（3.0）	165（35.9）
合計	373（81.1）	55（12.0）	32（7.0）	460（100.0）

注：(1)「一人っ子」の男女人数（男／女）：全体、184/187（不明2名）、〔内訳〕ウルムチ市：43/50（不明1名）長春市：67/57（不明1名）、北京市：74/80
　　(2)調査方法：質問紙による記入調査、調査校で実施、回収率：100％（教室での集中調査）

表5-1-2 地域別にみる「一人っ子」をもつ親の割合

単位：実数（％）

	「一人っ子」	「非一人っ子」	不明	合計
ウルムチ市	92（67.2）	37（27.0）	8（5.8）	137（32.3）
長春市	126（89.4）	11（7.8）	4（2.8）	141（33.3）
北京市	136（93.2）	4（2.7）	6（4.1）	146（34.4）
合計	354（83.5）	52（12.3）	18（4.2）	424（100.0）

注：(1)「一人っ子」の男女人数（男／女）、全体：161/193　〔内訳〕ウルムチ市：42/50、長春市：63/63、北京市：56/80〕
　　(2)調査方法：質問紙による記入調査、調査校の子どもによる持ち帰り、翌日に回収（回収率：92.2％）。

なる関係があるかを調べた。次節では本調査について分析し、またその結果に従って考察していく。

第2節 「一人っ子」家族における親の教育意識

　「一人っ子」家族における親の教育意識に関する研究は、人口政策の実施以降に生まれた「一人っ子」の成長とともに行われており、現在までに蓄積された研究成果は少なくない。本節ではそれらの研究成果を検討することとしたい。

1. 家庭における「一人っ子」偏重傾向
　「一人っ子政策」によって、ほとんどの家庭において子どもの数が減少し、現在「一人っ子」家族は都市部の家族構成の主流となっている。そのなかで、家庭における子どもへの期待は逆に高まってきており、従来存在していた親の「望子成龍、望女成鳳（子どもが龍や鳳になってほしい）」の考えが一層強まっていると指摘されている[9]。前述のファルボらの研究結果によると、中国では学生の学業成績に影響を与える主な要因として、都市と農村の格差以外に母親の教育水準があげられるが、さらに重要な要因として親の子どもへの教育期待があるという[10]。またファルボらは北京市、安徽省、甘粛省、湖南省で調査した結果を地域別に分析し、「望子成龍」の考えが、親の学歴ないし経済地位よりも子どもに対する親の教育期待のあり方を大きく左右しているという結論を引き出している[11]。
　中国では「一人っ子」にかかる様々な支出はその家庭の全体の支出のなかで高い割合を占めている。「一人っ子」の平均消費水準は、家族構成員の一人あたりの消費水準とほぼ同じか、あるいはそれ以上である。たとえば辺は、天津市の225戸の「一人っ子」家族に対する調査において、

183

第Ⅲ部 「一人っ子」に対する親の教育意識

「一人っ子」家族の家族構成員の一人あたりの消費水準が異なっているにもかかわらず、「一人っ子」そのものの平均消費額には差がみられないことを明らかにしている[12]。「一人っ子」偏重の消費生活は、子どもへの教育投資が家庭の総支出に占める比率の増加にみることができる。上海市、南京市の資料によると、家庭教師を雇っている家庭の割合は、小学生をもつ家庭では 20.0 ～ 37.5 であり、中学生をもつ家庭では 40.0 ～ 50.0％である[13]。それ以外にも、学生を対象とする英語学習クラス、学科補習クラスなどといった学習塾に親は高い関心を示している。親の子どもへの期待が大きければ大きいほど、子どもの勉強を一層励ますこととなり、それに従って子どもの学習への投資も多くなるのである[14]。このことから、家庭における「一人っ子」の教育は、親の子どもに対する高い期待と深く関係しているといえる。

2.「一人っ子」の教育に対する親の教育期待

　中国では 80 年代以降の経済改革・開放政策の実施によって、都市部の家庭環境が変化した。上海市では、一般家庭、自営業者家庭、留守家庭（両親が外国に滞在している家庭）、一人親家庭及び知識青年家庭（文化大革命期に政策によって上海を離れ、その後優遇政策に従って子どもだけが上海に帰った家庭）の五つの異なる環境をもつ家族に対する調査が行われてきた。この調査結果によれば、家庭環境の違いにかかわらず、子どもに大学卒以上の学歴を期待している割合は 7 割弱にのぼる[15]。しかしながら、多くの研究によって明らかにされているように、「非一人っ子」家族より「一人っ子」の家族では、子どもへの教育期待がとくに大きいと指摘されている[16]。ファルボらも、「『一人っ子』の親にとって、子育ての最大の心配事は大学への進学問題である」と指摘している[17]。

　高学歴を求めるために、家庭における子どもの教育はますます大学進学のための学習が重視されてきており、現在家庭の学校化が進んでいる。親は家庭教育が学校教育の延長であるように誤解し、家庭では子どもの

学業成績、進学試験のための教育に熱狂しているのである。「一人っ子」の親は、子どもの知育にとくに高い関心を注ぎ、多くの親が家で学校教師の役割を演じていると言われる[18]。また親が子どもへ高学歴を期待する傾向にともない、子どもを評価する基準も変わってきており、「学校の成績が優秀な子どもこそ、よい子である」とみている親が少なくない[19]。家庭教育は学校教育と異なる役割を果たしている。上述した家庭教育の定義から分かるように、家庭教育において、人間形成に欠かせないしつけは決して無視できない。全人教育の目的を達成するために、「一人っ子」の家庭教育における知育偏重の傾向が社会的な問題として大きく議論されている。

第3節　意識調査結果の分析と考察

1．親に対する調査
(1) 家庭教育をめぐる親の悩み

　現在の中学生は、1980年の「一人っ子政策」実施以後に生まれた世代である。過保護に育てられたために、基本的な生活習慣を身につけていない子どもの存在が問題化し、様々な議論を呼んできた。筆者は、現在の「家庭における『一人っ子』の教育の難しさの要因」について、親に尋ねた。表5-2に示したように、「一人っ子」教育の難しさは、「兄弟姉妹がいない」、「過保護」になる、「溺愛」してしまうといった点よりも、「子育てに関する適切な教育方法が分からない」という点にあると考える親が多い。この点は北京市、長春市、ウルムチ市のいずれの都市にも共通しているが、北京市より長春市、ウルムチ市で多くみられた。

　また、「家庭教育に関する親の主な悩み」については表5-3に示した結果をみてみよう。どの地域でも「自分のもっている家庭教育の知識は足

第Ⅲ部 「一人っ子」に対する親の教育意識

表 5-2 家庭における「一人っ子」の教育の難しさの要因

回答項目	ウルムチ市	長春市	北京市	合計
モデルになる兄弟がいない	8.7	7.1	7.4	7.6
溺愛、過保護の影響	2.2	1.6	4.4	2.8
過保護の子どもがわがまま	4.3	4.0	12.5	7.3
「一人っ子」に厳しい教育は無用	7.6	24.6	15.4	16.7
適切な教育方法が分からない	73.9	60.3	57.4	62.7
未回答	3.3	2.4	2.9	2.9
合 計（実数・％）	92 (100.0)	126 (100.0)	136 (100.0)	354 (100.0)

りない」と答えた者が一番多いが、北京市より長春市、ウルムチ市の親の方が多い。とくに、この点では北京市よりウルムチ市の親が約2割多い。しかしその一方で、北京市ではウルムチ市より家庭教育についての情報が過剰でその選択に戸惑っているという親が1割以上多い。さらに、親の主な悩みは、「一人っ子」の教育の難しさに関するものがもっとも多い[20]。要するに、悩みをもつ親のなかで「適切な教育方法が分からない」をあげた者の比率が、各地域とも高いことが特徴としてあげられる。

多くの研究によると、「一人っ子」の親は、「非一人っ子」の親より子どもへの期待がはるかに高いが、彼らの中には適切な教育方法をもたない親が多いという指摘がある[21]。三都市での調査結果をみると、適切な教育方法を知らないということはすでにほとんどの親自身が自覚している。ウルムチ市で家庭教育の知識が不足していると考える親が多い理由は、他地域より「一人っ子」の人数がはるかに低く、「一人っ子」に関する情報交換の機会が相対的に少ないことと関連していると思われる。

また近年、子どもの教育に関する様々な情報が社会に溢れており、首

第 5 章 「一人っ子」家族の教育意識における共通性と地域差

表 5-3 家庭教育に関する親の主な悩み

回答項目	ウルムチ市	長春市	北京市	合計
専門的な書物の不足	10.9	9.5	2.2	7.1
メディアによる知識の普及の不足	12.0	17.5	13.2	14.4
家庭教育の知識の不足	53.3	38.1	33.8	40.4
身近な相談相手の欠如	7.6	14.3	12.5	11.9
情報の過剰	14.1	18.3	28.7	21.2
未回答	2.1	2.3	9.6	5.0
合　計（実数・%）	92（100.0）	126（100.0）	136（100.0）	354（100.0）

都である北京市はこの問題がもっとも多くみられる。しかし、北京市では、家庭教育に関する情報の選択に戸惑っている親のうち、「教育方法が分からない」と答えた者は46.2%であり、北京市全体の13.2%を占めている。「一人っ子」の家庭教育に関する情報を有効に選択するため、家庭教育に関する知識の水準を向上させる必要があるだろう。

現在中学生をもつ親のほとんどは、文化大革命期に学校教育を受けた40代前後の世代である。彼らは社会的な要因で学校教育を十分に受けられなかった。こうしたことによって、現在「一人っ子」の家庭教育に生じた問題の主な要因は、親の教育水準が低いからであるという指摘がある[22]。しかし、北京市の家庭教育研究会、婦人連合会などの機構によって設立された"婦人児童の保健・家庭教育に関する相談所"の事例研究によると、親の教育水準と彼らの育児水準との間に関連性はない。高学歴の親にも、育児における困難と問題は多くみられるのである[23]。それゆえ、どの地域でもすべての親に適切な教育知識を普及する必要があるといえるだろう。

三都市での調査結果からも、「一人っ子」家族において育児方法に関す

第Ⅲ部 「一人っ子」に対する親の教育意識

る知識が不足している問題がどの地域にも見られることは明らかであり、とりわけそれはウルムチ市において一層深刻である。また、家庭教育の情報が過剰である場合、適切な教育知識を持たないために親が情報の選択に戸惑っている事実も指摘できる。

(2) 家庭教育における親の主な関心

「子どもの家庭教育に対する親の主な関心」に対する回答は、表5-4にみた通りである。三都市はともに「子どもの学校の成績」と答えた者が圧倒的に多い。それに対して、「学校以外の学習」、「家事労働への参加」と答えた者は、全体的に極めて少ない。

また親が知育を重視する傾向は、子どもの将来の進路への期待に表われている。表5-5に示したように、「子どもに対する親の最大の期待」に対して、どの地域でも「有名大学へ進学してほしい」と答えた者が一番多い。「有名大学への進学」と「外国への留学」という二つの回答を合わせると、各地域とも全体の5割以上を占めている。さらに、三都市のいずれにおいても「子どもの学業成績」に関心をもつ親は、「有名大学への

表 5-4 子どもの家庭教育に対する親の主な関心

回答項目	ウルムチ市	長春市	北京市	合計
学校の成績	75.0	83.3	73.5	77.4
礼儀の正しさ	6.5	12.7	15.4	12.1
家事労働への参加	1.1	0.0	0.7	0.6
他の子どもとの付き合い	8.7	1.6	2.2	3.7
学校以外の学習	0.0	0.0	0.7	0.3
未回答	8.7	2.4	7.5	5.9
合　計（実数・%）	92 (100.0)	126 (100.0)	136 (100.0)	354 (100.0)

第5章 「一人っ子」家族の教育意識における共通性と地域差

表 5-5 子どもに対する親の最大の期待

回答項目	ウルムチ市	長春市	北京市	合計
誠実な性格に育てたい	40.2	30.2	30.1	32.8
有名大学へ進学させたい	50.0	50.8	43.4	47.7
外国へ留学させたい	3.3	13.5	19.9	13.3
健康であれば満足	1.1	1.6	0.7	1.1
親孝行ができれば満足	1.1	0.0	0.0	0.3
未回答	4.3	3.9	5.9	4.8
合 計（実数・%）	92（100.0）	126（100.0）	136（100.0）	354（100.0）

進学」にも関心をもっており、両者の関連があることが特徴である[24]。

　すでに述べたように、いかなる学歴をもつ親でも、いかなる家庭環境でも、「一人っ子」家族は子どもの学歴取得への期待が大きい。本調査の結果においても、北京市、ウルムチ市、長春市のいずれの都市においても、「一人っ子」の親は子どもに高学歴を期待していることが明らかとなった。こうして親が高学歴を求める傾向は、中国の社会的背景と関わっている。一つは、中国は1967年から10年間停止した大学入試を1977年に再開し、それによってどんな家庭的背景をもつ子どもでも進学試験を通して大学へ進学できるようになったことである。二つ目に、現在中国の就職制度に学歴を重視する傾向が存在しており、また1980年以降経済改革・開放によって、より教育レベルの高い人材を求める傾向、さらには高学歴を求める傾向が顕在化したことである。こうしたこと以外に「人材教育」に対する社会の理解がやや知的側面に偏向している。すなわち、「人材教育」とは知育であるとする誤解があるために、親は子どもに高学歴を要求するのである。

　表5-5に示したように子どもを有名大学あるいは外国へ留学させたい

とする親の期待は、どの地域にも強くみられる。しかしながら、ウルムチ市より北京市の親に、子どもを外国へ留学させたいと考える比率が非常に高い。従来、外国への留学は"鍍金（はくをつける）"と呼ばれてきた。中国では、国内で養成された人材に対しても国外で養成された人材に対しても同じように対応している。しかしながら、「洋博士（国外で博士号を取った者）」や「土博士（国内で博士号を取った者）」と俗称されるように、一般に人々の間には差別意識がある。最近中国では、多くの優秀な人材を獲得するために、留学生を対象とする優遇政策が続々と制定された。それは、"留学"＝"鍍金"というイメージを一層強めた。帰国した留学生がウルムチ市よりも多く集中している北京市において、とくにそうした差別意識が強く感じられる。こうしたことから、北京市の親は子どもを外国へ留学させたがる比率がウルムチ市より高いと考えられる。

2. 子どもに対する調査
(1) 子どもに対する親の教育期待

子どもの「家で親によく要求されること」に対する答えは、表5-6に示した。どの地域でも、しつけより「勉強に努力すること」と答えた者が多い。これは、三都市すべてにおいて、親は子どもへの教育期待が高く、家庭教育における主な関心が学業成績であるとする前節の結論と一致している。

また、子どもの「大学へ進学したい理由」についての答えを概観してみると、表5-7に示したように、各地域で「知識・技術の習得」が大学への進学の主な理由となっている。その一方で、長春市よりも、北京市、ウルムチ市の子どものほうが、「親の希望」だからと答える割合が高い。親に対する調査の分析でみたように、家庭における子どもの教育に対して、どの地域でも親はとくに知育を重視し、子どもに高学歴を期待していることが明らかである。これは子どもに対する調査においてもみることができる。

第5章 「一人っ子」家族の教育意識における共通性と地域差

　「一人っ子」家族においては、子どもへの期待は教育だけではない。北京市、天津市で行った調査によると、「一人っ子」をもつ親の9割は、子どもが将来他の地域で仕事することを望ましくないとしている。さらに、子どもが他の地域の大学へ進学することも望ましくないと考える親が5割ほどを占めている(25)。そこで、子どもの「将来の進学したい大学」に

表 5-6　家で親によく要求されること

回答項目	ウルムチ市	長春市	北京市	合計
礼儀正しいこと	10.6	8.8	6.5	8.3
お年寄りを尊重すること	4.3	2.4	1.9	2.7
人を助けること	4.3	3.2	2.6	3.2
勉強に努力すること	53.2	65.6	55.2	58.2
大学へ進学すること	25.5	19.2	24.0	22.8
未回答	2.1	0.8	9.8	4.8
合　計（実数・%）	92 (100.0)	126 (100.0)	136 (100.0)	354 (100.0)

表 5-7　大学へ進学したい理由

回答項目	ウルムチ市	長春市	北京市	合計
親の希望	20.2	8.8	18.2	15.5
周りの影響	3.2	3.2	4.5	3.8
知識・技術の習得	67.0	80.0	58.4	67.8
進学は光栄なこと	5.3	8.0	9.1	7.8
未回答	4.3	0.0	9.8	5.1
合　計（実数・%）	92 (100.0)	126 (100.0)	136 (100.0)	354 (100.0)

第Ⅲ部 「一人っ子」に対する親の教育意識

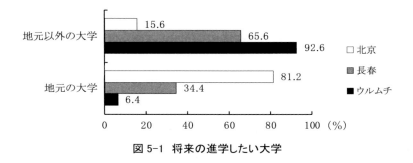

図 5-1 将来の進学したい大学

ついて、子どもに尋ねた。図 5-1 に示したように、北京市の子どもは、「地元の大学」への進学希望者が極めて多い。それに対してウルムチ市と長春市の子どもは、「地元以外の大学」への進学希望者が多い。とくに、ウルムチ市では地元以外の大学へ進学したがる者が圧倒的に多いことが注目される。しかしながら、地域別で進学したい理由と進学希望校との関係を分析すると、ウルムチ市の「地元以外の大学」への進学傾向と、北京市の「地元の大学」への進学傾向は、ともに「親の希望」と関わっていることが分かる[26]。要するに、子どもが進学希望校を決定する際、親からの影響が大きい。言い換えれば、親の子どもに対する期待は、子どもの教育に大きな影響を与えているだけではなく、子どもの将来の進学希望校の選択にも影響を及ぼしているといえる。

しかし、ウルムチ市の親はなぜ子どもが「地元以外の大学」に進学することを希望するのだろうか。進学希望大学について、ウルムチ市と北京市との間に大きな差がみられることは、次のような社会背景と深く関わっていると考えられる。

第 1 に、それぞれの経済発展の水準が異なっていることである。周知のように中国では経済改革・開放以来、従来の地域間の経済格差がさらに拡大しつつある。そのため、経済発展の遅れた地域から経済水準の高い地域へ人の移動がみられる。しかし、経済レベルがウルムチ市とほぼ同じである長春市は、この点でウルムチ市と異なっている。これは、ウ

第5章　「一人っ子」家族の教育意識における共通性と地域差

ルムチ市には脱辺境願望が強く作用しており、単に経済的な理由だけによるのではないといえる。
　第2に、中国社会における制度あるいは政策と関わっていると考えられる。まず、進学希望大学は、中国の戸籍制度と関連している。厳しい戸籍制度を有する中国では、地域間の移動が非常に難しい。進学という手段は、生活水準の高い地域への移動にもっとも有効な方法である。しかし、北京市のように発展している地域の者は、地元を離れたがらない傾向がある。これはとくに、大学への進学意識に著しく現れている。中国の家庭教育の研究の第一人者である趙忠心も、「北京市の若者は、地元以外の四年制大学より地元の短期大学への進学の方をより好む」と述べている[27]。
　さらに、地元以外の大学への進学期待は、少数民族自治区で実施している地域政策と関連している。新疆では、中央政府の政策によって、進学、就職、幹部採用試験などで、漢民族と少数民族との比率を重視している。漢民族が集中している地域、機関においてもその比率を守る必要がある。それによって漢民族出身者は、進学、就職あるいは職場の昇進における競争機会が非漢民族出身者（あるいは漢民族居住地域の人々）よりかなり制限され、昇進へのアスピレーションを抑えられるために、これらの地域から離れることを希望する人が少なくない[28]。そのような考えをもつ親は、とくに子どもを地元以外の大学へ進学させたいという意識が強い。これは、ウルムチ市での子どもをもつ親へのインタビューのなかで強く感じた。とくに、筆者にとって意外な点は、インタビューに応じてくれた者の中に、自由な競争の環境があるという理由から新疆以外のところを希望している者が多かったということである。

(2) 親からの期待に対して
　親の子どもに対する期待は、「一人っ子」の場合に高くなることはすでに述べた。本章の親に関する調査でも子どもに関する調査でも、親は子

第Ⅲ部　「一人っ子」に対する親の教育意識

どもに対して高い期待をもっていることが明らかにされている。しかしながら、親の子どもへの過剰な期待は、子どもに大きな圧力を与えやすい。たとえば、『中国青年報』は、全国の中学生を対象に「あなたがもっとも感じた主な圧力は何だと思うか」というアンケート調査を実施した。全国から寄せられた305通の回答の内、80％の中学生が、学習のつらさ、学校側が進学率を高めるために生徒を受験勉強に追いやる圧力よりも、親からの過剰な期待による圧力の方がずっと大きいと答えている[29]。

　地域別にみた子どもの「『一人っ子』としての最大の悩み」についての答えは、図5-2示した通りである。三市ともに「家庭が『一人っ子』に対して大きな期待をもっていることに大きな圧力を感じた」と答えた者がもっとも多い。これは、以上の結論を裏づけている。

　また、子どもが父親と母親に一番期待していることを表5-8-1、表5-8-2に示した。子どもの勉強に厳しくしないでほしいという回答をみれば、父親より母親のほうが子どもの勉強に対して厳しいことが分かる。また三つの都市においては、ウルムチ市、長春市より、北京市は子どもの勉強に対して厳しい。

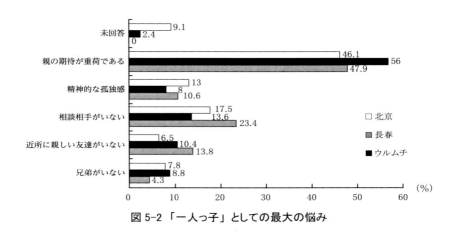

図5-2　「一人っ子」としての最大の悩み

第5章 「一人っ子」家族の教育意識における共通性と地域差

　一方、父親に対しても母親に対しても、「子どもの気持ちをもっと理解してほしい」と答えた者がどの地域でも多かった（母親への期待に関して、北京市では子どもの気持ちを理解してほしいと答えた者が2位を占めている）。以上のことから分かるように、いずれの地域においても、「一人っ

表 5-8-1　子どもの父親への希望

	ウルムチ市	長春市	北京市	合計
勉強に厳しくしないでほしい	14.9	8.0	17.5	13.7
遊びに連れていってほしい	6.4	16.8	15.6	13.7
一緒に過ごす時間を増やしてほしい	17.0	21.6	12.3	16.6
もっとお金を稼いでほしい	0.0	4.8	9.7	5.6
自分をもっと理解してほしい	56.4	48.0	31.8	43.4
未回答	5.3	0.8	13.1	7.0
合計（実数・%）	94 (100.0)	125 (100.0)	154 (100.0)	373 (100.0)

表 5-8-2　子どもの母親への希望

	ウルムチ市	長春市	北京市	合計
勉強に厳しくしないでほしい	29.8	28.0	34.4	31.1
遊びに連れていってほしい	10.6	13.6	7.8	10.5
一緒に過ごす時間を増やしてほしい	8.5	13.6	11.0	11.3
もっとお金を稼いでほしい	2.1	1.6	3.9	2.7
自分をもっと理解してほしい	47.9	41.6	32.5	39.4
未回答	1.1	1.6	10.4	5.0
合計（実数・%）	94 (100.0)	125 (100.0)	154 (100.0)	373 (100.0)

子」は、親に理解されていない問題が共通して存在している。

第4節 「一人っ子」家族の教育意識における共通性と地域差

　本章では、親と子どもの「一人っ子」の家庭教育に関する意識調査に基づいて、「一人っ子」の家庭教育に対する意識が、北京市、ウルムチ市、長春市においては共通性が多い一方、地域差も存在していることを明らかにした。以下、これらの共通性と地域差についてまとめることとしたい。

1. 三つの都市の共通点
(1) 本調査では、親への調査データの分析においても、子どもへの調査データの分析においても、各地域とも男女差、学年差がほとんどみられなかった。「一人っ子」家族においては、男子でも女子でも同じく高い期待がかけられているのである。一方、各質問項目において学年差がほとんどみられないことから、高学歴を求める傾向がすでに中学校低学年からあるといえる。
(2) どの地域でも親の育児方法に関する知識の不足という問題が深刻であることが注目される。家庭教育における親の主な悩みは、各地域ともに適切な育児方法に関する知識の不足から発生している。
(3) 現在「一人っ子」親の教育意識においては、高学歴を求める志向、子どもへの高い期待などの問題が、大都市でも地理的に辺境である地域でもみられる。家庭教育における親の主な関心は、どの地域でも子どもの学業成績であることがもっとも多い。
(4) 「一人っ子」家族では、「一人っ子」が自分に押し付けられた大きな期待に圧迫感を感じていることが、ウルムチ市、長春市、北京市の

いずれの都市においても、子ども自身の最大の悩みである。

2. 三つの都市における地域差
(1) 育児方法に関する知識不足の問題は、北京市においても「一人っ子」の占める割合が低いウルムチ市においても存在している。しかしながら、北京市、長春市よりウルムチ市においてこの問題がもっとも顕著にみられる。
(2) 三市ともに子どもを有名大学、あるいは外国へ留学させたいという期待をもつ親がもっとも多い。ウルムチ市より北京市の親の方が、子どもを外国へ留学させたいとする比率が非常に高い。
(3) 北京市の子どもは地元の大学への進学傾向が強い。ウルムチ市と長春市では地元以外の大学を希望する子どもが多い。そのなかで、とくにウルムチ市の子どもは地元以外の大学への進学希望者が圧倒的に多い。

多くの研究によって明らかにされた結論は、「一人っ子」と「非一人っ子」との間に大きな差異がみられないということである。小林の「一人っ子」に関する研究でも以下のように指摘されている。すなわち、「一人っ子の性格形成においては、一人っ子であること自体が問題性をもっているのではない。きょうだいの有無が、子どもの性格が発達していくうえで影響するかもしれないが、それは、本来決定的な意味をもっていないのである。むしろ、一人っ子家庭に生じやすい家庭のあり方、すなわち、家庭環境の特有性が問題を帯びがちなのである」[30]。子どもの発達は、その子どもの家庭ないし親のあり方と深く関わっているために、親の子どもの教育に対する意識が子どもに大きく影響を与える。本章の「一人っ子」の家庭教育に関する意識調査の分析から、どの地域でも親は子どもに対する期待が極めて大きいことが明らかになった。さらに、子どもに関する調査の分析においては、親の子どもへの期待が子どもに対する教育行動に大きく現れており、また子どもの進学希望校に関する選択にも大き

第Ⅲ部 「一人っ子」に対する親の教育意識

く影響を及ぼしていることも明確にした。こうしたことによって、「一人っ子」の家庭教育においては、どの地域でも親の家庭教育に関する知識への取り組み、とくに新たな「一人っ子」の教育に対する意識的な取り組みが必要であるといえる。

　一方、「一人っ子」の家庭教育に問題をもたらす社会的要因の検討も欠かせない。とくに「一人っ子」の家庭教育における地域差については、さらに分析を加える必要があると思われる。たとえば、「一人っ子」の親は子どもを自分から離したくないといわれているが、筆者のウルムチ市と長春市の調査ではこれと異なる結論が導かれた。そのなかで社会的な要因が親の子どもに対する期待に大きな影響を与えていることは無視できない。親の意識における地域差の分析、すなわち、その異なる社会的背景の検証が不可欠であるといえよう。

おわりに ── 残されている課題

　本章では、ウルムチ市、北京市および長春市で行ったアンケート調査に基づいて、「一人っ子」の家庭教育に地域による差異が存在していることを明らかにした。しかし、論文中に述べたように、歴史的、経済的な要因で各地域の状況が異なっている中国では、「一人っ子」家族の教育意識における共通性と地域差を論証するためには、もっと多くの地域をみる必要がある。また上述したファルボらの研究によれば、子どもの学業に大きく影響する要因としては、親の子どもへの期待以外にも、母親の学歴が重要である。そして本章に取り上げることのできなかった親の学歴（とくに母親の学歴）や職業などの要因が、地域によって「一人っ子」の家庭教育にどのような違いを生じさせているのかという問題については、この後の章で検討する。

第 5 章 「一人っ子」家族の教育意識における共通性と地域差

【注】

(1) 辺燕傑　1986、「試析我国独生子女家庭生活方式的基本特徴」『中国社会科学』第 1 期。
(2) 風笑天　1993、「論独生子女父母的角色特点」『華中師範大学学報』（哲社版）第 2 期。
(3) 密慶続　1993、「関於学生家庭構成状況対学業成績影響的分析」『甘粛教育』第 7 期。
(4) 序章の注 18 の付図、中国の「各地域における一人あたりの GDP」を参照。
(5) Falbo 主編　1996、『中国独生子女研究』華東師範大学出版、88 頁。
(6) 同上、34-35 頁。
(7) 調査校は、ウルムチ市の第三中学校、北京市の北京人民大学附属中学校、長春市の吉林大学附属中学校である。調査は各中学校の一年生から三年生のそれぞれ 1 クラス（54-60 人）を選んで実施した。表 5-1-1、表 5-1-2 に示したように、「非一人っ子」のサンプルは、「一人っ子」と比べ極めて少ない。本章の分析に用いるデータは、「一人っ子」のデータのみである。
(8) 親を対象とした本調査においては、父親、母親の区別は設けず、また、離婚家庭をも含んでいることもあるため、本章では、「両親」ではなく、「親」を用いることとする。
(9) 穆光宗　1991、「走出独生子女教育的誤区」『社会』第 12 期、42 頁。
(10) Falbo、前掲書、134 頁。
(11) 同上、125 頁。
(12) 辺燕傑、前掲論文、98 頁。
(13) 愉潤生・鮑玉珍　1991、「論我国家庭教育的現状及其対策」『南通教育学院学報』第 3 期、23 頁。
(14) Falbo、前掲書、135 頁。
(15) 劉豪興・徐珂　1995、「上海市五種家庭家教価値取向的比較研究」『社会科学』第 1 期、51 頁。
(16) 邵海燕　1994、「独生子女家庭教育問題探索」『浙江師大学報』（社科版）第 1 期、78 頁；Falbo、前掲書、186 頁。
(17) Falbo、前掲書、186 頁。
(18) 風、前掲論文、88 頁。
(19) 穆光宗　1994、『中国的未来交給誰 — 独生子女問題的緊急報告』中国工人出版社、247 頁。
(20) 地域別で「家庭教育における親の主な悩み」と「家庭における『一人っ子』の教育の難しさの要因」との間に、χ^2 検定の結果、各地域とも有意水準 5% で差がみられる。

第Ⅲ部 「一人っ子」に対する親の教育意識

(21) 邵、前掲論文、73頁。
(22) 卜偉編 1994、「北京"老三届"反省子女教育」『少年児童研究』第6期、18頁。
(23) 1988年2月1日付の『人民日報』によって報道されている「北京二千例育児諮詢表明——一些年青父母育児方法失当」を参照。
(24) 地域別で「親の家庭教育における主な関心」と「子どもの将来への期待」との間に、$\chi 2$検定の結果、ウルムチ市を除いて有意水準10%で差がみられる。
(25) 穆、前掲書、31頁；辺、前掲論文、105頁。
(26) 地域別で「将来の大学への進学」と「大学への進学理由」との間に$\chi 2$検定の結果は、長春市を除いて、ウルムチ市と北京市では有意水準10%で差がみられる。
(27) 筆者は1997年9月18日に北京師範大学の趙忠心先生の自宅を訪問しインタビューを行った。氏はいまの北京市の若者の中に見られる戸籍重視の傾向をこのように指摘した。
(28) 1997年8月20日から9月10日まで筆者はウルムチ市で30代から40代の漢民族の男女十数人にインタビューしたが、従来の生活水準の高い地域に行きたいという考えに比べ、現在では公正な競争の環境があるところへいきたいという回答が主流であった。
(29) 王霊書 1989、「成龍夢中的困惑——当代家庭教育現状一瞥」『父母必読』第6期、5頁。
(30) 小林芳郎 1991、「ひとりっ子の性格特性」『児童心理－特集・ひとりっ子の心理としつけ』第45巻1号、37頁。

第6章

家庭教育からみる「一人っ子」の親子関係
── 「一人っ子」家族と「非一人っ子」家族との比較を中心に ──

はじめに

　前章は、三つの都市における「一人っ子」の中学生およびその親に対する意識調査結果の分析をめぐって、「一人っ子」家族における教育意識の相違を検証した。本章では、経済水準が近く地理的に非常に離れたウルムチ市と長春市の調査結果に注目し、二つの都市の分析結果に基づいて、「一人っ子」と「非一人っ子」との比較、また地域による「一人っ子」親子関係の差異を手がかりにして、まず「一人っ子」の親子関係と「非一人っ子」の親子関係の差異を明らかにし、それから「一人っ子」の親子関係の地域差を検証することが目的である。

　中国では現在、家庭教育における主な問題は親子関係にあると指摘され、親たちは「子どもを教育しにくい」と訴えている。また、「親に理解されていない」という言葉には子どもの置かれた現実が反映されている[1]。こうした親子間ギャップは、『中国婦女報』（1996年7月29日付）が全国で実施した家庭教育に関する調査結果においても検証され、現代中国の家庭教育に存在する10の主な問題のうち、親子関係が第一問題と

第Ⅲ部　「一人っ子」に対する親の教育意識

して取り上げられた。

　すでに述べたように、「一人っ子政策」の実施以降、さまざまな困難な事情をもつ家庭を対象にして第2子出産に関する規定が設けられた。しかし、このような農村地域における第2子出産条件の緩和によって、農村地域での「一人っ子政策」の実施は事実上崩壊しているといえる[2]。一方、農村地域と違い、都市部においては、「一人っ子政策」が人々の職場での昇進、職業の確保などに結びつく厳しい賞罰制度を伴い、厳密に執行されている。このように「一人っ子政策」の成果が顕著にみられた都市部では、同年齢層の子どもに占める「一人っ子」の比率が高くなってきており、現在「一人っ子」をもつ家庭が主流である。とすれば、中国の親子関係に生じつつある問題は、こうした「一人っ子」家族の増加と関係しているのではないだろうか。

　家族心理学の研究が明らかにしたように、家庭における子どもの人数の減少は親子関係のあり方に影響を与える。つまり、子どもの数が減少すると個々の親子関係はより密接なものになりやすい[3]。繁多が言うように、「ひとりっ子の場合は子どもが一人しかいないゆえにすべての親の期待を一身にあびやすい情況にある」[4]のであり、とくに、「小皇帝」や「小太陽」と言われる中国の「一人っ子」に対する親の期待は高いものがある。それゆえ、中国の「一人っ子」家族には、過保護、期待過剰、干渉過剰といった問題が指摘されている[5]。こうした点を踏まえれば、親子間ギャップという問題状況は、「一人っ子」家族の増加とともに顕在化してきたと見なすことができるかもしれない。

　しかし、これまでの研究において、そうした問題が「一人っ子」家族に限られる問題なのか、それとも「非一人っ子」家族にも同様に存在する問題なのかという課題がほとんど明確にされていない。すなわち、「一人っ子」と「非一人っ子」との比較の視点を欠いたものが少なくない。そうした「比較」を考慮せずに得られた結論は、「一人っ子」家族の親子関係を反映したものなのか、あるいはすべての家庭に当てはまるものな

のかが明確ではない。こうした観点に立てば、中国の親子関係を明らかにする際、「一人っ子」家族と「非一人っ子」家族との親子関係の比較は不可欠なものであると考えられる。実証的な比較研究を通じて、「一人っ子」家族の親子関係に迫る本研究は、今後の「一人っ子」の親子関係の研究に少なからぬ示唆を提供できるものと考えられる。

第1節 先行研究における問題点と本調査研究の課題

1. 先行研究に関する検討

本節では、中国の親子関係に関する先行研究の検討を行い、それから先行研究に残された課題に関する検討によって、本章の課題意識を改めて明確にする。

中国では、親子関係に関する研究のなかで「一人っ子」を対象にしたものが目立つ[6]。これらの研究のほとんどは「一人っ子」と親との接触から親子関係を論じている反面、「非一人っ子」の情況には触れていない。また親子関係の研究については、「理論研究にとどまるものが多く、実証的研究が極めて少なく、とくに未成年者を対象にする実証的研究はほぼ空白である」[7]と指摘されている。天津市教育科学研究院の『少年親子関係研究』(1998)[8]は、個々の事例を通して、親子関係の改善による子どもの生活様式の変化、また親子関係の改善による子どもの学習成績の上昇という点を明らかにしており、未成年者を対象とする研究の穴を埋めたと評価されている。これは親子関係の改善に貴重なデータを提供したが、一人ひとりのケーススタディーから親子関係の全貌を知ることは不可能である。

中国国内では、親子関係に関する実証研究の乏しさが指摘されるなかで、外国研究者単独、また中国研究者との連携による中国の親子関係に

第Ⅲ部 「一人っ子」に対する親の教育意識

関する二つの研究がある。以下では、この二つの研究を取り上げ、これらに対する検討によって問題点を明確にする。

　第1に、1993年から1994年にかけて日本の研究者によって行われた、ロンドン、ニューヨーク、東京、ソウルおよび上海の小学校5年生を対象とした国際比較研究[9]がある。この研究は、五カ国における親子関係を家庭における子どもの意思決定や、親の子どもへの関心などの点から比較し、そこでは中国の親子関係について以下のような結論が導き出されている。すなわち、(1) 親子の意見が食い違った時、子ども自身に関わることには親の意見が尊重され、家族の意思決定については子どもの意見が取り入れられている。(2) 上海では、親に理解されている、また親の気持ちをわかると思う子どもは8割あまりであり、心理的な親子の連帯意識が強く、密着した親子関係である[10]、と結論づけている。

　第2に、福岡県立大学と中国南京師範大学との共同で行われ、中国の小中学生を対象とした「現代中国の社会的・文化的変動に関する実証的調査研究」の一部である「蘇南地区の小中学生の学習と生活に関する実証的研究」[11]がある。この研究は、アンケート調査の結果に基づいて蘇南地区（江蘇省）の親子関係を分析し、以下のような結論を導き出した。すなわち、(1) 蘇南地区における親子関係は、親は子どものことを重視し、子どもも親の気持ちを理解している。(2) 調査した小中学生は、父母から高い期待が寄せられ、父母に理解されていると思う者がほとんどである。要するに、子どもに対する親の希望と子ども自身の期待とは一致する。この研究でも、親子の会話内容は、子どもの勉強あるいは学業成績をめぐるものがほとんどであり、子どもの悩みなどについての会話が最も少ないということが明らかにされた[12]。

　以上の二つの研究は、調査対象の地域が異なっているにもかかわらず、共通の結論を導き出している。すなわち、中国（調査対象の地域）における親子関係は、親子間で理解し合う緊密な関係であると規定している。

第6章　家庭教育からみる「一人っ子」の親子関係

2. 先行研究における問題点

　しかし、冒頭で述べた『中国婦女報』によれば、親子が互いに理解できないと訴えたほとんどの親は、(1) 子どもは親の話を聞かない、(2) 親は子どもとの交流ができない、(3) 子どもは自分の考えを親に言わない、(4) 子どもに対する親の期待と子ども自身の望みが一致しない、の4点を挙げている。これは、以上みてきた研究の結論と大きく異なっている。なぜ、新聞の調査結果と研究者らの結論との間に大きなズレがあるのか。以上の二つの実証研究を分析すれば、以下のような限界が存在していることが指摘できる。

　(1) 田村によれば、家族全体に関わる決定事項においては子どもの意見がより多く取り入れられているものの、子ども自身に関する事項については親の意見が尊重されているという。しかし、こうした事実は、親が子どもに過剰に干渉している、言い換えれば、家庭において子どもの意思決定が十分に尊重されていないという現状を示しているとも考えられる。さらに、「自分がいつも何を考えているか親はわかっている」あるいは「親がどんな気持ちでいるか自分はわかっている」[13]という項目については8割強の子どもが肯定しているが、これだけで親子間が理解し合う関係にあると結論づけるのはやや説得力に欠ける。

　一方、趙らの研究では、子どもは自分の悩みを親とよく話す者がわずか4.8％しかおらず、全く話さない者が35.2％もいることを明らかにした。子どもが悩みを親と話さない理由については、ただ「家庭は子どもにとって学習と学校成績以外の悩みを話したり解決するところではない」[14]としている。しかし、親子間で悩みについてあまり話し合っていないという事実は、理解し合う親子関係が成立しているとする同研究の結論と矛盾してはいないだろうか。コミュニケーションをうまくとれていなければ、理解し合う親子関係を有しているとは理解しにくいと考えざるを得ない。その意味で、親子関係の実態を把握するためには、家庭における子どもの悩みの内容、また子どもの悩みと親子関係との関わりを探る必

第Ⅲ部 「一人っ子」に対する親の教育意識

要があるだろう。

　(2) 田村の研究においても、趙らの研究においても、調査対象の子どもに占める「一人っ子」の割合は、それぞれ、93.2％、73.7％という高い比率であった[15]。こうした背景の下で得た結果が、データの主流である「一人っ子」家族の問題を反映しているのか、あるいはすべての家庭にも当てはまる結果であるのか、換言すれば、「非一人っ子」家族についても同様のことがいえるのかについて、二つの研究はともに説明していない。「一人っ子」の親子関係は密接なものになりやすいという傾向があることを考慮すれば、「一人っ子」の親子関係と「非一人っ子」の親子関係の相違点に焦点を当てた考察が必要であると考える。

　(3) 以上の二つの研究はともに一つの地域に限られたものであるため、限界が存在する。なぜなら、中国は各地域の発展状況が異なっているため、一つの地域から導き出された研究結果がすべての地域に当てはまるとは考えられないからである。『中国婦女報』の調査データは全国規模で集めたものであり、同調査の結果は一つの地域に限った研究のそれとは異なる結果が得られると考えられる。

3. 調査の目的、方法およびデータの構成と特徴

　以上に指摘した問題点を明らかにするため、本章は、(1) 親子の会話時間、(2) 子どもの悩み相談相手、(3) 家庭における子どもの主な悩み、(4) 子どもの親への期待と家庭教育における親の主な関心といった四つの側面から、「非一人っ子」との比較を通して、「一人っ子」家族の親子関係の特徴を明らかにする。それに続いて、ウルムチ市と長春市との比較によって、「一人っ子」家族の親子関係における地域差を検証することを試みる。

　本調査は、第5章ですでに紹介したように、筆者が1996年9-10月に北京市、ウルムチ市と長春市で行った、小学校4、5、6年生および中学校1、2、3年生とその親を対象とした「家庭教育に関する意識調査」である。

第6章 家庭教育からみる「一人っ子」の親子関係

本章の分析に用いるデータは、その調査の一部であり、ウルムチ市と長春市の調査結果[16]である。調査概要は、表6-1-1、6-1-2に示した通りである。ウルムチ市と長春市の社会状況は、序章ですでに紹介したため、ここでは省略する。

表 6-1-1 子どもを対象とする意識調査の内訳

単位：行和に対する実数（％）

		無回答	「一人っ子」	「非一人っ子」	合計（列和）
地域別	ウルムチ市	32 (10.1)	209 (66.1)	75 (23.7)	316 (52.8)
	長春市	13 (4.6)	245 (86.6)	25 (8.8)	283 (47.2)
小中学生別	中学生	27 (9.2)	219 (74.2)	49 (16.6)	295 (49.2)
	小学生	18 (5.9)	235 (77.3)	51 (16.8)	304 (50.8)
性別	男	10 (3.6)	219 (79.9)	45 (16.4)	274 (45.7)
	女	5 (1.7)	232 (79.5)	55 (18.8)	292 (48.7)
	不明	30 (90.9)	3 (9.1)	0 (0.0)	33 (5.5)
全体		45 (7.5)	454 (75.8)	100 (16.7)	599 (100.0)

表 6-1-2 親を対象とする意識調査の内訳

単位：行和に対する実数（％）

		無回答	「一人っ子」	「非一人っ子」	合計（列和）
地域別	ウルムチ市	15 (5.0)	212 (70.9)	72 (24.1)	299 (51.6)
	長春市	9 (3.2)	254 (90.4)	18 (6.4)	281 (48.4)
小中学生別	中学生	12 (4.3)	218 (78.4)	48 (17.3)	278 (48.0)
	小学生	12 (4.0)	248 (82.1)	42 (13.9)	302 (52.1)
性別	男	2 (0.8)	223 (85.1)	37 (14.1)	262 (45.2)
	女	2 (0.7)	240 (82.8)	48 (16.6)	290 (50.0)
	不明	20 (71.4)	3 (10.7)	5 (17.9)	28 (4.8)
全体		24 (4.1)	466 (80.3)	90 (15.5)	580 (100.0)

第Ⅲ部 「一人っ子」に対する親の教育意識

第2節 「一人っ子」家族と「非一人っ子」家族の比較

1. 親子の会話時間

親子関係を形成するにあたっては、親と子どもとのコミュニケーションが最も重要視される。そこで、まず子どもと親との会話時間をみてみよう。

表6-2-1、6-2-2は、子どもと父親ないし母親との一日の平均会話時間を示したものである。父親と母親との会話時間において、「一人っ子」と「非一人っ子」との間に有意差はみられなかった。「一人っ子」のケースをみると、むしろ中学生より小学生、男子より女子は父親ないし母親との会話時間が長い傾向がみられる一方、いずれの場合においても父親との会話時間は母親とのそれよりずっと少ない。そして、同様のことが「非一人っ子」のケースにもみられる。

「一人っ子」はきょうだいがいないため親との接触が多い[17]といわれているが、先の親子の会話時間を「親との接触」と見なせば、実際には「一人っ子」と「非一人っ子」との間に差が存在しないということになる。むしろ、ここで注目すべきは、「一人っ子」でも「非一人っ子」でも、母親に比べ、父親とのコミュニケーションが少ないという点である。

2. 子どもの悩み相談相手

心理学研究によると、父親または母親への信頼感が高い子どもは、父親または母親への自己開放（困った時に打ち明ける）の程度が高いとされる[18]。この節では、子どもの悩み相談相手をみることによって、親子関係を検証する。

「悩みがある時にあなたにとって一番相談できる人は誰だと思うか」（以下、「悩み相談相手」）という質問項目についての子どもの回答を表6-3にまとめた。「一人っ子」と「非一人っ子」との間に大きな差がみられ、

第6章 家庭教育からみる「一人っ子」の親子関係

表 6-2-1 子どもと父親との会話時間（一日平均）

単位：行和に対する%

		無回答	全然しない	30分位	1時間位	2時間位	3時間位	合計（実数）
子ども別	一人っ子	2.0	8.1	36.1	22.9	18.1	12.8	100（454）
	非一人っ子	1.0	5.0	38.0	24.0	17.0	15.0	100（100）
地域別（一人っ子のみ）	ウルムチ市	1.4	8.6	34.9	24.9	19.6	10.5	100（209）
	長春市	2.4	7.8	37.1	21.2	16.7	14.7	100（245）
小中学生別**（一人っ子のみ）	中学生	1.4	9.1	37.0	26.0	20.1	6.4	100（219）
	小学生	2.6	7.2	35.3	20.0	16.2	18.7	100（235）
性別**（一人っ子のみ）	男	1.8	11.4	40.6	24.2	13.7	8.2	100（219）
	女	2.2	5.2	31.9	22.0	21.6	17.2	100（232）

**P<0.01 水準で有意。

表 6-2-2 子どもと母親との会話時間（一日平均）

単位：行和に対する%

		無回答	全然しない	30分位	1時間位	2時間位	3時間位	合計（実数）
子ども別	一人っ子	0.9	3.7	22.9	25.8	20.0	26.7	100（454）
	非一人っ子	1.0	4.0	29.0	21.0	22.0	23.0	100（100）
地域別（一人っ子のみ）	ウルムチ市	1.4	2.9	22.5	22.5	24.4	26.3	100（209）
	長春市	0.4	4.5	23.3	28.6	16.3	26.9	100（245）
小中学生別**（一人っ子のみ）	中学生	0.5	1.8	26.9	23.3	24.7	22.8	100（219）
	小学生	1.3	5.5	19.1	28.1	15.7	30.2	100（235）
性別*（一人っ子のみ）	男	0.9	3.7	29.2	26.5	16.9	22.8	100（219）
	女	0.9	3.9	16.8	25.4	22.4	30.6	100（232）

*P<0.1、**P<0.01 水準で有意。

第Ⅲ部 「一人っ子」に対する親の教育意識

悩みがある時に、「一人っ子」は「母親」と相談する者が最も多く、「非一人っ子」より10.3ポイント多い。これに対して、「非一人っ子」の場合は、「母親」より「同級生」と相談する者のほうが多い。このことから、「非一人っ子」より「一人っ子」の方が「母親」への信頼感が高いといえる。

表6-3 悩みがある時に子どもにとって一番相談できる人

単位：行和に対する%

		無回答	父親	母親	学校の先生	近所の友達	同級生	合計（実数）
子ども別 **	一人っ子	4.2	8.1	36.3	8.6	12.3	30.4	100（454）
	非一人っ子	3.0	8.0	26.0	10.0	22.0	31.0	100（100）
地域別 *** （一人っ子のみ）	ウルムチ市	6.7	6.7	36.8	8.6	18.2	23.0	100（209）
	長春市	2.0	9.4	35.9	8.6	7.3	36.7	100（245）
小中学生別 * （一人っ子のみ）	中学生	4.6	5.5	37.9	4.6	13.2	34.2	100（219）
	小学生	3.8	10.6	34.9	12.3	11.5	26.8	100（235）
性別 （一人っ子のみ）	男	5.5	8.2	31.5	10.0	11.9	32.9	100（219）
	女	3.0	8.2	40.9	7.3	12.5	28.0	100（232）

*P<0.1、**P<0.01、***P<0.001 水準で有意。

さらに、以上の「一人っ子」のケースでは、小学生よりも中学生の方が「母親」と相談するものが多いという興味深い結果が得られた。一般に、思春期に入った子どもは自立性を求め、親から少しずつ離れていくが、「一人っ子」の中学生は依然として「母親」との関係が密である。「非一人っ子」のケースをみれば、中学生になると「母親」と相談する者が少なく、相談の多い順でいうと「同級生」、「近所の友達」、「母親」である（但し表は省略）。

次に、相談相手としての「友達」との関係を見ると、「近所の友達」を

第6章　家庭教育からみる「一人っ子」の親子関係

相談相手にする「一人っ子」は、「非一人っ子」より約10ポイント少ない。この結果は、きょうだいのいない「一人っ子」は家庭の外で友達をスムーズに作れない[19]とする研究結果を裏づけているとみることができる。しかしながら、「同級生」と相談するという点では、「一人っ子」と「非一人っ子」との間に大きな差が存在していない。つまり、「一人っ子」が友達との信頼関係を築くのが不得手であるとは必ずしも言えない。

　最後に、「父親」が相談相手となる場合であるが、ここで興味深いことは、「一人っ子」にしても「非一人っ子」にしても「父親」が相談相手になることが少ない点である。前項では、「母親」より「父親」の方が子どもとの会話時間が短いことが確認されたが、このことが「父親」を相談相手にしないという結果を招来しているとも考えられる。しかし、「一人っ子」と「非一人っ子」別で「父親との会話時間」、「母親との会話時間」と「悩みの相談相手」との間に有意検定した結果は各項目において有意差が得られず、要するに、「父親」との会話時間の短さと「父親」を相談相手にしないことの間には関係性がない。一方、「母親」との会話時間が長いにもかかわらず、同様に「母親」を相談相手にしない傾向が存在している。すなわち、親子の会話時間は、子どもが自分の悩みを親と相談しない理由に影響を与えていない。次に見るように、「一人っ子」の「父親」への信頼感の稀薄さが、「父親」を相談相手に選ばない結果を生むのである。

3. 家庭における子どもの主な悩み

　表6-4によれば、子どもの悩みは「学校の宿題」や「親の学校成績への不適切な期待」などの回答よりも、むしろ「親に理解されていない」を挙げた者が多い。この点では、「一人っ子」と「非一人っ子」の間に有意差がみられなかった。子どもが親から理解されていると感じているか否かが親子関係の状態を判断する一つの重要な指標であると考えれば、「一人っ子」の家庭にも「非一人っ子」の家庭にも、親子間にギャップが存在しているといえる。

第Ⅲ部 「一人っ子」に対する親の教育意識

表 6-4 子どもの家庭における主な悩み

単位：行和に対する%

		無回答	学校の宿題	親によって計画された学習	学業成績への親の高い期待	子どもの考え方が親に理解されず	他	合計（実数）
子ども別	一人っ子	3.5	5.1	4.4	7.9	59.0	20.0	100（454）
	非一人っ子	2.0	6.0	3.0	10.0	64.0	15.0	100（100）
地域別＊（一人っ子のみ）	ウルムチ市	5.3	5.3	2.4	5.7	64.1	17.2	100（209）
	長春市	2.0	4.9	6.1	9.8	54.7	22.4	100（245）
小中学生別＊（一人っ子のみ）	中学生	4.1	4.6	1.4	7.8	58.0	24.2	100（219）
	小学生	3.0	5.5	7.2	8.1	60.0	16.2	100（235）
性別（一人っ子のみ）	男	4.1	5.0	6.8	10.0	56.6	17.4	100（219）
	女	3.0	5.2	2.2	6.0	60.8	22.8	100（232）

＊P<0.1 水準で有意。

　しかし、子どもが「いま最も期待していること」についての回答をみると、「一人っ子」と「非一人っ子」との間に差がみられた（表6-5）。つまり、「非一人っ子」は「親が自分をもっと理解して欲しい」と感じる者が最も多いのに対し、「一人っ子」は友達を欲しいと挙げた者が最も多い。そこで、「一人っ子」のケースをみると、中学生より小学生、女子より男子の方が、この点での期待が高い。「母親」と相談する「一人っ子」が多いという前項の結果と、「一人っ子」が友達関係を求める強さとを合わせてみれば、「一人っ子」は友達関係に何らかの問題を抱えていることが予想される。

　他方、「非一人っ子」のケースでは、「親が子どもの気持ちをもっと理解して欲しい」と期待する点において、「一人っ子」より「非一人っ子」は17ポイント多い。ところが、ここでは「いま最も期待していること」

第6章 家庭教育からみる「一人っ子」の親子関係

表 6-5 子どもがいま最も期待していること

単位：行和に対する%

		無回答	小遣いが欲しい	友達が欲しい	親にもっと理解して欲しい	自由時間が欲しい	学校の成績を高く要求せず	合計（実数）
子ども別**	一人っ子	2.9	1.8	39.2	20.0	27.5	8.6	100（454）
	非一人っ子	5.0	1.0	32.0	37.0	12.0	13.0	100（100）
地域別（一人っ子のみ）	ウルムチ市	3.3	2.4	39.2	20.1	27.8	7.2	100（209）
	長春市	2.4	1.2	39.2	20.0	27.3	9.8	100（245）
小中学生別**（一人っ子のみ）	中学生	3.2	0.9	34.7	16.0	33.8	11.4	100（219）
	小学生	2.6	2.6	43.4	23.8	21.7	6.0	100（235）
性別*（一人っ子のみ）	男	3.2	3.7	41.1	16.4	24.7	11.0	100（219）
	女	2.6	0.0	37.1	23.7	30.6	6.0	100（232）

*P<0.1、**P<0.01 水準で有意。

と「家庭における主な悩み」との関連性を検証したが、0.01％有意水準を得られ、差がみられた。要するに、「非一人っ子」の場合、親に理解されていないため親の理解を求める者が多く、全体の28.0％を占める。この点で、「一人っ子」の場合は16.5％を占める。こうした結果から、「一人っ子」にとっても「非一人っ子」にとっても、両者ともに親に理解されていないということが家庭における主な悩みである。しかし、「一人っ子」の家庭より「非一人っ子」の家庭のほうがより顕著である。換言すれば、「非一人っ子」より「一人っ子」のほうが、親に理解されていないことに対する不満が少ない。

さらに、「一人っ子」と「非一人っ子」をそれぞれ「家庭における主な悩み」と「悩み相談相手」との間の有意検定の結果は、「非一人っ子」の場合は有意差が得られず、「一人っ子」の場合、0.1％有意水準を得られ、

第Ⅲ部 「一人っ子」に対する親の教育意識

差がみられた。要するに、「一人っ子」の場合、親に理解されていないと答えた者の中に同級生と相談する者の割合が高い（全体の21.6％）。これに対して、「非一人っ子」はこの点で同級生または母親と相談する者が同じ割合である（全体の20.0％）。すなわち、子どもが自分の悩みを親に言わない主な理由は、親に理解されていないからである。現在「一人っ子」の消費生活水準が大きく上昇した一方、親子間の交流が乏しいと指摘する研究者がいる[20]。以上の検証からもわかったように、親子のコミュニケーション・ギャップの問題は、「一人っ子」の家庭に限らず「非一人っ子」の家庭にも同様な問題を生じていることがわかる。しかし、ここで注目に値するのは、親の子どもに対する理解が、親子のコミュニケーションに大きな影響を与えていることである。

表 6-6-1　子どもの父親に対する期待

単位：行和に対する％

		無回答	子どもを理解して欲しい	もっとお金を稼いで欲しい	子どもと一緒にいる時間が欲しい	連れて遊びにいって欲しい	勉強について厳しくしないで	合計（実数）
子ども別	一人っ子	2.4	46.3	2.6	20.9	18.5	9.3	100（454）
	非一人っ子	2.0	53.0	3.0	15.0	17.0	10.0	100（100）
地域別** （一人っ子のみ）	ウルムチ市	4.3	48.3	1.4	22.0	12.4	11.5	100（209）
	長春市	0.8	44.5	3.7	20.0	23.7	7.3	100（245）
小中学生別* （一人っ子のみ）	中学生	2.7	51.6	2.7	19.6	12.3	11.0	100（219）
	小学生	2.1	41.3	2.6	22.1	24.3	7.7	100（235）
性別 （一人っ子のみ）	男	2.3	47.0	3.7	18.7	17.8	10.5	100（219）
	女	2.6	45.7	1.7	22.4	19.4	8.2	100（232）

*$P<0.1$、**$P<0.01$ 水準で有意。

4. 子どもの親への期待と親の子どもへの期待

　親に理解されていないことは、子どもの主な悩みである。本節では、子どもの親に対する期待を検証してみる。

　表6-6-1、表6-6-2は、子どもの父親または母親に対する期待をまとめたものである。そこで示されたように、「一人っ子」でも「非一人っ子」でも、ともに父親ないし母親に「子どもの気持ちをもっと理解して欲しい」と答えた者が多い。この結果は以上で明確にした親子間にギャップが存在しているという結論を再び確認している。このように、子どもは親の理解を求めているが、逆に親の子どもへの期待はどういうものであろうか。

　親に対して、「家庭における親の主な関心」について尋ねた。表6-7からわかるように、「非一人っ子」より「一人っ子」の親は学校の成績を挙

表 6-6-2　子どもの母親に対する期待

単位：行和に対する%

		無回答	子どもを理解して欲しい	もっとお金を稼いで欲しい	子どもと一緒にいる時間が欲しい	連れて遊びにいって欲しい	勉強について厳しくしないで	合計（実数）
子ども別	一人っ子	2.0	43.4	1.5	15.9	16.3	20.9	100 (454)
	非一人っ子	2.0	54.0	3.0	15.0	8.0	18.0	100 (100)
地域別（一人っ子のみ）	ウルムチ市	3.3	46.9	1.9	15.3	12.9	19.6	100 (209)
	長春市	0.8	40.4	1.2	16.3	19.2	22.0	100 (245)
小中学生別***（一人っ子のみ）	中学生	1.4	44.3	1.8	11.4	12.3	28.8	100 (219)
	小学生	2.6	42.6	1.3	20.0	20.0	13.6	100 (235)
性別*（一人っ子のみ）	男	1.4	43.4	1.8	13.7	15.1	24.7	100 (219)
	女	2.2	44.0	1.3	17.7	17.7	17.2	100 (232)

*P<0.1、***P<0.001 水準で有意。

第Ⅲ部 「一人っ子」に対する親の教育意識

表 6-7 家庭教育における親の主な関心

単位：行和に対する%

		無回答	学校の成績	礼儀の正しさ	家事労働への参加	他の子どもとの付き合い	学校以外の学習	合計（実数）
子ども別*	一人っ子	4.1	76.2	13.5	0.9	3.9	1.5	100（466）
	非一人っ子	10.0	60.0	20.0	0.0	3.3	6.7	100（90）
地域別**（一人っ子のみ）	ウルムチ市	6.1	71.2	12.7	0.9	5.7	3.3	100（212）
	長春市	2.4	80.3	14.2	0.8	2.4	0.0	100（254）
小中学生別*（一人っ子のみ）	中学生	5.0	79.8	10.1	0.5	4.6	0.0	100（218）
	小学生	3.2	73.0	16.5	1.2	3.2	2.8	100（248）
性別（一人っ子のみ）	男	4.0	75.3	13.5	0.9	4.0	2.2	100（223）
	女	4.2	77.1	13.3	0.8	3.8	0.8	100（240）

*P<0.1、**P<0.01 水準で有意。

げたものが 16.2 ポイント多い。この点から、「一人っ子」家族は子どもの学校での成績を主に重視していることがわかる。だが、これによって、「一人っ子」家族は子どもへの教育期待が高いといえるだろうか。

　教育期待の高さを判断する重要な指標の一つに、大学への進学志向がある。親の子どもに対する教育期待を検証するために、「子どもに対するあなたの最大の期待は何ですか」（以下、「親の子どもへの期待」）という質問項目についての親の回答（表省略）[21]を考察してみる。この項目では、「一人っ子」の親と「非一人っ子」の親との間に有意差がみられなかった。要するに、「有名な大学への進学」や「外国への留学」などに、「一人っ子」の親も「非一人っ子」の親もともに高い関心を示している。大学への進学が親の子どもへの教育期待を判断する基準の一つとすれば、ここでは「一人っ子」家族にも「非一人っ子」家族にも、親の子どもへの教育期待が高いことがわかる。

第6章 家庭教育からみる「一人っ子」の親子関係

第3節 「一人っ子」家族の
親子関係に関する地域的比較

　以上で「一人っ子」家族と「非一人っ子」家族の比較を通して、両者の親子関係における差異を明らかにした。本節では、ウルムチ市と長春市における「一人っ子」のデータを用いて、地域により「一人っ子」の親子関係の差異を検証してみる。本節においては、「一人っ子」家族と「非一人っ子」家族との比較と同様な項目を用いて、地域別で「一人っ子」家族の親子関係を検証することによって、以下の3点で地域差がみられた。

　(1) 子どもの悩み相談相手の項目においては、地域差がみられた。要するに、同級生と相談する者が最も多い長春市と異なり、ウルムチ市は母親と相談する者が最も多い（表6-3）。また、同級生と相談する点で、ウルムチ市より長春市の方が13.7ポイント多い。一方、近所の友達と相談する点で、ウルムチ市は長春市より10.9ポイント多い。
　ところが、すでに明らかにしたように、「一人っ子」の悩みの相談相手は「非一人っ子」と違い、同級生、あるいは近所の友達より母親と相談する者が多いという結果が得られた。しかしながら、ここでみた長春市の結果は以上の結論と異なっている。要するに、長春市における結果は、「非一人っ子」全体のデータにみられた特徴と同様である。すなわち、母親より同級生と相談する者が多い。さらに、「一人っ子」は近所の友達と相談する者が少ない要因は、「一人っ子」の友達関係の乏しさと関わっているものであると推測したが、ウルムチ市の場合は、近所の友達と相談するものが18.2％であり、長春市より約11ポイント高い。以上のことによって、地域により「一人っ子」の友達関係は異なる傾向があるといえる。
　(2) 親子のコミュニケーションに地域差がみられた。まず、子どもの

217

父親に対する期待においては、子どもを連れて遊びにいって欲しいと挙げた者は、ウルムチ市より長春市が11ポイント多い（表6-6-1）。これによって、長春市の「一人っ子」はウルムチ市の「一人っ子」より親子の触れあいに対する不満が多いことがわかる。次に、「子どもの家庭における主な悩み」（表6-4）という項目でみたように、子どもの考え方が理解されていないと感じる「一人っ子」のなかで、ウルムチ市は長春市より約10ポイント多い。要するに、親に理解されていないという問題は、長春市よりウルムチ市の家庭において顕著である。

　（3）「家庭教育における親の主な関心」については、学校の成績を挙げた親は、ウルムチ市より長春市の方が9.1ポイント多い（表6-7）。また、「親の子どもへの期待」（注27を参照）についても、ウルムチ市と長春市との間に0.1％有意水準が得られ、差がみられた。「有名な大学へ進学」と「外国への留学」を挙げた人数を合わせれば、ウルムチ市は43.4％であるが、長春市は66.2％である。長春市の親は子どもへの教育期待が高いということがわかる。

第4節　「一人っ子」の親子関係の特徴

　以上、「一人っ子」家族と「非一人っ子」家族との親子関係を比較するとともに、「一人っ子」家族の親子関係における地域差を検証してきた。本研究においては、「一人っ子」家族の親子関係と「非一人っ子」家族の親子関係には次のような差異のあることが明らかになった。

　第1に、「一人っ子」家族の母子関係は「非一人っ子」家族のそれよりもっと強いという点である。悩みを抱えた「一人っ子」は母親と相談することが最も多い。つまり、「一人っ子」家族においては、母親が子どもの相談相手として大きな役割を果たしているのである。とくに、思春期に入っ

第6章　家庭教育からみる「一人っ子」の親子関係

た中学生においても母親と相談する者が相変わらず最大であるという結果から、「一人っ子」は母親への依存が強いといえる。親への信頼感が高ければ自分の悩みを親に打ち明けることが多いということから、「一人っ子」の母親が子どもから高い信頼を得ていると考えられる。

　第2に、「一人っ子」は「非一人っ子」より友達を求める傾向が強い。「一人っ子」については、きょうだいがいないゆえの友達関係の乏しさが指摘される。本研究では、子どもがいま最も期待していることとして、友達が欲しいと回答した「一人っ子」が最も多かった。この点で、「一人っ子」の小中学生別、男女別でみると、中学生より小学生、女子より男子において友達に対する強い期待がみられた。

　第3に、「一人っ子」は、「非一人っ子」よりも自分の気持ちが親に理解されていると感じている。子どもの家庭における主な悩みをみると、子どもの考え方が親に理解されていない点を挙げた者は「一人っ子」、「非一人っ子」を問わず多い。ところが、子どもがいま最も期待していることの中に、「非一人っ子」は親の理解を挙げた者が最も多く、「一人っ子」より17ポイント多い。この点からも、「一人っ子」は親の子どもに対する理解に関しては不満が少ないといえる。

　以上、「一人っ子」と「非一人っ子」との親子関係における差異について考察した。ところが、「一人っ子」家族ならかならずしも同様な特徴がみられるわけではない。「一人っ子」家族の親子関係を地域別で検証した結果は、地域差が存在していることを明らかにしている。

　まず、子どもの悩み相談相手の点で、地域差がみられた。この点においてウルムチ市では、母親と相談する者が多い。これは、「一人っ子」と「非一人っ子」との比較にみられた「一人っ子」の特徴と一致している。その一方で、長春市の場合は、母親より同級生と相談する者が最も多いという傾向がみられた。この点での長春市の回答は、「非一人っ子」の回答に非常に似通っている。この点から、「一人っ子」の特徴は、全ての地域に当てはまるものではないことがわかる。

第Ⅲ部　「一人っ子」に対する親の教育意識

　一方、本章のなかで明らかにしたように、近所の友達と相談する者は「非一人っ子」より「一人っ子」の方が少ない結果が得られた。ところで、同様に「一人っ子」であるにもかかわらず、ウルムチ市の結果と長春市の結果とは異なっている。すなわち、長春市は同級生と相談する者が多いのに対して、ウルムチ市では、近所の友達と相談する者が多い。友達関係に問題があると指摘された「一人っ子」は、地域によって異なる結果がみられた。もちろん、子どもの友達との関わりには、子ども自身の要因以外、地域環境の要因が大きいと思われる。ウルムチ市と長春市でみられた「一人っ子」における友達関係の違いについてはさらに詳しく分析する必要があると考えられる。本研究には、これを説明できる指標がないため、今後の課題にしたい。
　また、子どもの気持ちが親に理解されていないと感じる「一人っ子」は、長春市よりウルムチ市のほうが多い。すでにみた通り、「一人っ子」家族は「非一人っ子」家族より子どもをよりよく理解している傾向がある。しかし、地域によってこれは異なる結果がみられた。要するに、ウルムチ市では、親に理解されていないと感じる「一人っ子」が多い。この点でいうと、ウルムチ市のほうが家庭における親の理解が少ない。
　最後に、親の子どもに対する教育期待という点で地域差がみられた。長春市の「一人っ子」家族では、子どもの学校成績を重視するとともに、子どもに対する教育期待も高い。こうした親の子どもへの教育期待の地域差は、その地域が置かれたさまざまな状況と関わっていると思われる。主たるものを三つ挙げれば、一つ目には、ウルムチ市は北京や上海などの大都市から遠く離れているため、情報の流入が遅く、情報量が少ないことが考えられる。二つ目に、中国の人口の地域間移動を制限する戸籍の存在がある。政府は人材確保を理由に、後進地域から都市部への人口移動を制限している。大学進学は、地域間移動の有効な手段とみなされており、これが親の子どもへの教育期待をさらにアップさせたといえる。三つ目に、中国では各地域の発展状況が異なるために、各地域の事情に

第6章　家庭教育からみる「一人っ子」の親子関係

沿った地方政策が実施されている。これが各地域間の差異を生み出していることが考えられる。このような「一人っ子」家族に与える社会的な要因についてはさまざまな変数を用いて、検討する必要がある。

おわりに－
今後の「一人っ子」家族の親子関係に関する研究

　本章での考察からも、中国の親子関係にはコミュニケーション・ギャップの問題が存在していることが明らかである。また母子関係より父子関係が希薄化しており、「父親の不在」が指摘できる。「一人っ子」にとっても「非一人っ子」にとっても、親に理解されていないことが主な悩みである。こうした親子間のコミュニケーション・ギャップの問題は、「一人っ子」家族だけにみられたりある特定の地域にみられるといったものではなく、親の教育意識と深く関わっているといえる。『中国婦女報』の調査結果にみられた親子間ギャップの問題は、すでにあらゆる家庭において一般化しているといえる。

　ただし、「一人っ子」の親子関係と「非一人っ子」の親子関係には、親子間での理解度という点で相違点が存在していることもまた事実である。さらに、異なる地域における「一人っ子」家族の比較からは、「一人っ子」の親子関係に地域差が存在していることも明らかになった。その意味で、「一人っ子」に与える結論は全ての地域に当てはまるものではないといえる。本研究で示された知見を踏まえれば、「一人っ子」に関する研究では、「非一人っ子」との比較、また地域差を考慮すべきであるといえる。

第Ⅲ部 「一人っ子」に対する親の教育意識

【注】

(1) 李霞 1989、「孩子、父母之間発生了什麼？— 中国家庭教育状況剖析」『中国建設』第6期、10-12頁。
(2) 例えば、北京市、安徽省、甘粛省、湖南省に対する調査で「農村で1979年以降に結婚したほとんどの夫婦には二人あるいは三人の子どもがいる」という結果が得られた（Toni Falbo主編『中国独生子女研究』華東師範大学出版社、1996年、3頁）。また、1999年の夏に大きな洪水被害を受けた湖北省の農村地域では政府の災害救済を受ける際、戸籍名簿に載っていない多くの子どもの存在が発覚しており、農村地域の出産状況には依然不透明さが存在している。
(3) 久世敏雄・長田雅喜編 1981、『家族関係の心理』シリーズ現代心理学第7巻、福村出版、105頁。
(4) 繁多進「ひとりっ子をもつ親の心理」『児童心理 — 特集・ひとりっ子の心理としつけ』第45巻第1期、1991年、15頁。
(5) 依田明 1996、「少子化時代の『きょうだい関係』」『教育と情報 — 特集・少子化時代の子どもたち』5月号、12頁。
(6) 例えば、桑標「父母意識・育児焦慮・先天気質 — 独生子女与親子関係研究的新熱点」（『当代青年研究』第2期、1998年、6-10頁）、張楚均「独生子女家庭中的"代溝"」（『為了孩子』第9期、1994年、9頁）などのような親子関係に関する研究論文、記事がある。
(7) 孟育群（主編）『少年親子関係研究』教育科学出版社、1998年、2頁。
(8) 同上。
(9) 田村毅 1996、「子どものしつけに関する国際比較」『教育と情報 — 特集・少子化時代の子どもたち』5月号、20-25頁。
(10) 同上、13頁。
(11) 趙志毅・朱乃識・賀暁星「蘇南地区の小中学生の学習と生活に関する実証的な研究」『現代中国における教育の普及と向上に関する実証的な研究 — 江蘇省の場合を中心に — 』（福岡県立大学の文部省科研費報告書、代表者阿部洋）、福岡県立大学、1998年3月、97-118頁。
(12) 同上、101-103頁。
(13) 田村、前掲論文、23頁。
(14) 趙ら、前掲論文、103-104頁。
(15) 田村、前掲論文、21頁；趙ら、前掲論文、99頁。
(16) ウルムチ市と長春市では、小中学校を一カ所ずつ選んで調査した。親を対象としたこの調査においては、父親と母親との区別は設けず、また、離婚家庭をも含んでいることもあるため、本章では、「両親」ではなく、「親」を用いることとする。

第6章　家庭教育からみる「一人っ子」の親子関係

- (17) 風笑天　1993、「論独生子女父母的角色特点」華中師範大学学報（哲社版）第2期90頁。
- (18) 久世・長田、前掲書、71頁。
- (19) 依田、前掲論文、9頁。
- (20) 邵海燕　1994、「独生子女家庭教育問題探索」『浙江師大学報』（社科版）第1期、73頁。
- (21) これは親に対して「子どもに対するあなたの最大な期待は何ですか」という質問項目である。選択肢は①大学への進学できるかどうかにかかわらず、正直、誠実な人格を育てて欲しい、②有名な大学へ進学して欲しい、③外国へ留学して欲しい、④健康であればほかのことはどうでもいい、⑤親孝行ができればほかのことはどうでもいい、という五つである。

第Ⅳ部　「一人っ子」親の
　　　　　教育意識の規定要因

第7章

親の社会階層と
　子どもへの教育期待との関連性

はじめに

　中国では、1970年代後半から経済改革・開放政策が開始された。それ以降、経済の高度成長は産業構造の再編、高度技術を基盤とした新しい産業分野の誕生を促し、産業界は高水準の人材を求めるようになった。こうした社会背景のもと、いわゆる「学歴病」[1]が中国においても進行し、学校の修了証書が求職者の選別に利用される傾向が強まった。そして学歴が大きな役割を果たすことによって、人々の教育、特に高等教育に対するアスピレーションは高まり、より高い学歴を求める風潮が広まってきた。

　第二次世界大戦以降、高等教育は急速に発展してきた。これは、先進国のみならず発展途上国においても共通してみられる現象である。高等教育発展の背後には、戦後における急速な社会経済の発展があり、さらに、それに支えられた高等教育に対する人々の関心や要求の高まりがあった。これまで、大学への進学率は、大学の発展規模を識別する一つの重要な指標となっている。マーチン・トロウの大学発展論によれば、大学

第Ⅳ部　「一人っ子」親の教育意識の規定要因

への進学率が 4 〜 5％の時には高等教育のエリート教育段階であり、15 〜 50％の時にはマス教育段階であり、50％以上になるとユニバーサル教育段階であるとされている[2]。

　高等教育のマス化、ユニバーサル化が進む先進諸国とは対照的に、中国の高等教育機関はいまだに人々の高等教育需要を満たすことができていない。日本や韓国では高等教育進学率がすでに 50％台に達している。それに対して、4 年制大学への進学率がわずか 5％程度[3]という中国においては、進学機会をめぐって激しい進学競争が展開されている。そのうえ、1979 年から実施された「一人っ子政策」によって、「一人っ子」家族が増加したことは高学歴を求める風潮を一層促進させたとみられる。

　さて、日本の教育社会学では、「階層と教育」に関する研究はすでに多くの蓄積があり、異なる職業あるいは学歴をもつ親の、子どもに対する教育意識（特に教育アスピレーション）には差異が存在していることが明らかにされている。たとえば、日本青少年研究所による「第 1 回高校生将来調査」[4]においては、家庭的背景によって、子どもの進路希望が異なることが明らかにされた。また、子どもへの親の教育アスピレーションと階層との関連についての分析においては、やはり階層差が存在することも確認されている[5]。

　中国の教育社会学においても、子どもに対する親の教育アスピレーションをもたらす諸要因に関する考察は少なくない。しかしながら、そのほとんどは学歴を求める社会背景、例えば文化大革命期に充分な教育を受けず高等教育に恵まれなかった親たちや、「一人っ子」の出現といった側面から分析するにとどまっており、子どもに対する教育アスピレーションと親の階層との関連性についてはほとんど議論されていない。これには、中国の階層研究がまだ緒についたばかりであることも関係している。

　序章で論じたように、1949 年以降に構築されている「両階級、一階層」（労働者階級、農民階級と知識人階層）という中国の階層構造の枠組みが、1970 年代末の経済改革・開放政策によって新しく出現した階層に対応で

きなくなっているという問題が存在している。現在、階層に関して再定義する必要が生じ、階層に関する研究の必要性が出てきている。さらに、市場経済システムの導入によって、これまで行政手段でコントロールされてきた「職業間の所得格差」が拡大しつつあり、その結果、家庭における教育費負担能力にも格差が生じ始めている。そのうえ、中国においては1997年9月から高等教育の有償化が実施され、高額の授業料が個人負担となった。こうした事情を考えれば、現代中国における親の階層を焦点に、子どもに対する親の教育アスピレーションの形成要因を明らかにする考察が求められている。

本章は、これらの課題を踏まえ、ウルムチ市および長春市で親を対象にして行った「家庭教育における両親の教育意識」調査に基づき、親の階層と子どもに対するアスピレーションとの関係を分析し、それによって社会主義中国における「階層と教育」の構造的特徴の一端を明らかにすることを目的としている。

第1節　社会変動と学歴志向の高まり

1. 学歴志向の高まり

1966年以降の10年間に、学校におけるあらゆる教育活動は、左翼的な思想に左右された結果、知識の習得より政治活動への参加態度がもっとも強調された。この傾向をよく示す出来事として、1970年代初頭、試験の回答用紙を白紙のままで提出した学生が、「造反英雄」として全国に宣伝されたことが挙げられる。このことが契機となり、学校の試験制度は廃止され、また学校や教師を批判する学生は政治運動のモデルとして肯定された。こうした一連のラディカルな行動は、学校教育の秩序に大きなダメージを与え、「読書無用論」を生み出した。

第Ⅳ部 「一人っ子」親の教育意識の規定要因

　文化大革命の終結以降、中国は工業・農業・軍事・科学技術の現代化、いわゆる「四つの現代化」の社会発展総目標を定め、教育と科学技術による国家の振興を図った。このような社会変化は知識を求める社会風潮の形成を促進した。一方、経済の高度発展によって、中国の産業界はハイテク時代を迎えた。産業界による高度な知識、技能をもつ人材の要請は、人々の高等教育に対する関心を一層上昇させた。こうした社会背景に加え、中国の就職制度における学歴偏重志向により、人々の教育、特に高等教育に対するアスピレーションは高まり、より高い学歴を求める風潮が広まってきた。

　そもそも、中国の社会は学歴を重視する社会であった。明清時代の「科挙試験」は、すでに教育の選抜機能を利用し、教育による立身出世の社会的な意識を普及・定着させた。第2章で論じたように、中国の伝統社会の階層論は、儒教を基盤にした知力階層優位論である。このような伝統階層意識が現代においても残存し、教育による立身出世を求める人々は少なくない。正常な教育システムが崩壊した文化大革命期に、人々のアスピレーションが抑制させられ、教育による立身出世の意識も時間とともに薄れてきた。しかし、1977年大学入試の再開によって、長年にわたって抑制された人々のアスピレーションも爆発した。それゆえ、このとき学歴社会へと突入したというよりは、かつての社会の復活とみることもできる。

2. 進学競争をめぐる教育状況の出現

　高等教育に対するアスピレーションが高まる一方、中国の高等教育機関はそれに迅速に対応できない状態にあった。文化大革命運動の10年間に、高等教育機関の機能が破壊されたため、教員の育成や設備の面でも復旧が必要とされた。1977年に文化大革命の時期から中止されていた大学入試制度が再開されたが、高等教育機関の学生の受け入れ能力に限界があったために、大学の進学率はわずか4％にすぎなかった。とくに、

80年代は、60年代のベビーブームの時に生まれた子どもが、進学競争に参入する時期でもあった。そのために、高等教育に対する期待が高まるなか、既存の高等教育機関がすべての進学希望者に教育機会を提供できない、という矛盾が生み出された。

1980年代以降の経済の高度発展にともない、社会における高等教育の役割はますます高まっていった。それに対応するように、90年代半ば以降、国立大学の入学定員の拡大や私立大学の高等教育への参入などによって、高等教育機関の規模は確実に拡大しつつある。ところが、1997年9月から、これまで小規模で実施していた大学授業料の徴収は全国で一斉に推進され、これによって高等教育の有償化時代の幕が開かれた。しかし、高額な大学授業料は、高等教育を受ける機会における不平等をもたらしうる。一方、この時期には経済発展の局面が定着しつつあると同時に、産業構造の再編成によって、職業間の所得の格差も大きく拡大した。そのために、一部の家庭の子どもは、高額な大学授業料を負担することができないために、大学への進学の道を閉ざされる可能性があった。このような社会状況から、親の教育アスピレーションに影響する諸要因のなかで、親の社会的な階層を一つの変数として考える必要があると考えられる。

第2節　調査方法とデータ構成

1. 調査方法と調査データの構成

家庭教育に関する親の意識について、前章で述べたように、1995年1月と1996年9・10月に、中国で親と子どもを対象に調査を実施した。この2回の調査では、当時の社会状況により、調査項目に親の職業、学歴、収入を設けなかった。このために、2000年3月ウルムチ市、長春市と北

第Ⅳ部 「一人っ子」親の教育意識の規定要因

京市では、子どもの教育と親の社会的な階層との関わりを追究するために、第3回目の意識調査を行った。

卒業学年の生徒をもつ親は、子どもの進学問題に直面するため、ほかの学年の生徒の親より、教育アスピレーションにおいて差があると思われる。この点を考慮し、今回の調査対象は、小学校5年生と中学校2年生に限定した。調査方法は、ウルムチ市、長春市と北京市（中学校のみ）で小中学校を各々2校[6]ずつ選定し、小学校5年生と中学校2年生、さらにその親（父親、母親別）を対象にして、「家庭教育における両親の教育意識」について調査を行った。調査票は、子ども票、父親票、母親票の3種類をセットにして学校を通して配布し[7]、子どもが持ち帰り、調査票配布から3日目に回収した。子ども票、父親票、母親票の有効回収率はそれぞれ、99.3%、87.8%、92.8%である。本章では、ウルムチ市と長春市のデータのみを取り上げる。親調査票の内訳は、表7-1、子ども調査票の内訳は表7-2-1、7-2-2に示した通りである。

表 7-1 親調査票の内訳

単位：実数（%）

地域	母親	父親	合計
ウルムチ市	824 (51.3)	782 (48.7)	1,606 (100.0)
長春市	940 (51.0)	902 (49.0)	1,842 (100.0)
合計	1,764 (51.2)	1,684 (48.8)	3,448 (100.0)

表 7-2-1 子ども調査票におけるきょうだい構成

単位：実数（%）

	無回答	1人	2人	3人	3人以上	合計
ウルムチ市	3 (0.3)	608 (66.3)	250 (27.3)	35 (3.8)	21 (2.3)	917 (100.0)
長春市	9 (0.9)	865 (89.5)	71 (7.3)	15 (1.6)	7 (0.7)	967 (100.0)
合計	12 (0.6)	1,473 (78.2)	321 (17)	50 (2.7)	28 (1.5)	1,884 (100.0)

第 7 章　親の社会階層と子どもへの教育期待との関連性

表 7-2-2　子ども調査票における性別構成

単位：実数（％）

	性別	1人	2人	3人	3人以上	不明	合計
ウルムチ市	男	318(67.5)	122(25.9)	12(2.5)	17(3.6)	2(0.4)	471 (100)
	女	284(66.4)	119(27.8)	21(4.9)	3(0.7)	1(0.2)	428 (100)
	不明	6(33.3)	9(50.0)	2(11.1)	1(5.6)	0(0.0)	18 (100)
	合計	608(66.3)	250(27.3)	35(3.8)	21(2.3)	3(0.3)	917 (100)
長春市	男	421(91.1)	23(4.9)	10(2.2)	4(0.9)	4(0.9)	462 (100)
	女	444(89.2)	44(8.8)	5(1.0)	3(0.6)	2(0.4)	498 (100)
	不明	0(0.0)	4(57.1)	0(0.0)	0(0.0)	3(42.9)	7 (100)
	合計	865(89.5)	71(7.3)	15(1.6)	7(0.7)	9(0.9)	967 (100)

2. 調査項目の設定

　親の階層を判断する主な指標は、主として「職業」、「学歴」と「所得」が用いられる。しかし、今回の調査においては、「職業」と「学歴」を設定しているが、「収入」の項目を設けていない。この点については、序章で論述したように、現在中国では、既存の給与体系では市場経済の発展に適応できないことから、新たな給与体系システムが模索されているところである。こうした状況のなかで、人々の所得は必ずしも職業または学歴と一致しているとはいえない。一方、一般に中国の労働賃金規定に定められた給料基準では職業間で給料差はあまりないとされるが、実際には、ヤミ収入や副業収入などによって職業間の収入差が大きくなっている[8]。こうした状況を背景にして、個人の収入を口にすることは、タブーとされている。これは予備調査の結果、所得の記入を避ける人が多くみられたことから窺うことができる。以上によって、現時点で所得は人々の社会階層を判断する指標とするには困難であると思われる。それゆえ、

第Ⅳ部 「一人っ子」親の教育意識の規定要因

　今回の調査では、親の「職業」と「学歴」の項目を設けているが、「収入」に関する質問は含まれていない。
　次に、「職業」の項目設定についてであるが、現在中国の職業分類に関しては諸説がある。序章ですでに述べたように、中国では「階層」概念の定義は不明であり、再定義する必要がある。現在中国における社会階層は中共中央党政幹部学校の研究発表によれば15 ある。それは、(1) 社会管理階層、(2) 知識人階層、(3) 企業家階層、(4) 国有企業に従事する労働者階層、(5) 都市部の町に属する企業（中国語：集体企業）に従事する労働者階層、(6) 農村地域の郷鎮企業に従事する労働者階層、(7) 雇用労働者階層、(8) 自営業者階層、(9) 私営企業者階層、(10) 農村行政機関の幹部階層、(11) 農業に従事する労働者階層、(12) 農村地域からの出稼ぎ労働者階層、(13) 失業・半失業者階層、(14) 定年退職者階層、(15) 無職者階層、であるという。

表 7-3-1　母親の職業構成と学歴とのクロス統計表

単位：%

職業	学歴						
	無回答	大学院	大学	大専・中専	高校	中学以下	合計（実数）
無回答	2.3	1.3	11.6	34.7	26.4	23.8	100 (303)
行政管理職	0.0	3.7	35.4	50.9	8.1	1.9	100 (161)
専門技術職	0.3	2.4	33.5	53.8	7.9	2.1	100 (340)
教師	0.0	21.1	47.4	28.0	2.9	0.6	100 (175)
サービス業従業員・一般労働者	0.4	0.0	2.4	13.3	54.5	29.4	100 (510)
司法・警察・軍人	0.0	5.6	47.2	47.2	0.0	0.0	100 (36)
外資系従業員・自営業	2.1	0.0	7.1	29.3	33.1	28.5	100 (239)
合計（実数）	0.9 (15)	3.2 (57)	19.0 (335)	32.5 (574)	27.3 (482)	17.1 (301)	100 (1,764)

第7章　親の社会階層と子どもへの教育期待との関連性

　本調査の「職業」に関して、以上のような階層分類を参考にしながら13項目を設定した。なお、これらの13項目は、職業の属性を考慮して以下の6つのカテゴリーにまとめている。すなわち、行政管理職（政府機関の役人、国営企業・会社の役員と経営者）、専門技術職（専門技術を要求される職業従事者）、教員（大学、小中高学校教師）、司法・警察・軍人（弁護士を除く司法機関勤務者、警察官、軍人）、サービス業従業員・一般労働者（国営サービス職業従業員、国営企業、事業部門の肉体労働者）、外資系従業員・自営業（外資・合弁企業の従業員、自営業者）となる。なお、親の学歴については、無学歴から博士までの9項目を設定したが、記述の便宜上、大学院（博士・修士）、大学、大専・中専[9]、高校、中学校以下（中学校、小学校及び無学歴）という5つのカテゴリーにまとめている。

表 7-3-2　父親の職業構成と学歴とのクロス統計表

単位：%

職業	学歴						
	無回答	大学院	大学	大専・中専	高校	中学以下	合計（実数）
無回答	5.4	1.5	13.8	28.6	26.1	24.6	100 (203)
行政管理職	0.0	8.5	40.1	43.7	6.5	1.2	100 (247)
専門技術職	0.8	7.1	37.0	39.7	11.8	3.6	100 (365)
教師	0.0	42.9	46.8	10.3	0.0	0.0	100 (126)
サービス業従業員・一般労働者	1.5	0.0	1.5	11.4	52.7	32.9	100 (395)
司法・警察・軍人	0.0	4.0	38.7	50.0	4.0	3.2	100 (124)
外資系従業員・自営業	0.0	2.2	10.3	22.8	35.7	29.0	100 (224)
合計（実数）	1.2 (20)	6.8 (114)	23.6 (398)	28.6 (482)	24.0 (405)	15.7 (265)	100 (1,684)

第Ⅳ部　「一人っ子」親の教育意識の規定要因

　表7-3-1および表7-3-2は、親の職業と学歴をクロスさせたものである。これらを通して、母親と父親の職業と学歴の詳細構成、またはこれらの職業に要求される平均教育水準がわかる。ここでは、教員と司法・警察・軍人の職業に従事する母親・行政管理職に従事する父親の学歴はともに高いという特徴がみられる。

第3節　子どもに対する親の教育アスピレーション

1.　子どもに対する両親の教育アスピレーションの実態

　表7-3-1、7-3-2に示されたように、両親の職業構成をみると、行政管理職、司法・警察・軍人といった職に父親が多く、サービス業従業員・一般労働者の職に母親が多いという職業構成の特徴がみられた。また両親の学歴構成においては、大学以上の学歴を有する父親は母親より8.2ポイント多い。全体からいうと、父親と母親の各職業層、または学歴層においては大きな差が存在せず、男女平等社会と称する中国社会の一側面をうかがわせている。

　さて、学歴社会へ突入した[10]と言われる中国において、親たちは子どもの教育にどの程度期待を寄せているのだろうか。「あなたは子どもにはどの程度の教育を身につけさせたいですか」（以下、「子どもに期待する学歴」）について、親たちに尋ねた。表7-4に示されているように、子どもに大学以上の学歴を期待する父親と母親の比率は、それぞれ93.1％、93.7％であり、そのうち大学院以上の学歴を期待する父親と母親の比率は、それぞれ60.1％、60.9％である。ここでは、子どもの教育に期待する親の高学歴志向をうかがうことができる。ところが、ここで注目すべきは、子どもに期待する学歴という点で、父親と母親の間に差が存在せず、さらに父親にしても母親にしても男子と女子に期待する学歴に差が存在

表 7-4 男子と女子に対する母親と父親の教育アスピレーション

単位：%

		無回答	中学校以下	高校・職業高校	大専・中専	大学	大学院	合計（実数）
父親	男子	2.5	0.0	1.6	2.9	30.8	62.3	100 (832)
	女子	2.2	0.1	0.9	3.4	35.2	58.1	100 (849)
	合計（実数）	2.4 (40)	0.1 (2)	1.2 (21)	3.2 (53)	33.0 (555)	60.1 (1,011)	100 (1,681)
母親	男子	2.9	0.0	1.9	1.9	31.9	61.3	100 (887)
	女子	2.2	0.1	1.2	2.4	33.6	60.4	100 (901)
	合計（実数）	2.6 (46)	0.1 (1)	1.6 (28)	2.2 (39)	32.8 (586)	60.9 (1,088)	100 (1,788)

しないことである。

　日本では、男子に対する母親の教育アスピレーションは、女子に対する教育アスピレーションよりはるかに高いと言われている[11]。日本の「国民生活選好度調査」（1995年）[12]によれば、男子に大学以上を期待する父親は61.8％、この点で母親は66.7％である。これに対して、女子に大学以上を期待する父親は27.2％で、この点で母親は27.8％である。この統計から2つのことが分かる。日本では、(1) 父親より母親のほうが子どもの教育に熱心である。(2) 父親と母親はともに、女子より男子のほうに高い期待を寄せている。これに対して、中国の場合は日本と異なる結果が得られた。要するに、中国の両親は子どもへの教育アスピレーションに差が存在しない。さらに、中国の女子は男子と同様に両親に高く期待されていると言える。

2. 職業別にみる親の子どもへの教育アスピレーション

　これまで、家族の社会階層は主に父親の階層を指している。例えば、日本では母親の階層は、家族の階層の指標に取り込まれていないという

第Ⅳ部　「一人っ子」親の教育意識の規定要因

指摘がある[13]。しかし、専業主婦が多い日本の都市部と異なり、中国都市部においては大部分の女性が職業に就いている。加えて、中国の賃金制度は「同工同酬」、つまり同じ職業なら男女の賃金も同じであるため、女性の経済的地位は決して低くない。また、「男女平等」は社会主義の基本理念であり、過去50年間で女性の地位は大きく向上している。その意味で、女性の存在は中国の階層構造を考察する上で非常に重要な意味を有している。

　一方、日本では、父親の職業階層または学力が高いほど、進学率は高くなるという結果がある[14]。これは、職業階層または学力が高い父親の子どもに対する教育アスピレーションも高いという意味として取れるだろう。この結果は中国にも当てはまるだろうか。子どもに対する親の高学歴志向は、親の職業または学歴とどのように関わっているのだろうか。ここでは、「子どもに期待する学歴」と両親の職業をクロスさせて、両者の関係を探ってみたい。

　本調査によれば、サービス業従業員・一般労働者の父親と母親はともに、子どもに大学進学を期待する者が最も多いのに対して、それ以外の職業に就く父親も母親もいずれも子どもに大学院以上を期待する者が最も多い。大学院以上を期待する父親の比率を多い順から並べれば、教員85.7%、司法・警察・軍人66.9%、専門技術職63.3%、行政管理職59.5%、外資系従業員・自営業53.1%となる。同様な点で母親の比率を高い順で並べてみると、司法・警察・軍人80.6%、教員76.0%、専門技術職71.5%、行政管理職66.5%、外資系従業員・自営業52.7%となる。

　以上の結果から、必ずしも高い教育レベルを求められることのない職業の両親は、子どもの学歴に対する期待が、そうでない職業をもつ両親より低いと言え、子どもへの親の教育アスピレーションは親の職業と関係していることがわかる。その一方で、父親も母親も職業種に関わらず、子どもに大専以下の学歴を期待する者が極めて少ないというのは注目に値する。

3. 学歴別にみる子どもの学歴に対する両親のアスピレーション

　一方、親の学歴は、子どもへの両親の教育アスピレーションを大きく左右するものであることが本調査からも明らかである。表 7-5 に示した通り、父親母親を問わず、学歴が高いほうが子どもに大学院以上を期待する者の比率が高い。これに反して、大学を期待する者の比率は、親の学歴が低くなるにつれて高くなる傾向が見出された。

　ここで、職業別にみた親の教育アスピレーションの結果を合わせてみれば、父親・母親ともに、学歴が高いほど子どもに対するアスピレーショ

表 7-5　学歴別にみる母親と父親の子どもに対する教育アスピレーション

単位：％

		無回答	中学以下	高校・職業高校	大専・中専	大学	大学院	合計（実数）
父親	大学院	2.6	0.9	0.9	1.8	7.0	86.8	100 (114)
	大学	2.3	0.0	0.3	1.0	27.4	69.1	100 (398)
	大専・中専	2.3	0.0	0.4	3.1	34.4	59.8	100 (482)
	高校	3.0	0.0	3.2	4.2	41.5	48.1	100 (405)
	中学以下	3.0	0.0	3.4	9.8	47.2	36.6	100 (265)
	合計（実数）	2.6 (43)	0.1 (1)	1.6 (26)	3.8 (64)	34.6 (576)	57.3 (954)	100 (1,664)
母親	大学院	1.8	0.0	1.8	0.0	10.5	86.0	100 (57)
	大学	3.0	0.3	0.0	0.3	17.0	79.4	100 (335)
	大専・中専	2.3	0.0	0.3	1.2	33.8	62.4	100 (574)
	高校	3.1	0.0	3.3	4.6	41.9	47.1	100 (482)
	中学以下	4.3	0.0	4.0	5.3	46.8	39.5	100 (301)
	合計（実数）	3.0 (52)	0.1 (1)	1.8 (31)	2.6 (46)	34.3 (600)	58.3 (1,019)	100 (1,749)

ンも高いという結論が得られる。

4. 同一職業層・学歴層における両親の子どもに対する教育アスピレーション

冒頭で触れたように、日本での「階層と教育」研究では、一般的に女性の職業と子どもに対する教育意識との関連性についてあまり重視されていないが、中国において同じ職業をもつ男女間で、子どもに期待する学歴にどのような違いがあるのかも検証する必要がある。

父親と母親の職業は、「子どもに期待する親の学歴」とクロスさせて関連性を検証してみたが、すべての職業層において子どもに期待する学歴の点で父親と母親の間に有意差が得られず、同様な職業に就く両親は子どもに対する教育アスピレーションに近似性が存在している。

次に、同様な学歴を有する父親と母親で、子どもの学歴に対する期待が一致しているかどうかを検証してみた。その結果は、大学卒に限って父親と母親の間に有意差が得られた（P<0.01）。つまり、大学卒の母親が子どもに大学院以上を期待する人の比率は、父親より10.3ポイント多く、この点に限っていうと大学卒の父親より母親のほうが子どもの学歴に対する期待が高い。しかしながら、それ以外の学歴においては、父親と母親との間に有意差が得られなかった。

以上の結果から、男性と同等な職業または同等な学歴を有する母親は、子どもに対する教育アスピレーションに差はないが、大学卒の母親は例外であると言える。

5 子どもの性別からみる両親の教育アスピレーション

すでにみたように、父親にしても母親にしても男子と女子に対する教育アスピレーションに差は存在しない。この節では、親の職業または学歴の側面から、男子と女子に対する親の教育アスピレーションの差異を検証してみる。

第 7 章　親の社会階層と子どもへの教育期待との関連性

　職業別で親の男子と女子に対する教育アスピレーションを検証すると、以下のような差が存在している。専門技術職の父親は、男子に大学院（女子より 12.5％多い）、女子に大学（男子より 15％多い）という期待傾向がみられた。これとは逆に、司法・警察・軍人の父親は、男子に大学（女子より 16.9％多い）、女子に大学院（男子より 14.6％多い）となっている。
　また、母親の分析結果をみると、司法・警察・軍人の母親は、男子に大学院（女子より 20.1％多い）、女子に大学（男子より 20.0％多い）を期待するのに対して、外資系従業員・自営業の母親は、男子に大学（女子より 4.4％多い）、女子に大学院（男子より 12.6％多い）という特徴がある。
　そもそも司法・警察・軍人の職では男性の占有率が高い。しかし、これらの職に就く父親と母親は他の職の父親と母親に比べ、男子と女子に対する期待が正反対である。一般的に言えば、男性の占有率が高い職業は、男性優位論をもたらしやすいと考えられる。そのために、この職をもつ母親は女子より男子に対する教育アスピレーションが高いことが考えられる。しかしながら、同様な職である父親の態度はどのように解釈するべきだろうか。これに対する説明は、今後ジェンダーの観点から詳細に分析する必要があるだろう。
　加えて、学歴別にみると、いかなる学歴を有する父親についても男女に対する教育アスピレーションに差が存在しない。ただし、母親についての分析においては、中学校卒以下の母親のみは、女子に大学院（男子より 17.8％多い）、男子に大学（女子より 8.3％多い）を期待するといった注目すべき結果が見出された。母親の職業と学歴をクロスしてみると、中学校以下の学歴を有する母親のほとんどはサービス業従業員・一般労働者の職に就いている（同学歴の母親の 49.8％）。このような職業をもつ母親は、仕事の大変さから女子にもっと楽な仕事をさせたく、そのためにより高い学歴を女子に身につけさせたいのかもしれない。これらの要因を追究するには、さらに別の変数を加える必要があると思われる。こ

第Ⅳ部　「一人っ子」親の教育意識の規定要因

こでの結果と以上でみてきた司法・警察・軍人の職に就く両親の男女に対する期待の違いを合わせてみれば、これらの結果をもたらした諸要素の分析は、さらに中国の社会背景に結びつけて考える必要があるだろう。
　しかし、ここで言えることは、親の職業によって男子と女子に対する教育アスピレーションに差が存在しているということである。

第4節　きょうだい別、地域別にみる親の教育アスピレーション

1. 「一人っ子」と「非一人っ子」に対する親の教育アスピレーション
　現在、中国の子どもの教育問題において最も関心の高いものは「一人っ子」の教育問題である。親は「非一人っ子」よりも「一人っ子」に対する教育アスピレーションのほうが高いとされる。そこで、この節では、「一人っ子」に対する親の教育アスピレーションの実態について考察してみる。
　表7-6に示されたように、「非一人っ子」の両親よりも、むしろ「一人っ子」をもつ両親は子どもの教育に対する期待が高いことがわかる。
　ところが、職業別にみると、サービス業従業員・一般労働者の職においては、「一人っ子」と「非一人っ子」の父親の間に有意差が得られた（P<0.05）。子どもに大学院以上を期待する父親のなかで、「一人っ子」の父親は「非一人っ子」の父親より14.9ポイント多い。母親の場合は、外資系従業員・自営業の職の「一人っ子」と「非一人っ子」の母親の間にも差が存在している（P<0.05）。子どもに大学院以上を期待する「一人っ子」の母親は「非一人っ子」の母親より25.4ポイント多い。
　さらに、学歴別にみると、大学以上の学歴を有する父親は「一人っ子」に対する期待が高く、母親においては学歴に関係なく、「一人っ子」と「非

第7章 親の社会階層と子どもへの教育期待との関連性

表7-6 子どもに対する両親の教育アスピレーション

単位：％

		無回答	中学以下	高校・職業高校	大専・中専	大学	大学院	合計（実数）
父親＊	「一人っ子」	2.3	0.0	1.1	3.2	33.2	60.2	100.0 (1,315)
	「非一人っ子」	3.5	0.3	3.2	6.4	40.5	46.1	100.0 (343)
	合計（実数）	2.5 (42)	0.1 (1)	1.6 (26)	3.9 (64)	34.7 (575)	57.3 (950)	100.0 (1,658)
母親＊	「一人っ子」	2.4	0.1	1.6	2.1	32.8	61.0	100.0 (1,400)
	「非一人っ子」	5.0	0.0	2.7	4.7	40.7	46.9	100.0 (339)
	合計（実数）	2.9 (51)	0.1 (1)	1.8 (31)	2.6 (46)	34.3 (597)	58.3 (1,013)	100.0 (1,739)

注：＊ P<0.1

「一人っ子」に対する期待に差は存在しない。要するに、母親の場合、いかなる学歴を有する母親も、「一人っ子」に対しても、「非一人っ子」に対しても、ともに高い学歴を期待している。

以上の結果によって、全体からみると「一人っ子」の親は「非一人っ子」の親より子どもに対する教育アスピレーションが高いことがわかったが、異なる職業、または学歴を有する親の間に差が存在していることも確かなことであると言える。

2. 地域別にみる親の子どもの教育に対するアスピレーション

以上によって、親の職業と学歴によって子どもに対する教育アスピレーションのレベルは異なることが検証された。しかし、このような結論はすべての地域に当てはまるだろうか。この節では、「一人っ子」のデータを取り上げ[15]、ウルムチ市と長春市との地域別で検証してみよう。

まず、親の子どもに期待する学歴をみると、両地域の親はともに子どもに大学院以上の学歴を期待するものが多い。ただし、この点でウルム

第Ⅳ部　「一人っ子」親の教育意識の規定要因

チ市よりも長春市の両親はともに大学院以上の学歴を期待するものがきわめて多いことが特徴である（表 7-7）。

表 7-7　地域別でみる「一人っ子」に対する両親の教育アスピレーション

単位：％

両親	地域	無回答	中学以下	高校・職業高校	中専・大専	大学	大学院	合計（実数）
母親 ***	ウルムチ市	4.1	0.2	2.4	2.9	41.9	48.5	100 (551)
	長春市	1.3	0.0	1.1	1.6	26.9	69.1	100 (849)
	合計（実数）	2.4 (34)	0.1 (1)	1.6 (22)	2.1 (30)	32.8 (459)	61.0 (854)	100 (1,400)
父親 ***	ウルムチ市	3.5	0.0	1.8	5.5	40.6	48.6	100 (510)
	長春市	1.5	0.0	0.7	1.7	28.4	67.6	100 (805)
	合計（実数）	2.3 (30)	0.0 (0)	1.1 (15)	3.2 (42)	33.2 (436)	60.2 (792)	100 (1,315)

注：＊＊＊ P<0.001

　職業別、または学歴別に親の子どもに対する教育アスピレーションを検証した結果、地域差が存在していることが確認できた。前の部分では、サービス業従業員・一般労働者の父親と母親はともに、子どもに大学の学歴を期待する者が最も多いという結論があったが、この職業層の長春市の母親も父親も他の職業層の親と同じく、子どもに大学院以上の学歴を期待するという傾向がみられた[16]。

　さらに、子どもに大学院以上の学歴を期待する親は、どんな職業層、学歴層においてもウルムチ市より長春市の親のほうが多いという傾向がみられた。これは、ウルムチ市より長春市の親は子どもへの教育アスピレーションが高いという結論に結びつくことであろう。

　このような結果が生じた背景には、地域による教育事情の違いが存在していたことが考えられる。例えば、1999 年に新疆では各大学教育機関

(中専を含む)の募集者数は、その年の高校卒者数の37.1%[17]にすぎなかった。これと対照的に、長春市では、高等教育機関の募集人数は同年の高校卒業生の82.2%[18]に達している。このような社会背景が、親の子どもへの教育アスピレーションを抑え、階層による影響を薄めていたと考えられる。

第5節 「一人っ子」の進学意識と親の社会階層との相関関係

　前節では、親の教育アスピレーションと親の社会的な階層とは相関していることが検証された。しかしながら、親の社会階層は、子ども自身の教育に対する認識にどのような影響を及ぼしているだろうか。この節では、子どもの進学意識と親の社会階層との関連性を検証することによって、この問題を明らかにする。「一人っ子」と「非一人っ子」に対する親の期待が異なる点を考慮し、以下は「一人っ子」のデータのみを取り上げる。

1. 子どもの教育アスピレーション
　ウルムチ市と長春市の子どもの進学の最終目標に対する回答は図7-1に示した通りであり、両者の間に差異は存在しない。中学校以下の学歴を期待する割合は、ウルムチ市は0.2%で、長春市は0.1%である。ここで、二つの都市は、ともに大学院の学歴を期待する子どもがもっとも多く、子どもの教育アスピレーションの高さをうかがわせる。
　すでに前節で検証されたように、「一人っ子」に対する親の教育アスピレーションはより高いものである。ところで、子どもに対する親の教育アスピレーションは、子ども自身の教育アスピレーションと一致してい

第Ⅳ部 「一人っ子」親の教育意識の規定要因

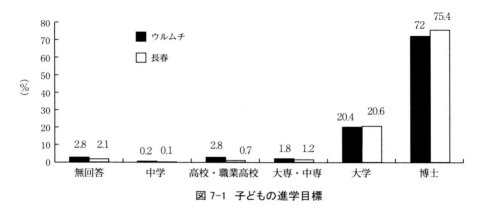

図 7-1 子どもの進学目標

るだろうか。これについては、父親と母親の子どもに対する教育アスピレーションと子ども自身の教育アスピレーションを比較してみる。ウルムチ市と長春市の親子の教育アスピレーションは、それぞれ図 7-2-1 と図 7-2-2 にまとめられている。ここで、親子の教育アスピレーションの差異が存在する点に注目したい。大学院の学歴に対する期待の点で、長春市は、両親より子どものほうが教育アスピレーションがやや高い。これに対して、ウルムチ市の場合、同じ点で子ども自らの学歴に対する期待は親の期待より、20 ポイント以上高い。このことからウルムチ市では、親の教育アスピレーションより、子ども自身の教育アスピレーションのほうがより高いといえる。これは、学校教育のなかでの進学をめぐる競争の影響であると考えられる。

2. 子どもの進学意識と親の社会階層との相関関係

さて、子どもの進学意識の強さと親の社会的な階層とは関係しているだろうか。これを言い換えれば、母親と父親の学歴または職業は、子どもの進学意識に影響を与えるだろうか、という問いになるだろう。

まず、親の学歴と子どもの進学意識との関連性を検証してみると、父親の場合、二つの都市ではともに父親の学歴が高いほど、子どもはより

第7章　親の社会階層と子どもへの教育期待との関連性

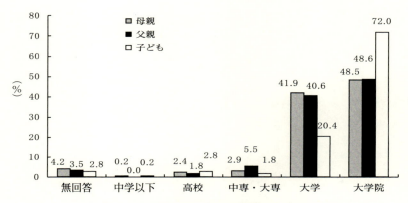

図 7-2-1　ウルムチ市の親子の教育アスピレーション
注：高校は職業高校が含まれる

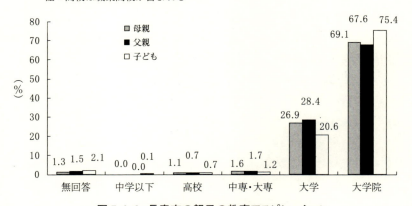

図 7-2-2　長春市の親子の教育アスピレーション
注：高校は職業高校が含まれる

高い学歴を希望する。母親の場合、長春市の母親は父親と同様な結果が得られた。ウルムチ市の場合は、大学卒の母親を有する子どもはもっとも高い学歴を希望している。

　次に、親の職業と子どもの進学意識との関連性をみれば、教員と司法・警察・軍人の両親を有する子どもが、より高い学歴を希望している特徴

第Ⅳ部　「一人っ子」親の教育意識の規定要因

がみられた。この点は、親に対する調査の分析結果と一致している。

　この節での分析結果によって、子どもの進学意識と親の社会階層とは密接した関係を有することが検証された。教育アスピレーションの高い両親を有する子どもは、その影響を受け、同様に高い教育アスピレーションを表しているといえよう。

第6節　親の社会階層と教育アスピレーションとの関連性と特徴

　以上の分析結果から、中国における親の子どもに対する教育アスピレーションの高さが確認できた。父親と母親は、子どもに「大学以上」の学歴を期待する者がそれぞれ9割を超え、「大学院」の学歴を期待する父親と母親も6割を超える。しかし、子どもの学歴に対する両親の期待について、職業別・学歴別に検証した結果、以下のような関連性があることが明らかになった。

　第1に、(1) 父親・母親ともに、学歴が高くなるほど、子どもに期待する学歴も高い。高い教育レベルが問われる職業の父親または母親は、そうでない父親と母親よりも子どもに対する学歴期待が高い。(2) 同一職業、または同等な学歴を有する父親と母親の間に、子どもに期待する学歴レベルの差は存在しないが、大学卒の母親のみ、子どもの学歴に対する期待が高い。

　第2に、女子に対しても男子に対しても、両親はともに高い教育レベルを期待している。しかし、(1) 専門技術職の父親は、女子より男子に対する教育アスピレーションが高いのに対して、司法・警察・軍人の父親は、女子に対する期待が高い。ところが、司法・警察・軍人の母親は、男子に対する教育アスピレーションが高い。(2)「中学以下」の母親のみ、

第 7 章　親の社会階層と子どもへの教育期待との関連性

男子より女子に期待する学歴が高い。

　第 3 に、父親も母親も、「非一人っ子」より「一人っ子」の教育に対する期待が高い。しかし、そのうち、異なる職業・学歴を有する両親の間に差が存在している。（1）職業別にみると、他の職業の両親より、サービス業従業員・一般労働者の父親、または外資系従業員・自営業者の母親は、「非一人っ子」より「一人っ子」に対する教育アスピレーションが特に高い。（2）学歴別にみると、他の学歴の両親より、「大学以上」の学歴を有する父親は、「一人っ子」に対する教育アスピレーションが高い。

　第 4 に、地域によって、子どもに対する教育アスピレーションのレベルが違うことも確認された。ウルムチ市より長春市の親は子どもへの教育アスピレーションが高いことがわかる。

　第 5 に、子どもの進学意識と親の社会階層との相関関係が確認された。親の学歴が高いほど、子どもの進学意識も高い。一方、高い教育水準を要求される職業に従事する親を有する子どもは、進学意識が強いことがわかる。

　以上から、中国における両親の階層と教育アスピレーションとの関係には以下のような特徴が見出せる。（1）中国では、日本のような父親より母親のほうが子どもに対する教育アスピレーションが高いといった傾向はみられない。中国の場合、母親と父親は、子どもに対する教育アスピレーションにおいて差異が存在しない。（2）母親の男子と女子に対する教育期待に差が存在していない。これらは、男女平等社会と称する中国における女性の地位の向上と関係していると考えられる。

　その一方で、中国における地域差の存在にも注意したい。ウルムチ市と長春市に見られた子どもに対する教育アスピレーションの違いから、地域によって社会的背景が異なる中国においては、「階層と教育」の問題を考察する際、それぞれの社会的な背景要因を考慮しなければならないと言える。

第Ⅳ部 「一人っ子」親の教育意識の規定要因

おわりに — 考察

　本章では、子どもに対する親の教育アスピレーションが、親の職業・学歴と関係していることを明らかにした。父親にしても母親にしても、学歴が高いほど子どもに対するアスピレーションも高いという結論が得られた。しかし、大学以上の学歴を期待する点でいうと、いかなる職業・学歴の親にしても子どもに対する親の教育アスピレーションが高い。これは以下のような社会背景と深く関わっていると考えられる。

　まず、高等教育費用の低さと関係している。これまで、中国の高等教育機関はほぼ無料で教育機会を提供していた。そして、大学への進学は人々の職業、学歴、収入と関係なく、成績がよければ誰でも可能であるという社会イメージが作り出された。これは潜在的に各階層の親の教育アスピレーションを促進したといえる。

　次に、1979年以来、経済改革・開放によって大きく発展してきた経済市場・労働市場から、高い教育レベルを有する人材が強く求められるようになったが、既存の高等教育機関の収容能力に限界があることから、学歴の価値が一層高まってきた。

　最後に、中国の人事制度と関わっている。これまで、中国では、職業を決める主な手段として学歴によるものが多かった。実力よりも学歴を重視する人事動向が、親の高学歴志向をもたらす主な要因であったと考えられる。

　しかしながら、市場経済システムが定着しつつある中国では新たな現実も出現し始めている。現在、階層間における経済的格差がさらに拡大しつつある上に、高等教育の有償化は一部の階層にとって新たな負担となっている。こうした問題が今後、子どもへの親の教育アスピレーションにどのように反映されるのかに注目していかなければならない。

第 7 章　親の社会階層と子どもへの教育期待との関連性

【注】

(1) Ronald P. Dore 1976 ／松居弘道訳、『学歴社会新しい文明病』岩波書店、1978 年。
(2) マーチン・トロウ著 / 天野郁夫・喜多村和之訳　1976、『高学歴社会の大学－エリート教育からマスへ－』東京大学出版会、61-64 頁。
(3) 4 年制大学の進学率は、中国中央教育科学研究所の閻立欽所長が、1999 年 6 月 4 日に名古屋大学大学院国際開発研究科における「21 世紀をめざす中国の教育改革」の講演会で紹介された数字である。中国教育部の「1999 年全国教育事業発展統計公報」によれば、1999 年に国家教育委員会の承認を得た、本科あるいは大専（中専を含む）のコースをもつ一般大学、成人大学、テレビ大学、高等教育独学試験などのさまざまな高等教育機関へ進学した高卒者は、18-22 歳の総人口に占める割合の 10.5％に過ぎなかった。
　　（http://www.moe.edu.cn/moe-dept/fazhan/news/99public.htm）
　　（また、1998 年の大学院への進学者と当年の大学・大専卒業者との比率は 1:14.9 であった（http://www.moe.edu.cn/moe-dept/fazhan/diyiqi.htm）。
(4) 日本青少年研究所　1981、『高校生将来調査－日米比較による高校生活と将来の職業生活に関する調査 (第 1 回) －』。
(5) 今津孝次郎　1978、「胎動する教育意識－学歴をめぐる emergent な意識の解明－」『社会学評論』28(4)、30-48 頁。
(6) 学校の規模、教育水準、所在地区などの条件を念頭におきながら、幾つかの小中学校に調査依頼を行い、最終的にそれぞれの地域で小中学校を 2 校ずつ選定した。調査した小・中学校は、それぞれの地域においては教育水準がやや高い学校である。学校規模はいずれの小学校も生徒数 800 人程度であり、中学校は 1000 人程度の平均規模の学校である。それぞれの中学校は重点高校への進学率がやや高いと思われるが、具体的な数値ははっきりしていない。
(7) 一人親家庭の子どもについては、担任の先生から事前に事実を確認し、その生徒が現在同居している親の調査票（父親または母親）を渡した。
(8) 李培林　1995、『中国新時期階級階層報告』遼寧人民出版社、11 頁。
(9) 「大専」とは三年制大学卒に相当する学歴であり、「中専」とは短期大学卒に相当する学歴である。
(10) 柴田鉄治　1979、「『学歴社会』へ突っ走る中国」『朝日ジャーナル』朝日新聞社、1979 年 7 月 27 日、90-95 頁。
(11) 春日耕夫　1979、「都市家族における親子関係に関する一研究－母親の教育アスピレーションの分析を中心として－」『商業経済研究所報』第 16 巻、93-112 頁。
(12) 経済企画庁編　1995、『平成 7 年度版　国民生活白書』、125 頁。
(13) 原純輔編　2000、『日本の階層システム 1　近代化と社会階層』東京大学出版会。
(14) 高坂健治編　2000、『日本の階層システム 6　階層社会から新しい市民社会へ』

第Ⅳ部 「一人っ子」親の教育意識の規定要因

　　　東京大学出版会、85頁。
(15) 本調査において、各地域に占める「一人っ子」の比率は、ウルムチ市66.1％、長春市89.8％である。両地域の比較において「一人っ子」と「非一人っ子」の差異から生じる影響を考慮した上で、本節では「一人っ子」のデータに限って分析を行った。
(16) 長春市では、サービス業従業員・一般労働者の親は、子どもに大学院以上の学歴を期待するものが父親51.6％、母親は49.5％である。
(17) 『新疆統計年鑑　2000年』による算出。
(18) 『吉林統計年鑑　2000年』による算出。

終 章

中国における「一人っ子」の家庭教育の特質

はじめに

　本研究は、80年代以降「一人っ子政策」の実施によってもたらされた「一人っ子」の家庭教育問題に焦点をあて、「一人っ子」をもつ親の教育意識の規定要因を社会変動、または親の学歴・職業を含む社会的階層という二つの側面から検証し、それぞれの相関関係を探究することによって、中国における「一人っ子」の家庭教育の特質を明らかにすることを目的とした。本研究の分析枠組みについては主に三つの仮説をめぐって論証し、その分析結果と中国の社会変動と合わせて議論を展開することを試みようとした。終章では、この三つの仮説の検証過程を要約し、社会主義中国における親の教育意識の規定要因と経済の高度発展にともない変化しつつある家庭教育の発展状況を論じる。

　すでに論じたように、国家利益の至上主義を提唱する中国では、個人あるいは家族の利益より国家利益を最優先する傾向が強い。さらに、個人あるいは家族は国家利益への服従を要求されているために、「一人っ子政策」に従うことが家族の義務として強調されている。現在計画出産政

第Ⅳ部　「一人っ子」親の教育意識の規定要因

策はすでに中国の憲法条文に書き込まれており、国民の義務として定められている。とくに、2002年9月1日に実施された「人口と計画出産法」(人口与計画生育法)は、「一人っ子政策」の継続実行が法律的な地位に位置づけられ、今後「一人っ子」にすることを依然として家族の義務とする政府の方針に変わりがないことを表明した。

　それゆえ、中国における「一人っ子」の出現は、「一人っ子政策」の産物である。しかし、子どもが多ければ福も多い（多子多福）という伝統的な出産観念を背景として、中国社会には従来から「一人っ子」が望ましくない存在であるという認識が存在してきた。とくに、「一人っ子」の教育が、1本の苗は育てにくい（独苗難栽）と喩えられたように、人々の「一人っ子」の教育に対する心配と不安がきわめて大きかったのである。さらに、「一人っ子」に対する心配と不安は、民間の見方に限らず、研究者たちもきょうだいをもっていない「一人っ子」の家族構成が子どもの発達に与える影響に懸念を示してきた。

　これまで、「一人っ子」は主に二つのマイナス面をもっていると多くの研究者によって主張されている。第1はきょうだいがいないこと、第2は「一人っ子」家族では親の養育態度に問題を生じやすいといわれていることである。きょうだい関係と子どもの社会化との関わりはすでに多くの研究によって検証されている。きょうだいの役割は、子どもの発達に欠かせない存在である一方、親の過保護を抑制することができるとされている。また、「一人っ子」家族には、親のすべての期待を「一人っ子」に寄せる傾向が存在するがゆえに、「一人っ子」の家庭では問題が生じやすいというイメージがある。

　このような研究者たちの主張を裏づけるように、中国の「一人っ子」家族には、溺愛、過保護、過干渉などの問題が著しく存在し、自立性の発達に欠ける「一人っ子」のイメージが鮮明にされてきた。「小皇帝」、「小太陽」、「四、二、一っ子」といった「一人っ子」を描く言葉の流行は、社会における「一人っ子」に対する認識を現した一方、「一人っ子」家族

における教育問題も示されているといえる。しかし、中国の「一人っ子」家族にみられる子どもの教育問題は「一人っ子」家族に固有な問題なのであろうか。

　中国の「一人っ子」家族の最大の特徴とは、親の自らの意思によって作り出されたものではないといえよう。家族の出産意思へのアスピレーションが抑制されたために、「一人っ子」に寄せる親の期待は実にさまざまである。さらに、親の社会における地位の差異によって、「一人っ子」家族に生じる問題の背後にはさまざまな要因があるといえる。これまでの「一人っ子」の家庭教育問題は、子どもの行動様式や生活態度の側面から論じる研究が主流であったが、「一人っ子」の親の教育意識の視点から論じる研究が十分とはいえない。とくに、親の子どもに対する教育意識の形成と親の社会的な階層との相関関係についての研究は乏しい。本研究は、この課題を取りあげ、三つの仮説を検証することを中心にして、変動する社会における「一人っ子」の教育問題の実態を探ることを試みた。以下では、本書の検証結果をまとめておこう。

第1節　「一人っ子」親の教育意識を規定する要因
　　　　　 ――本研究の三つの仮説

1.　仮説1 ――「一人っ子」家族と「非一人っ子」家族の親の教育意識に差異がある
（1）子どもに期待する学歴における両者の差異（第7章）
　現在、子どもの存在に対して、家の跡継ぎや老後生活の面倒をみるというふうに考える親はきわめて少ない。これに対して、子どもをもつことに喜びや生きがいを感じる親のほうが圧倒的に多い。しかし、子どもの教育に対して、親の義務・責任であると認識する親が多いということ

第Ⅳ部 「一人っ子」親の教育意識の規定要因

が検証され、子どもの教育をより深刻に考える親の姿がうかがえた。

1970年代後半以降、大学入試の再開、学校の卒業証書の選抜機能の高まり、さらに産業界からの高い教育水準の人材の要請などによって、長年にわたって抑制された人々の教育へのアスピレーションが高まり、従来の学歴を求める風潮が高揚した。こうした社会風潮に影響される家庭は、「一人っ子」家族に限らず、すべての家庭に当てはまるといえる。子どもの学歴を期待する点において、「一人っ子」家族においても、「非一人っ子」家族においても、大学以上の学歴を期待する親はともに9割を超えており、そのなかで、大学院以上の学歴を期待する親も6割を超えたという注目すべき結果が得られた。

子どもの教育に対して、「一人っ子」親、「非一人っ子」親の別にかかわらず、高い期待がみられるが、両者には差異も存在している。父親と母親のどちらに対する調査においても、「非一人っ子」より「一人っ子」の親は子どもに対する期待が高いという結果が得られた。しかし、これは異なる職業・学歴を有する両親の間に差が存在している。職業別にみると、他の職業の両親より、サービス業従業員・一般労働者の父親、または外資系従業員・自営業者の母親は、「非一人っ子」より「一人っ子」に対する教育アスピレーションがとくに高い。学歴別にみると、他の学歴の両親より、「大学以上」の学歴を有する父親は、「一人っ子」に対する教育アスピレーションが高い。

(2) 親子関係における両者の差異（第6章）

家庭教育は親子関係を通じて行う教育行為であるために、親子関係に生じる問題が直接に家庭教育に影響を与えるといえる。しかし、「一人っ子」家族にせよ、「非一人っ子」家族にせよ、ともに親と子どもとの会話時間、または親子のコミュニケーションに対する認識に差異のあることが検証された。さらに、この点において「一人っ子」家族と「非一人っ子」家族との間に差異がみられた。

終章　中国における「一人っ子」の家庭教育の特質

　第1に、「一人っ子」家族の母子関係は「非一人っ子」家族よりその密接度が強いという点である。悩みを抱えた「一人っ子」は母親と相談することがもっとも多い。つまり、「一人っ子」家族においては、母親が子どもの相談相手として大きな役割を果たしているのである。とくに、思春期に入った中学生においても母親と相談する者が相変わらず最多であるという結果から、「一人っ子」は母親への依存が強いといえる。また、親への信頼感が高ければ自分の悩みを親に打ち明けることが多いということから、「一人っ子」の母親が子どもから高い信頼を得ていると考えられる。

　第2に、「一人っ子」は「非一人っ子」より友達を求める傾向が強い。「一人っ子」については、きょうだいがいないゆえの友達関係の乏しさが指摘される。本研究では、子どもがいまもっとも期待していることとして、友達が欲しいと述べた「一人っ子」がもっとも多かった。この点で、「一人っ子」の小中学生別、男女別でみると、中学生より小学生、女子より男子において友達に対する強い期待がみられた。

　第3に、「一人っ子」は、「非一人っ子」よりも自分の気持ちが親に理解されていると感じている。子どもの家庭における主な悩みをみると、子どもの考え方が親に理解されていない点を挙げた者は「一人っ子」、「非一人っ子」を問わず多い。ところが、子どもがいまもっとも期待していることとして、「非一人っ子」は「一人っ子」より親の理解を挙げた者がもっとも多い。この点からも、「一人っ子」は親の子どもに対する理解に関しては不満が少ないといえる。

　以上は、子どもの教育に対する親の期待、または家庭における親子関係の相違に関する検証によって、「一人っ子」と「非一人っ子」に対する親の教育意識に差異があると検証された。しかし、この差異をもたらす要因の背後に、変動する社会背景、親の職業または学歴と絡み合っているために、「一人っ子」親と「非一人っ子」親との教育意識における差異は、単に「一人っ子」家族ということに起因するとはいえないであろう。

第Ⅳ部　「一人っ子」親の教育意識の規定要因

2.　仮説2 ――「一人っ子」親の教育意識の規定要因と社会背景、親の社会的な階層との関わり

　明清時代の「科挙試験」制度の制定以降、教育の選抜機能を利用し、教育による立身出世に価値をおくという社会的な意識が定着した。すでに論じたように、中国の伝統社会の階層論は、儒教の階層論を基盤にした知力階層優位論である。このような伝統階層意識が現代中国の階層意識に残存し、教育による立身出世を求める人々は少なくない。それゆえ、中国社会は学歴を重視する社会である。これによって、現在の親の高学歴志向の形成は、このような従来の学歴を重視する社会伝統と関わっているといえよう。以上で述べたように、「非一人っ子」より「一人っ子」家族では子どもに対する教育期待が高いと検証された。しかしながら、同様な「一人っ子」家族構成であるにもかかわらず、子どもに対する教育期待に差異が存在している。これは第7章で検証されている。

　第1に、父親・母親ともに、学歴が高くなるほど、子どもに期待する学歴も高い。高い教育レベルが問われる職業の父親または母親は、そうでない父親と母親よりも子どもに対する学歴期待が高い。また、同一職業、または同等な学歴を有する父親と母親の間に、子どもに期待する学歴レベルの差は存在しないが、大学卒の母親のみ、子どもの学歴に対する期待が高い。

　第2に、女子に対しても男子に対しても、両親はともに高い教育レベルを期待している。しかし、専門技術職の父親は、女子より男子に対する教育アスピレーションが高いのに対して、司法・警察・軍人の父親は、女子に対する期待が高い。ところが、司法・警察・軍人の母親は、男子に対する教育アスピレーションが高い。一方、「中学以下」の母親だけは、男子より女子に期待する学歴が高い。

　中国では、1949年以降、「両階級、一階層」（労働者階級、農民階級、知識人階層）の階層構造が形成され、さらに階級論争を通して、社会における階級あるいは階層意識が薄れてきたとみなされている。しかし、

終章　中国における「一人っ子」の家庭教育の特質

本研究では子どもに対する親の教育意識と親の階層との間には、相関があることが検証されている。

3. 仮説3 ──「一人っ子」の家庭教育における地域差異

広大な中国においては、地域間における社会背景と経済発展状況が異なっているがゆえに、「一人っ子」の家庭教育に地域差があると推測できる。本研究は、ウルムチ市、北京市、長春市での調査を用いて検証した結果、地域差が存在していることを明らかにした。

(1) 地域別でみる子どもに対する教育期待（第5章）

まず、育児方法に関する知識不足の問題は、北京市においても、「一人っ子」の占める割合が低いウルムチ市においても存在している。しかしながら、北京市、長春市よりウルムチ市においてこの問題がもっとも顕著にみられる。

次に、三市ともに子どもを有名大学、あるいは外国へ留学させたいという期待をもつ親がもっとも多い。また、ウルムチ市より北京市の親の方が、子どもを外国へ留学させたいとする比率が非常に高い。

最後に、北京市の子どもは地元の大学への進学傾向が強い。ウルムチ市と長春市では地元以外の大学を希望する子どもが多い。そのなかで、とくにウルムチ市の子どもは地元以外の大学への進学希望者が圧倒的に多い。

(2) 地域別でみる「一人っ子」家族の親子関係（第6章）

第1は、子どもの悩みの相談相手の項目においては、地域差がみられた。同級生と相談する者がもっとも多い長春市と異なり、ウルムチ市は母親と相談する者がもっとも多い。また、同級生と相談する点で、ウルムチ市より長春市の方が13.7ポイント多い。一方、近所の友達と相談する点で、ウルムチ市は長春市より10.9ポイント多い。

第Ⅳ部　「一人っ子」親の教育意識の規定要因

　さて、「一人っ子」の悩みの相談相手は「非一人っ子」と違い、同級生、あるいは近所の友達より母親と相談する者が多いという結果が得られた。しかしながら、長春市の結果は以上の結論と異なり、「非一人っ子」全体のデータにみられた特徴と同様である。さらに、「一人っ子」の近所の友達と相談することが少ない要因は、友達関係の乏しさと関わっているのではないかと推測したが、ウルムチ市の場合は、近所の友達と相談する者が長春市より多い。以上のことによって、地域により「一人っ子」の友達関係は異なる傾向があるといえる。
　第2は、親子のコミュニケーションに地域差がみられた。まず、子どもの父親に対する期待においては、長春市の「一人っ子」はウルムチ市の「一人っ子」より親子の触れあいに対する不満が多いことがわかる。しかし、子どもの家庭における主な悩みという点において、親に理解されていないという問題は、長春市よりウルムチ市の家庭において顕著である。
　第3は、家庭教育における親の主な関心については、学校の成績を挙げた親は、ウルムチ市より長春市の方が多い。また、親の子どもへの期待についても、長春市の親は子どもへの教育期待が高いということがわかる。
　以上の分析結果をみると、「一人っ子」家族は地域によって、子どもに対する教育意識に相違があることが検証された。このような地域差をもたらす要因は、各地域における情報伝達水準、地方政策、郷土風俗などといった社会の発展状況と深く関係しているといえる。
　しかし、ここで注目すべきことは、「一人っ子」の特徴とみなされる問題は、地域によって異なるということである。例えば、子どもの悩みの相談相手の点において、全体からみれば、「非一人っ子」は、同級生、近所の友達と相談する者が多いのに対して、「一人っ子」の場合は、母親と相談する者がもっとも多いという結果が得られた。ところが、この点で、「一人っ子」をさらに地域別で分析してみると、長春市の「一人っ子」は

「非一人っ子」と同様、母親より同級生、近所の友達と相談する者が多いという傾向がみられた。したがって、「一人っ子」家族と「非一人っ子」家族における親の教育意識の相違点を論じる際、地域差を看過することはできないだろう。

4. 本研究の三つの課題への回答

　以上の三つの仮説が検証されたことによって、序章で提起した本研究の三つの課題は解明された。これを簡潔にまとめておこう。

　まず、「一人っ子」家族と「非一人っ子」家族とは子どもに対する親の教育意識に相違がある。両者はともに子どもの教育に高い期待を寄せており、高学歴志向が著しい。しかし、両者の相違には、親の社会的階層要因（職業または学歴）、または地域要因との間の相関が存在することが明らかである。この点でいえば、「一人っ子」家族と「非一人っ子」家族における親の教育意識の差異は、家族構成からもたらされた問題に限らず、より広範な社会背景に要因があるといえよう。

　次に、「一人っ子」家族には、子どもに対する親の教育意識に問題が存在している。この問題が生じる要因は、社会変動、または親の社会的階層（学歴と職業）と密接に関係している。

　最後に、「一人っ子」親の教育意識の形成は、中国の社会変化と深くつながっている。社会における「学歴病」、消費者社会におけるさまざまな誘惑は、「一人っ子」の親の教育意識の形成に大きな影響を与えているのが事実である。

第Ⅳ部 「一人っ子」親の教育意識の規定要因

第2節　中国における「一人っ子」の家庭教育の特質

1. 社会文化システムと「一人っ子」の家庭教育

　親が家庭教育の担い手であることに疑いの余地はない。しかし、子どもの社会化に関与するのは親だけとは限らない。アンソニー・ギデンズは、子どもの社会化の担い手について、「社会化の重要な過程が展開する集団ないし社会的背景は、社会化の担い手と呼ぶことができる。あらゆる文化で、家族は、幼児期を通して子どもの社会化の主なる担い手である。しかし、その後の人生の諸段階で、他にも多くの社会化の担い手が作動していくのである」[1]と述べている。確かに、子どもの発達段階において、学校、地域社会、さらに変動する社会情勢はすべて子どもの社会化を左右し、大きな影響を与えることを認めざるを得ない。

　一方、子どもの社会化の主な担い手である親は、家族の一員であると同時に社会の一員でもある。そのために、親は、子どもの社会化の責任を負うと同時に、社会の一員として求められる役割も果たさなければならない。このような社会と密接した依存関係を有する家族構造は、子どもの社会化に影響を及ぼしている。これについては、パーソンズは次のように主張している。第1に、社会化の担当者としての両親は、単に家族内の役割をもつだけではなく、社会の他の構造において、かれらがもつ、もろもろの役割と接合し、相互に浸透しあっているということである。第2は、子どもは単にその養育家族のために、そして養育家族のなかへと社会化されるだけではなく、同時に家族と相互浸透してはいるが、それを超えて広がっている社会構造のなかへと社会化されるということである[2]。こうした子どもの社会化に影響するさまざまな社会構造のなかで、本研究は、とくに社会文化システムの影響に注目したい。

　文化とは、広義には「ある社会の一員としての人間によって獲得された知識・信仰・芸術・道徳・法、およびその他の能力や習慣を含む複合体」[3]

終章　中国における「一人っ子」の家庭教育の特質

と定義することができる。これに対してギデンズは、文化の統合力という視点から、文化に「所与の集団が抱く価値、服従する規範、および作り出す『有形物』から構成されている」[4]という定義を与えている。ここで言及されている「有形物」には、宗教はもちろん社会構造に対応する社会的なイデオロギー、または道徳理念も含まれているといえる。こうした「有形」または「無形」の文化理念を抱える社会文化システムは、親の教育意識の形成に及ぼす影響が大きい。

　すでに述べたように、中国の伝統的な文化システムは、儒教文化を基盤にして構築されているものである。明時代に発足し、清時代に制度化された「科挙試験」は、あらゆる階層の人にも教育による立身出世の機会を提供したといえる。さらに儒教の文化価値観から形成されている、知力者階層優位論のもとで、社会には「万般皆下品、唯有読書高」（世の中に、読書以上のことはない）という「知力教育の至上主義」論が作り出された。これは社会主義の文化理念に相応しくないものとして、たびたび批判を受けているが、「無形」の文化理念として、親の子どもに対する教育理念を左右している。

　一方、もっとも注目すべきなのは、中国の社会主義文化システムである。これは簡単にいえば、政治文化を中心とする文化システムである。この具体的な内容は、社会主義のイデオロギーにより成り立っている社会規範、道徳理念などから構成されている。中国の教育方針は、個人の個性の発達よりむしろ所属集団への統合性を身につけることが強調されている。学校教育において、集団の利益は個人の利益より優先され、個人の利益は集団あるいは社会の利益に服従すべきであるという教育が行われている[5]。このような「国家至上主義」の教育のもとで、個人あるいは家族の文化は重視されず、社会文化に一致することが一般化されている。だが、政治文化を中心とする中国の文化システムは、政治社会の変化によって揺れやすいという特徴があるために、矛盾も生じやすいといわざるを得ない。1949年以降、中国の社会文化システムに引き起こされたさ

第Ⅳ部 「一人っ子」親の教育意識の規定要因

まざまな論争は、こうした要因と深く関わっていたといえる。

「一人っ子」に対する親の教育意識は、「一人っ子」の家族構成によって影響を及ぼされるが、中国の既存する社会文化システムに拘束されることがもっとも大きいといえる。もちろん、これは「一人っ子」家族に限らず、すべての中国の家庭に当てはまることであるといえよう。

2. 社会階層システムと「一人っ子」の家庭教育

中国では、階級または階層の問題は非常に敏感な問題であるといえる。1949年以降、中国ではマルクスの階級論を積極的に提唱し、近代産業社会の発展によって定着した職業階層論は重視されなかった。国営企業一色の経営方式のなかで、労働報酬は、個人の能力によるものではなく、統一基準に制度化されるものであった。これによって、職業間の賃金格差が縮小し、したがって職業階層間の格差も縮小したとみなされた。社会主義社会における労働者階級、また農民階級の役割がより強調されたために、両階級の地位も急上昇した。こうした背景のなかで、就職、進学においては、個人の能力より家族の出身階級が非常に重視される風潮があった。さらに、ブルジョア階級出身の人々に対する階級改造運動が繰り返し引き起こされたために、中国社会は、「両階級、一階層」の社会階層構成が形成された。こうした一連の社会変化を通して、中国はすでに社会主義の基本理念である「平等な社会」が実現できたという虚偽的なイメージが作り出された。

しかし、1980年代以降、経済改革・開放の実施によって、市場経済における競争原理がすべての領域に適用され、私営企業、または農村の郷鎮企業などの出現にともなった新しい階層の形成、さらに高度経済の発展によってもたらされた職業間の格差の増大などの問題が出現してきた。こうした社会変動によって、「平等な社会」という神話が打ち砕かれ、これまで縮小しつつあった貧富の格差はますます拡大された。経営不振企業におけるリストラ、倒産企業による失業者、さらに膨大な人口と雇用

終章　中国における「一人っ子」の家庭教育の特質

状況の緊迫化などの社会問題によって、今後貧富の格差のさらなる拡大が予測できる。

　こうした経済活動による社会変化のなかで、教育も消費社会に巻き込まれている。教育領域における競争原理の導入によって、これまで無償で受けられていた教育体制を教育の有料化という新たな方向へと転換させた。1997年から大学は一斉に授業料を徴収することになり、これによって高等教育がだれでも受けられる時代は終わった。このような教育領域における変化が、子どもの教育に与える影響は深刻であると考えられる。とくに、これによって「一人っ子」家族と「非一人っ子」家族における親の教育意識の差異がさらに拡大することは推測できる。

　「一人っ子」親の教育意識は、親の社会的な階層または学歴との相関が検証されたことによって、社会階層システムの子どもの教育に与える影響は無視できないといえよう。子どもの教育に対する期待の検証でみたように、「一人っ子」の家庭にせよ、「非一人っ子」の家庭にせよ、ともに子どもに対する教育期待が非常に高い。しかし、「一人っ子」家族のほうが大学院以上の学歴をより期待する傾向がみられた。教育を受ける年数が長くなるにつれて、教育費用も高くなるのである。この点における「一人っ子」家族と「非一人っ子」家族との差異は経済的な要因によるものかもしれない。調査にみられたように、「一人っ子」親の平均教育水準は「非一人っ子」の親より高い。学歴と所得との相関関係によれば、学歴の高い家庭はより所得も高いと考えられる。親の社会的な地位における優位性は、必然的に「一人っ子」の教育に対する教育意識に反映され、子どもの教育結果と結びつくと考えられる。

第Ⅳ部　「一人っ子」親の教育意識の規定要因

おわりに ―
社会変動と「一人っ子」親の教育意識との関わり

　1980年代以降、中国は社会主義国でありながら、資本主義の生産方式市場経済を導入し、「平等な社会」の理念を主張しながら、高度経済発展にともなう貧富の格差の存在を認めている。こうした矛盾は、中国では1987年の中国共産党第13回全国代表大会で発表した趙紫陽の「政治報告」に、「社会主義初期段階」という概念を導入して解釈している。
　現在中国は社会変動期にあることに異論がないだろう。「一人っ子」の家庭教育問題はちょうど社会変動期に現れ、問題の深刻化とともに議論が続けられている。本研究が明らかにしたように、中国における「一人っ子」の家庭教育の展開は、中国の社会文化システムと階層システムと深く絡み合っている。「一人っ子」家族における親の教育意識問題は、「一人っ子」の家族構成を超えた社会背景に要因があるといえよう。
　これまでの「一人っ子」に関する研究は、内容からいえば、「一人っ子」と「非一人っ子」との行動様式、生活態度などの側面における比較、または一つの地域に限った研究が主流であった。研究方法の点で言えば、子どもが調査対象となる研究がほとんどである。本研究は、家庭教育の担い手である親、または教育される対象である子どもを同時に調査対象とし、親と子どもの家庭教育に対する認識の差異の観点から、親の教育意識における問題点を探った。研究方法としては、三つの地域で調査を行い、地域間の比較研究によって、「一人っ子」の家庭教育における地域差を検証した。とくに、同じ「一人っ子」家族でも、地域によって異なる結果が得られたことによって、「一人っ子」研究における地域差の検証の重要性を明らかにした。
　「一人っ子」の家庭教育問題は、単に家族構成から生じた問題ではなく、さまざまな社会的な要因と絡み合っているといえる。今後、中国の文化

終章　中国における「一人っ子」の家庭教育の特質

システム、または階層システムが変化することによって、「一人っ子」の家庭教育の展開内容も変わる。変動する社会と「一人っ子」の家庭教育との関わりは今後いっそう重視すべきであろう。今回、本研究の分析には、親の所得を分析の要因に入れなかった。この理由は、現在の賃金制度における不透明さに原因がある。親の所得と子どもに対する教育意識との関わりについては今後の研究課題としたい。

【注】

(1) アンソニー・ギデンズ著・松尾精文他訳　1993、『社会学』而立書店、80頁。
(2) T. パーソンズ/R. F. ベールズ著・橋爪貞雄他訳　1981、『家族』黎明書房、62頁。
(3) 濱嶋　明・竹内郁郎・石川晃弘編　1997、『新版　社会学小辞典』有斐閣、545頁。
(4) ギデンズ、前掲書、35頁。
(5) 魯潔主編　1990、『教育社会学』人民教育出版社、137頁。

補　章　1

家庭教育振興における「家長学校」の役割
――中国の「家長学校」に関する一考察――

はじめに

　中国語で「家長」は、子どもの保護者を意味している[1]。「家長学校」[2]とは、子どもをもつ保護者が家庭教育に関する理論と方法を学ぶために開設されている家庭教育学級である[3]。「家長学校」が家庭教育に関する知識の普及、家庭教育水準の上昇などの側面に大きな役割を果たしていることは、以下の調査データからも窺うことができる。
　1996年9月、筆者は中国のウルムチ市(新疆ウイグル自治区)、長春市(吉林省)、北京市および上海近郊の青浦県で、小・中学生をもつ保護者887名を対象に「家庭教育に関する保護者の意識」のアンケート調査を行った。その際、保護者たちに「あなたは家庭教育の知識をどこから得ましたか」という質問をしたところ、驚くべき結果が得られた。表0-1はこの質問項目に対する回答の集計である。ここに見るように、保護者の家庭教育に関する知識の習得は、子ども時代の体験と挙げた人の比率が最も高いのに続き、「家長学校」と挙げた人の比率が二番目に多かった。
　このアンケート調査以降、「家長学校」に行った経験がある保護者への

補章1　家庭教育振興における「家長学校」の役割

表 0-1　あなたは家庭教育の知識をどこから得ましたか

単位：%

子ども時代の体験から	37.9
友人から教えてもらった	8.8
家庭教育に関する専門的な書物から	13.3
家庭教育に関するラジオ・テレビ番組から	16.9
「家長学校」から	18.9
未回答	4.2
合計（n=887）	100

聞き取り調査においても、「家長学校」で学んだ家庭教育の知識が実際の子どもの教育に大変役立ったという意見が多数寄せられており、それに対する評価の高さが注目される。それでは、保護者たちの間に高い支持を得ている「家長学校」は、いったいどのような方法で保護者たちに家庭教育の知識を授けているのだろうか。また、「家長学校」の設置目的・運営体制・学習内容の実態はいかなるものであろうか。さらに、中国の家庭教育の振興における「家長学校」の位置づけはどのように認識されているだろうか。

　現在、「家長学校」の影響がますます増大するにつれて、「家長学校」を取り上げる研究が増えてきている。しかしながら、これまでの研究は、「家長学校」の学習内容に焦点を合わせたものがほとんどである。こうした傾向は、「家長学校」を専門的に紹介する書物の中にも見られる。例えば、『家長学校読本』(1990)[4]、『小学校家長学校50講義』(1996)[5] などのような書物は、「家長学校」の学習内容しか触れていない。以上のような文献は、「家長学校」を断片的に論じるものにすぎず、「家長学校」の全体を知ることはできない。「家長学校」の実態を明らかにするには、単に学習内容の視点から検討するだけでは不十分であり、「家長学校」の設置目的、運営体制に関する検討も考察の視野に入れる必要があると言え

第Ⅳ部 「一人っ子」親の教育意識の規定要因

よう。
　以上の問題意識を踏まえ、本章の目的は、80年代に開設された中国の「家長学校」を設置目的・運営体制・学習内容という三つの側面から解明し、これと関連して、中国の家庭教育の振興における「家長学校」の位置づけを考察することにある。この目的を達成するために、本章では、まず中国の家庭教育における問題点（第1節）、次に「家長学校」を出現させた社会的背景（第2節）、それから「家長学校」の設置目的・運営体制・学習内容の実態（第3節）、最後に家庭教育振興における「家長学校」の役割（第4節）、という四つの部分によって議論を進め、最後に本章の内容をまとめるとともに、「家長学校」における今後の課題を示す。
　本論に入る前に、本章の考察に用いる資料について説明しておきたい。中国の各地域では、「家長学校」の学習活動をスムーズに行うために、「家長学校」に関していろいろな具体的な規定が設けられている。例えば、「南京市家長学校の学習綱要（試行）」（中国語：「南京市家長学校弁学綱要（試行）」、1998年）、「浙江省家長学校の学習指導綱要（試行）」（中国語：「浙江省家長学校教学指導綱要（試行）」、1996年）などがある。「家長学校」に関する各地域の規定には共通点が多く見られる。そのなかで、「南京市家長学校の学習綱要（試行）」に注目すると、この学習綱要の規定内容は、いままでの同様のものと比べ極めて詳細であり、その意味で「家長学校」の運営体制を知るには大いに参考になると思われる。本章は、「南京市家長学校の学習綱要（試行）」（以下、「学習綱要」と称する）を一つの参照事例として取り上げ、この「学習綱要」をめぐる検討を中心に、「家長学校」の実態を明確にする。

補章1　家庭教育振興における「家長学校」の役割

第1節　中国の家庭教育における問題点

　中国では、家庭教育に対する認識は、社会の変化にともなって変わりつつある。本研究の第1章ですでに論述したように、70年代末以降、中国の社会は「政治社会」から「消費社会」へと転換し、大きく変わりつつある社会に置かれている家族の育児にも問題が多く生じた。こうした社会状況のなかで、家庭教育の重要性がますます認識され、これに対応して、1980年9月に中国の教育史上初の家庭教育に関する学術団体、「北京市家庭教育研究会」が設立された。これに続いて、各地域にも同様な教育研究会が設立され、それ以後、家庭教育に関する研究は一層盛んになってきた。

　中国の家庭教育における問題点は、保護者側からいえば主に2点を挙げることができる。すなわち、第1は保護者たちの平均教育水準が低いということ、第2は家庭教育の方法に多くの問題が存在していることである。

　中国では、1979年に「一人っ子政策」を実施して以降、総人口に占める14歳以下の子どもの割合は少しずつ減少してきており、1996年の『中国人口統計年鑑』によると、14歳以下の人口は国民総人口数の25.9％を占めている（図0-1）。これはすなわち、総人口12億を抱える中国における14歳以下の子ども人口は3億強ということになる。このことからも、子どもの教育問題の切実さが分かるだろう。ところが、1995年中国人口センサス（1％抽出調査）の調査によれば、全国の15歳以上の人口の平均教育年数が6.7年であり、これは小学校卒業相当の教育水準にすぎない。この統計数字から明らかなように、中国では成人の平均教育水準が比較的低い。ここから推測されるのは、子どもをもつ保護者たちの平均教育水準も高くないということである。

　こうした家庭背景のもとで、家庭教育の現状はいったいどのようになっ

第Ⅳ部 「一人っ子」親の教育意識の規定要因

ているであろうか。『人民日報』は、1987年上海市において一万家庭を対象に家庭教育の状況についての大規模調査を行った。この調査結果をまとめた報告書[6]では、「調査した家庭の87.6％は子どもに対する教育の方法が不適切である。適切な教育方法を用い、よい教育結果が見られた家庭は、わずか12.4％にすぎない」と結論づけている。このような結果をもたらす要因としては、上述した保護者たちの平均教育水準が高くないことも主たる要因に挙げられる。しかし、高学歴を有する保護者についても子どもに対する教育に必ずしも問題がないとは言い切れない。なぜなら、北京市の家庭教育研究会、婦人連合会などの機構によって設立された「婦人児童の保健・家庭教育に関する相談所」の調査結果によると、高学歴の保護者にも育児における困難と問題は多く見られたという[7]。

家庭教育とは、狭義では保護者による子どもに対するしつけ、訓練であり、「一定の資格をもつ専門家が組織的、系統的に行う学校教育と比べ

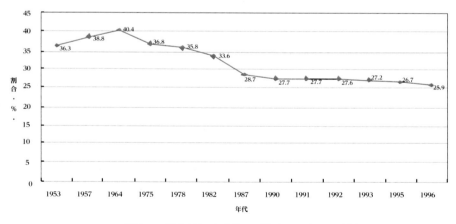

図0-1 総人口に占める14歳以下の人口の割合

注：1953-90年のデータは、『中国歴代人口統計資料研究』（1996年）を参考、
　　1991-96年のデータは、『中国人口統計年鑑』（1992-97年）によるものである。

ると、家庭教育の内容には極めて幅の広い差異がある」（文部省　1987、6頁）と言われる。特に、保護者たち自身の子ども時代の体験、生活環境、さらに価値観などの側面においては大きな格差があるため、それぞれの子どもに対する教育意識にも差異が存在する。この点で言えば、子どもをもつあらゆる保護者は一定の家庭教育の知識を取得する必要があると言えよう。保護者の家庭教育に関する知識の取得の必要性は、中国の児童の発展に関する政府文書[8]にも明記されており、「児童（14歳以下）をもつ90％の保護者は、ある程度の保育、教育知識を学ぶことができる」ことが、90年代中国における児童の生存、保護および発達に関する主な目標の一つとして定められている[9]。

第2節　「家長学校」を出現させた社会的背景

　以上で見たように、中国の家庭教育状況を改善するために、家庭教育の知識を普及させる必要があることは明らかである。ところが、中国の家庭における「新しい変化」によって、この問題は一層深刻化してきている。周知のように、1970年代末から、中国社会は経済改革・開放によって大きく変化した。こうした社会変化のなかで、中国の家庭にも以下のような「新しい変化」が出現した。

　第1は、1979年の「一人っ子政策」実施によって生じた「一人っ子」の教育問題である。子どもが一人しかいないため、保護者の関心はすべて子どもに集中し、「四、二、一っ子」[10]の育児状態に置かれた子どもは、「小皇帝」あるいは「小太陽」と呼ばれるようになった。そして、「一人っ子」に対して如何に教育するべきであるのかという問題から、家庭教育に関する知識の取得の必要性が一層強まった。

　第2は、保護者の教育体験についての問題がある。70年代末に結婚年

第Ⅳ部　「一人っ子」親の教育意識の規定要因

齢に達した若者のほとんどは、文化大革命期に学校教育を受けた世代である。彼らは政治一色に染められた社会背景のなかで、学校教育を十分に受けることができなかった。そのために、彼らの中に、自分の子どもを如何に教育するかということに戸惑う者が多いと指摘されている[11]。

　第3は、1977年の大学入試再開によって、高学歴を求める傾向が高まったという問題がある。保護者は子どもの英才教育に熱狂し、子どもの社会化に欠かせないしつけや道徳教育などの教育の重要性を無視する傾向が顕著である。

　第4は、情報社会に適応できないという問題である。70年代末以降、中国の社会は情報公開規制の緩和、または情報伝達手段の改善によって、社会の情報化が進んだ。ところが、溢れるほど多種多様な教育情報に接して戸惑う保護者が少なくない。教育情報に左右される保護者の姿が多く見られるのである。

　こうした家庭の変化にともない、「家庭の教育力が低下した」と指摘されている。家庭教育の水準を上昇させるために、保護者に一定の家庭教育の知識を持たせることに対する認識が高まりつつある。だが、保護者たちの家庭教育知識を求めることに対して、社会的な家庭教育の指導体制の整備が依然不十分である。

　中国では、長い間政治活動に気を取られたために、家庭教育の展開および指導体制の完備は重要視されなかった。80年代以降、家庭教育に関する研究が再開されたにもかかわらず、長期にわたって蓄積された多くの問題を短期間に解決することは不可能である。そのために、家庭教育の指導における専門人材の育成、指導の制度化などの側面においては、社会のニーズに対応できない状態となっている。すでに述べたように、80年代以降中国ではさまざまなマス・メディアを用いて家庭教育の促進に力を尽くしているが、この方法について「一方通行」の問題が指摘されている[12]。要するに、保護者たちはマス・メディアを通して一定の育児知識を得ることができるにもかかわらず、育児に関して直接にカウン

セリングを行う専門機構が少ないため、それぞれの家庭教育に関する悩み・疑問について、専門家と意見交換ができないという問題が指摘されている。こうした家庭教育の指導体制の不備のなかで、専門家によって運営され、かつ家庭教育に関する専門知識を授業・議論という形式で伝える「家長学校」は、より効果的なものとして保護者たちから高い信頼が得られた。

「家長学校」は、保護者の家庭教育水準を上昇させることに重要な役割を果たすことが社会に認められ、さらに「家長学校」の推進は、中国政府の児童の発展に関する計画の中に取り入れられている。『九十年代中国児童発展規劃概要』においては、「都市部では、地域コミュニティによって運営されている新婚夫婦学校、妊婦学校、乳幼児、小・中学生をもつ保護者を対象とする『家長学校』を開催し、異なる年齢の児童をもつ保護者に、全体的な家庭教育の知識と方法を提供する」と定めている[13]。このように、「家長学校」は、中国の家庭教育の振興に貢献することが期待されている。

第3節 「家長学校」の設置目的・運営体制・学習内容

1.「家長学校」の設置目的

「家長学校」の目的は、保護者の資質と家庭教育の水準を全面的に向上させることにある。ところが、「家長学校」は、単に以上の目的に止まらず、さらに大きな目標も掲げている。「学習綱要」は、「『家長学校』は保護者の教育意識の更新を促進し、家庭、学校と地域社会の三者連携を強化し、学生が徳育、知育、体育のあらゆる面で健やかに発達することを促進し、家庭、学校、地域における道徳水準の上昇を推進する」と明記している。

こうした目的を達成するために、「家長学校」は以下のような具体的な

第Ⅳ部 「一人っ子」親の教育意識の規定要因

目標を制定している。
 (1) 国家の教育方針、政策および法規を知り、『児童の権利条約』、『未成年者保護法』、『義務教育法』などの法律を遵守し、保護者に適切な家庭教育の意識と観念を樹立させる。
 (2) 家庭教育に関する適切な教育方法と知識を教え、保護者の資質、教養水準を向上させ、家庭における教育環境を改善する。
 (3) さまざまな教育組織間の交流を強化し、教育的な連携を形成させる。
 (4) 異なる年齢の子どもをもつ保護者の需要に応じて、青少年の発達における生理的、心理的な特徴、必要な栄養知識、教育方法を紹介する。
 (5) 地域コミュニティにおける道徳水準の上昇に貢献する。
 (6) 保護者を集め、家庭教育の経験の交流を通し、家庭教育の原理と教育方法を探索し、家庭教育の研究成果を広げる。

　以上の6点の規定は、「家長学校」の学習目的を明示している一方、その目的の達成度を判断する主な指標にもなる。

2. 「家長学校」の運営体制

　これまでに開設された「家長学校」は、市町村の教育委員会によって設置されたものもあるが、学校あるいは幼稚園が当該校の学生、園児の保護者を対象に開設しているものの数が圧倒的に多い。学校によって設置される「家長学校」は、主に三つの特徴があると言われる[14]。つまり、第1は、学校教育と家庭教育の教育対象者が一致していることである。これによって、学校と家庭との関係は密接になりやすい。それゆえ、学校と保護者は、子どもの教育に関する意見の共通点が多い。第2は、学校は保護者から学生の情況を把握できる一方、教育に関する理論と知識を有し、かつ豊富な実践経験をもつ多くの専門家を有しているため、「家長学校」の開設および家庭教育の指導の一貫性を保つことができる。第3は、ほかの教育機関より、基本的な教育設備を備える学校は、「家長学校」の学習に必要となる教育条件を提供することができる。

「家長学校」の運営体制について、南京市の場合は以下のように規定している。
(1)「家長学校」の運営は、市教育委員会の部門別責任者が責任を負い、徳育教育課によって具体的な実施を行う。各区・県の「家長学校」は、区・県の教育委員会の部門別責任者が責任を負い、関連する機構から担当責任者を指定する。
(2)「家長学校」は、開設する学校(幼稚園)側の主たる責任者を校長に定め、保護者会のメンバー(中国語:家長委員会[15])が運営に参加し、3〜5人の運営係を設置する。
(3)「家長学校」の運営は、開設する機構の年度計画の中に取り込む。「家長学校」は、規定条件を満たす教育施設を有し、さらに運営側が「家長学校」の看板あるいは標識を立てなければならない。
(4)「家長学校」の教師は、契約制によって採用され、市・区の教育委員会が採用者に対する訓練を行い、より高度な専門知識と高い授業水準を有する専任あるいは兼任の教師組織から形成される。

以上の規定は、市・区の教育委員会[16]、学校および保護者の「家長学校」の運営における役割分担を明確に定めている。これは、「家長学校」の運営をスムーズに進めるうえで組織上の保証を与え、「家長学校」の学習が継続的に行われることも保証していると考えられる。

3.「家長学校」の学習内容

「家長学校」の学習内容は、異なる年齢の子どもの発達段階にしたがって規定されている。現在では、幼稚園、小学校1〜3年生、4〜6年生、中学生、高校生、職業高校(中専)[17]の学生に分類されている[18]。ここでは、具体例として各々の教育要求を紹介する。

(1) 幼稚園の「家長学校」の教育要求
①『児童の権利条約』の基本内容を理解し、児童の人権を尊重する。

第Ⅳ部 「一人っ子」親の教育意識の規定要因

② 幼児教育学、心理学、衛生学の基本知識を学び、幼児の各発達段階における特徴と教育方法を明確にする。
③ 幼児の栄養保健に関する基本知識を理解する。
④ 園児の幼稚園における一日の活動習慣を理解し、幼児に良好な生活習慣と衛生習慣を身に付けさせる基本的な方法を把握する。
⑤ 幼稚園の教育活動の基本的な内容を理解し、幼児に生活能力および活発的で明るい性格を養成する方法を把握する。
⑥ 幼児を尊重し、幼児の自信と適切な興味を養成させ、幼児の学習意欲を促進する。
⑦ 幼児の言語能力の開発のメリットを理解し、幼児の言語能力の養成に関する基本的な内容と方法を把握する。
⑧ 幼児の知力開発の内容と方法を理解する。
⑨ 幼児教育と小学教育との関係を理解し、適切な教育方法を把握する。

(2) 小学校の学年別の「家長学校」の教育要求
《 1-3 学年 》
① 『義務教育法』の基本内容を理解し、児童の教育を受ける権利を尊重する。
② 児童の小学校への入学が重要な転機であることを理解し、入学前の準備をより順調に進める。
③ 小学校低学年の児童の栄養保健に関する基本の知識を知る。
④ 教育を身につけさせることの重要性と基本的な内容を理解し、児童に良好な品徳を身につけさせることに関する基本的な原理と方法を把握する。
⑤ 児童に良好な学習習慣を身につけさせる方法を把握する。
⑥ 保護者が有すべき個性、素質を理解し、自己修養を向上させる重要性を知る。

《4-6 学年》
① 児童の各年齢段階における特徴と教育方法を把握する。
② 小学生に対する目標要求を明確にし、児童の"主人公"精神の養成を把握する。
③ 子どもの学習習慣と学習能力の養成に関する基本的な方法を把握する。
④ 児童の知力開発と持続的な体育訓練の方法を把握する。
⑤ 保護者が有すべき知力を理解し、小学校の高学年生徒の知力開発の方法を把握する。
⑥ 小学校から中学校への進学過程における問題を理解し、子どもの中学校への移行をスムーズにするための役割を果たす。

(3) 中学校の「家長学校」の教育要求
① 『未成年者保護法』の基本内容を理解し、子どもの心身健康を守る。
② 中学生の徳育、知育、体育の三つの側面における基準を明確にし、中学生活を順調に踏み出す第一歩を把握する。
③ 中学生の生理的、心理的な基本知識を把握し、親子コミュニケーションの基本的な方法を了解する。
④ 子どもに良好な行動習慣を身につけさせる方法を学ぶ。
⑤ 子どもの学習意欲の養成、学習能力の上昇に関する基本的な方法を了解する。
⑥ 中学生の思春期における生理的、心理的な特徴を理解し、心理的な素質を改善する方法を学ぶ。
⑦ 健康的な情操の養成、潜在的な自己意識を引き出す方法を学ぶ。
⑧ 中学生の学習障害の排除、学習遅滞の予防、中学生が健やかに成長する方法を学ぶ。
⑨ 中学生に適切な学習目標を設定させ、進学希望に関する指導方法と試験前の心理をコントロールする方法を確立させる。

(4) 高校の「家長学校」の教育要求

① 高校生の生理的、心理的な特徴を理解し、高校生の基準を明確にし、高校生に適切な恋愛観、婚姻観、家庭観を持たせることを学ぶ。
② 高校生との心理的な交流方法を把握し、高校生の対人関係に対する指導方法を了解する。
③ 高校生の道徳情操、人格の発展に関する知識を理解し、自己認識を向上させる方法を学ぶ。
④ 高校生の知力発展、能力の上昇に関する方法を把握する。
⑤ 高校生の学習に影響を及ぼす知力以外の要素に関する知識を理解し、有効な解決方法を学ぶ。
⑥ 卒業生の心理状態を理解し、心理をコントロールする方法を学ぶ。
⑦ 高校生に目指す目標を設定させ、進学と就職の選択などを指導する方法を学ぶ。

(5) 職業高校（中専）の「家長学校」の教育要求

① 職業高校（中専）の学生の生理的、心理的な特徴を了解する。
② 職業高校卒業生の基準を明確にし、子どもが職業高校での勉強をスムーズに展開する方法を学ぶ。
③ 職業高校（中専）の学生との交流の方法を把握し、学生の対人関係を指導する方法を理解し、職業高校（中専）の学生を適切な恋愛観、婚姻観、家庭観へ導く方法を学ぶ。
④ 関連する法律、法規を学び、職業高校（中専）の学生の法律に関する知識を強化し、法律を遵守する自覚を向上させる。
⑤ 産業界の特徴を理解し、学校の職業道徳教育に協力する。
⑥ 職業高校（中専）の学生に目指す目標を設定させ、社会への適応や正しい職業の選択方法を学ぶ。

補章 1　家庭教育振興における「家長学校」の役割

　以上のように、「家長学校」の基本学習内容は、教育、心理、衛生、保健、法律などの各領域の知識から形成されている。そのうえで、異なる教育段階に立つ子どもが直面する問題に対して、保護者および子どもが如何に対処したらよいのかについて、それぞれの学習内容が取り入れられている。

　「家長学校」は、これらの教育内容に対する理解をより深めるために、さまざまな実践的な教育活動も実施している。これらの実践的教育活動の内容は多岐にわたっている。表 0-2 はそうした一連の教育活動の名称、目的・要求、主な内容をまとめたものである。表 0-2 に示したように、「家長学校」の教育活動の内容は、子どもの発達に適応する環境の作り方から、保護者と子どもとの触れあいにまで至り、極めて多様である。しかも、活動の対象者は両親だけでなく、子どもの祖父母も含まれている。これは、中国の祖父母が孫の育児に協力する社会習慣があることに対応したものである。「家長学校」は、育児における祖父母の参加という伝統的な習慣を重視し、家庭教育に関する専門知識の学習を祖父母にまで広く教えようとしている。

　表 0-2 に示されている教育活動は、家庭教育講座以外は不定期で行われるものである。「家長学校」の家庭教育講座の学習時間は、地域あるいは学校の状況にしたがうものであるため、ほとんどの学習綱要において明確な規定が見当たらない[19]。ところが、南京市の場合は、一つの学習課程が 30 時間と規定されている。さらに、南京市は、参加者の名簿を作り、毎回出欠確認をとることも明記している。

第Ⅳ部 「一人っ子」親の教育意識の規定要因

表 0-2 「家長学校」における実践的な教育活動

教育活動	目的・要求	主 な 内 容	対象者
家庭教育講座	育児の知識を両親に教える	1. よい育児：栄養のバランス、休み時間、衛生習慣　2. よい教育：知力の開発、活発的な教育を求める　3. よい環境：子どもの成長に相応しい家庭環境	両親
父親懇親会	よい父親を目指す。"権威"的な父親、あるいは"無力"的な父親にならないこと	よい父親になるための事例を紹介する	主に父親
母親懇親会	理想の母親を目指す	"よい母親"の事例を紹介する、良妻賢母は女性の美徳	主に母親
家庭音楽会	家庭生活を充実させ、よい家庭の雰囲気を創り出し、修養を高める	二世帯、あるいは三世帯の参加を主にし、子どもの幸せを祈る歌を歌う	家族全員
理想の教師像	意見の交換によって、幼稚園、学校の教育方法を改善する	実例を取り上げ、作文・絵画あるいは雑談によって理想の教師像を明らかにする	両親
祖父母の育児会	祖父、祖母に育児知識を紹介する	孫のよいところを褒め、子どもを溺愛することに生じている問題について考える	主に母親
意見箱	親たちは自分の教育観を述べ、自らの要求、提案、見方などの提供によって考え方を交換する	手紙あるいは"親の壁新聞"によって親の意見を交換する	両親
家族の郊外旅行	活動を通じて生活の楽しさを体験し同時に家族構成員の関係を促進する	子ども、親、教師の三者の参加で自然環境を知り、知識を拡大する	両親と子ども
食事問題交流会	子どもの食事の管理に関する問題を勉強する	親たちは自分の子どもの食事習慣を紹介する	父親 or 母親
睡眠問題交流会	子どもの適切な睡眠習慣について交流する	寝る前に音楽を聴く、早寝早起きの習慣を身につける	母親 or 祖母
料理交流会	料理の方法を学び、交流し、栄養バランスのよい子ども食を研究する	各自は自慢できる一つの料理を持ち込み、園児に賞味してもらう	両親と教師
生活能力観察会	子どもの独立性を養成し、了解する	子どもの靴を履く、衣服の着替え、ハンカチの洗濯などの軽い労働についてのゲームをして親たちはこれらの結果を通じて比較する	両親と教師
幼稚園、学校への奉仕	幼稚園、学校、親及び子どもとの関係を奉仕活動を通じて深め、幼稚園、学校への愛着心を養成する	幼稚園、学校のために、記念となる友好活動を行う	父親 or 母親
家庭運動会	家庭生活を充実させ、親子関係を深め、体育活動を重視する	両親と子どもとが参加できるスポーツ試合を行う	両親と子ども

教育活動	目的・要求	主な内容	対象者
模範親表彰会	親に幸せを感じさせ、教育の義務を果たすと同時に達成感を与える	親のよいところを肯定する	主に両親
親の授業参観	親たちは幼稚園、学校の授業情況を知り、子どもの学校での様子を解する	学校教育を順調にし、全人教育のために多様な活動を採り入れる	両親 or 祖父母
マンガ展示会	マンガを通じて、反面教師の作用によってよい教育結果をもたらす	マンガ資料の収集、親たちによって描いたマンガ作品の展示	親たち
感想交流会	勉強の成果を総括する	どんな内容でもいい、口述、作文、画の形式	親たち

出所：張瑞英（1990）p.19より。

　学習内容をスムーズに進めるために、「家長学校」は一定の教育水準を満たすことも必要である。一定の教育水準を維持するために、関連機構からの監督が必要とされている。南京市の場合、市教育委員会の道徳教育課、区教育委員会の関連部門は、担当責任者の「家長学校」への派遣、またはすべての「家長学校」を対象に、運営状況、授業過程、教育効果、研究成果などの側面に対して、定期あるいは不定期に外部による査察と評価を行っている。それと同時に、「優秀な家長学校」、「優秀な家庭教育指導者」、「優秀な保護者」、「優秀な家庭教育論文」などに対する選考を行い、表彰するという施策をとっている。これは、「家長学校」の学習活動のレベルを保証すると同時に、学習を促進していると考えられる。

第4節　家庭教育振興における「家長学校」の位置づけ

　1980年代以降、中国社会は、経済発展によって大きく変化した。経済水準の上昇によって、子どもの教育に積極的に投資する家庭も大幅に増えてきた。しかし、教育に関する情報が社会に溢れるなかで、必要なものを適切に受けとることができず、過剰な情報に迷ってしまうという問

第Ⅳ部 「一人っ子」親の教育意識の規定要因

題が本研究の第5章ですでに検証されている。

　一方、木山の行った中国の江蘇省南部地域での調査結果によると、家庭教育がうまくいかない理由について、教育方法を挙げた保護者がもっとも多くを占めている（図 0-2）。木山は、「教育方法へのこだわりは、家庭教育の振興と無関係ではない」と指摘している[20]。確かに、家庭教育への期待が高くなることによって、子育てに関する情報も多く社会に流される。しかし、多くの情報の中から、自分に必要とする情報を取捨選択することは容易ではない。それゆえ、「教育方法へのこだわり」は、教育情報の過剰がもたらした皮肉な結果なのかもしれない。

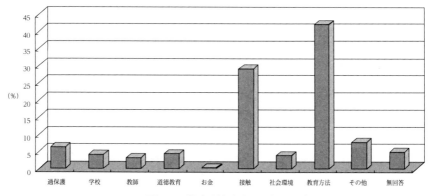

図 0-2　教育がうまくいかない理由

出所：木山（1996）p.81 より。

　そうした状況のなかで、学校によって開設されている「家長学校」は、保護者のニーズに応じて学習内容を決めることができ、また継続的に、かつ専門家による授業を行うなどの特徴を有するため、保護者にとってより効果的な学習であると考えられる。「家長学校」は、これまで家庭教育振興における「一方通行」の問題の解決に貢献し、家庭教育の専門家との意見交流の場を保護者に提供している。これは、保護者の家庭教育

に関する専門知識の学習効果をより促進し得ると思われる。

　膨大な人口を抱える中国では、家庭教育に対する政府の財政的な援助には限界がある。複雑な社会事情を抱えるなかで、家庭教育の発展は政府にのみ頼るのではなく、家庭、学校と地域社会の三者連携がもっとも重要である。「家長学校」は保護者の家庭教育水準の改善に大きな役割を果たしている一方、家庭、学校と地域社会の三者連携の媒介作用も発揮した。すでに述べたように、保護者の家庭教育に関する専門知識の学習、また「家長学校」の開設は、中国の90年代の児童の生存、保護および発達に関する発展計画に明記されている。これは、家庭教育振興における「家長学校」の重要性を物語っていると言えるだろう。

おわりに ―　「家長学校」における問題点と今後の課題

　1980年代以降、社会における新しい変化は、家庭教育に関する専門知識を求める傾向を一層高めた。研究機関および大学が、家庭教育に関する研究に積極的に取り組んでいる一方、全国規模の中華家庭教育学会も、地域における家庭教育研究会とのネットワークによって、家庭教育知識の普及に力を尽くしている。しかしながら、家庭教育に関する指導体制はまだ完備されていないという問題が存在している。こうした社会的背景のもとで、「家長学校」は家庭教育指導の補助機関として大きな役割を果たしていることは言うまでもない。

　学校によって開設された「家長学校」は、保護者のニーズに応じて学習活動を行い、また共通の教育対象者である子どもを通じて保護者から高い信頼を得ている。教室での授業、また専門家との直接の意見交流などの方法で進むという特徴をもつ「家長学校」は、保護者の家庭教育の水準を向上し、したがって子どもの発達を促進するという役割に政府か

第Ⅳ部　「一人っ子」親の教育意識の規定要因

らも大きな期待を寄せられている。しかしながら、「家長学校」には以下のような課題が存在している。

　まず、「家長学校」は、学校によって開設されているため、保護者から信頼を得やすく、したがって家庭教育に関する専門知識の普及に大きな効果を果たせる。ところが、家庭教育が学校教育の付属物となる可能性が潜んでいる。家庭教育は、あくまで独立した発展系統を有するために、学校教育と異なる性質を持っている。そのために、「家長学校」は如何に家庭教育の特徴を重視し、家庭教育に関する知識の学習効果を最大限に発揮できるのかという問題が、一つの難しい課題である。

　次に、「家長学校」は保護者の家庭教育に関する専門知識への期待を満たすことができるが、保護者の家庭教育に関する教育意識の問題の改善には限界がある。保護者の家庭教育に対する意識は、むしろ保護者の自らの生活体験、または暮らしている社会の変動から受けた影響が大きい。その意味で、「家長学校」はさまざまな教育活動を通して保護者の教育意識の改善に貢献できるが、そこには限界があることも忘れてはならない。

　最後に、家庭教育振興においては、家庭、学校と地域社会の三者連携が重要である。現在、学校は、「家長学校」の運営に対して主導的な存在であるが、今後、「家長学校」における家庭と地域の作用を如何に拡大するのか、または家庭、学校と地域社会が如何に「家長学校」を基盤にして家庭教育の振興を促進できるのかという研究課題に取り組む必要があるだろう。

【注】

(1)　大東文化大学中国語大辞典編纂室編　1994、『中国語大辞典』（下）、角川書店、1461頁。

補章 1　家庭教育振興における「家長学校」の役割

(2) 「家長学校」は、日本語で「父母学校」、「父母学級」というように訳すことができるが、本章中は、中国語のままで用いることにする。
(3) 『南京市「家長学校」弁学綱要（試行）』、1998 年。
(4) 汪声樹・劉通編　1990、『家長学校読本』福建教育出版社。
(5) 魏彤・樊萍編著　1996、『小学家長学校 50 講』瀋陽出版社。
(6) 「上海抽様万戸調査家教現状－近九成家庭教育方式不甚科学」、『人民日報』1987 年 5 月 19 日。
(7) 「北京二千例育児諮詢表明－一些年青父母育児方法失当」（『人民日報』1988 年 2 月 1 日付）を参照。
(8) 『九十年代中国児童発展規劃概要』とは、1992 年 2 月 16 日付公布された政府文書である。この詳しい内容は、楊春華「九十年代中国における児童の発展に関する計画」（資料紹介）（名古屋大学大学院教育学研究科教育学専攻『教育論叢』第 41 号、1998 年 3 月）を参照。
(9) 前掲、「九十年代中国における児童の発展に関する計画」、64 頁。
(10) 「四、二、一っ子」とは、四人の祖父母、両親および「一人っ子」との家族構成を意味する。
(11) 徐惟誠　1992、「中国家庭教育事業的発展－在第三届北京－東京城市問題学術討論会上的基調発言」『父母必読』第 7 期、5 頁。
(12) 麦青　1995、「浅議家庭教育成功的前提：提高家長素質」『江西教育科研』第 2 期、28 頁。
(13) 前掲、「九十年代中国における児童の発展に関する計画」、64 頁。
(14) 趙忠心　1994、『家庭教育学－教育子女的科学与芸術』人民教育出版社、428 頁。
(15) 「家長委員会」とは、小・中学校、幼稚園によって設立され、保護者の代表者から形成された組織である。その役割は、学校と保護者との関係を深め、保護者の学校への提案と意見を反映し、学校の教育活動に参加することなどである（前掲趙忠心『家庭教育学』、422 頁）。
(16) 地域の教育委員会は、家庭、「家長学校」、家長委員会（PTA）および学校との関係については、第 1 章の図 1-1「南京市中華門地区教育委員会組織図」を参考。
(17) 「中専」とは、中等学校の卒業者を対象にする中等専門学校の意味である。
(18) 1996 年に制定した『浙江省「家長学校」教学指導綱要』は、高校、職業高校（中専）の学生の保護者を対象にしていなかった。また、中華全国家庭教育学会は、家庭教育の指導者を養成するために編集した『全国家庭教育の指導者を養成・訓練する教材に関する指導概要』（『全国家庭教育培訓教材指導綱要』、上海科学普及出版社、1993 年）においても、高校生と職業高校（中専）生についての内容には触れていない。ところで、両者はともに、入学前の子どもを、3 歳前と 3-6 歳に分けている。それによって、それぞれの保護者に対する学習内容が子どもの年齢の違いによって多少異なっている。『南京市「家長学校」の学習

第Ⅳ部 「一人っ子」親の教育意識の規定要因

　　　概要』においては、高校生、職業高校（中専）生をもつ保護者に家庭教育の専門知識を提供することを明確に規定しており、「家長学校」の学習対象者の範囲が拡大されたと判断される。
(19) 例えば、『浙江省「家長学校」教学指導綱要』、『全国家庭教育培訓教材指導綱要』においては学習内容を規定しているが、学習時間についての規定はない。
(20) 木山徹哉　1996、「中国の親子関係－『父母必読』誌上の子育て相談室の検討を中心に－」『岡崎女子短期大学研究紀要』第30号、81頁。

補 章 2

中国における「一人っ子」研究の現状

はじめに

　中国における「一人っ子」問題に関する研究は、1979年の「一人っ子政策」の実施以来、数多くの成果をもたらしてきた。この間、「一人っ子」人口は増え続け、たとえば1979年から2010年までに政府の「一人っ子」証書の交付を受けた子どもの数は合計1億2000万人に達している[1]。この「一人っ子」団塊世代は、中国社会において、その人口規模が大きくなるにしたがって注目を集めてきた。本章では、成人期に達した「一人っ子」を対象とする、近年の研究の状況を概観する[2]。

第1節　近年の「一人っ子」研究の特徴

　1979年に「一人っ子政策」が実施されてから30年以上が経過し、「一人っ子」第一世代は家庭を築き、子どもをもうける世代となった。かつての

第Ⅳ部 「一人っ子」に対する親の教育意識の規定要因

　「小皇帝」が親となり、子育てを始めるようになったことで、第一世代の生活様式や子どもに関する家庭教育のあり方が社会の関心を集めている。また、中国社会では高齢者を家庭で養うのが一般的であるため、「一人っ子」第一世代が独立した後の親の老後の生活も、社会問題となりつつある。
　「一人っ子」問題に関する研究論文は、様々な分野の学術誌で発表されてきたが、なかでも論文数（1979年～2008年刊行分）の上位三位の分野は、心理学（28％）、教育学（23.9％）、社会学（23.6％）である[3]。
　近年の「一人っ子」問題に関する研究は、以下の三つの観点から分類することができる。
　第一に、研究内容の観点からは、「一人っ子」「非一人っ子」の比較研究、また「一人っ子」群の特徴を明らかにした研究を挙げることができる。前者の研究は、「一人っ子」「非一人っ子」の差異が年齢の上昇にしたがって縮小したことから、年齢が両者の差異の要因になっていると結論づけた[4]。これに対し、後者の「一人っ子」に関する研究は、家庭教育のあり方に注目したものである。これらの研究の結論は様々であるが、「一人っ子」の成長過程で生じた諸問題は、主に家庭教育によってもたらされたと理解する点では概ね一致している[5]。したがって、多くの研究者の関心は、子どもが「一人」という環境のために生じる問題の克服の方法に集中し、そこでは家庭教育の中での「一人っ子」の成長環境の改善が提案されている。
　第二に、研究方法の観点をとると、政策論方法、個人主義論方法（ミクロ）、社会構造論方法（マクロ）が見られる[6]。まず政策論方法は、人口政策の需要に応えるために、政策の遂行に理論的根拠を見いだそうとするものである。次に個人主義論方法の関心は、「一人っ子」の心理的発達状態と家庭教育のあり方に向けられる。最後の社会構造論方法は、主に社会外部の環境が「一人っ子」に与える影響の解明に重点を置いている。すなわち、「一人っ子」問題は、人口政策だけでなく、人口構成、社会保障、家庭教育および心理的発達など多方面に影響を与えているという[7]。

このことから、「一人っ子」の研究に多様性が生じるのである。

　第三に、研究視点に着目すると、「一人っ子」を社会問題として捉える研究と、社会問題を引き起こす要因とみなす研究がある[8]。前者は、主に「一人っ子」の性格、社会化、社会適応などの問題を扱っている。それに対し後者は、「一人っ子」問題が家庭と社会に及ぼす影響を検討している。

　以上の「一人っ子」の研究は、主に次の三つの課題——(1) 家庭生活および家庭教育のあり方をめぐる成人「一人っ子」とその親との世代間葛藤の問題、(2) 農村地域における「一人っ子」の高齢の親の生活問題、(3)「一人っ子」の家庭教育の改善提案——に取り組むものとしてまとめることができる。以下、これらの研究状況を検討していく。

第2節　成年「一人っ子」と第二世代「一人っ子」に関する研究

　成年「一人っ子」研究の意義は、家庭教育の成果の検討が可能になることにある。たとえば諶紅桃は、「一人っ子」の大学院生を研究対象として調査し、家庭教育の成功要因として、親の民主的な教育方法、子どもの情緒に対する感受性、適切な期待水準の3点を指摘した[9]。しかしながら、この研究は、家庭教育の成果を学業上の達成のみから捉えている点で限界がある。

　「一人っ子政策」の実施から30年以上を経て、近年は、第二世代の「一人っ子」に対する研究者の関心が高まっている。多くの問題を抱える第一世代の「一人っ子」は、第二世代の「一人っ子」を育てられるのか、という疑問も社会から示されている。

　「一人っ子政策」の規定により、両親が共に「一人っ子」の場合は、第

二子を持つことが許されてきた。しかし、子どもの養育費の上昇、また自分の生活を大切にしたいなどの理由で、多くの家庭は子どもを一人しかもうけない傾向にある。

　現代中国の育児の最大の特徴は、祖父母による育児、いわゆる「隔世代育児」である。隔世代育児とは、祖父母が孫の世話をすることを意味する。仕事に励んでいる親の代わりに、定年退職し時間の余裕ができた祖父母が孫の面倒を見るのは、中国において一般的な現象である。これを老後生活の楽しみの一つと捉える祖父母もいる。ある全国調査によれば、北京では約70パーセントの子どもが隔世代育児に該当し、上海では0〜6歳児の88.9パーセントが祖父母によって育てられ、広州の隔世代育児も全体の半分以上に達している。

　しかし、隔世代育児は、祖父母と親の教育方針の衝突により、家庭教育に負の影響を与えている。しかし、子どもを預かる施設は不足しており、また多忙ゆえに育児時間が十分確保できない親は、祖父母に頼らざるを得ない。第一世代の「一人っ子」が第二世代の「一人っ子」をどのように教育するのか、その答えは未だ見つかっていない。第二世代の「一人っ子」の数が増加するにつれ、この課題に取り組む研究が求められることになるだろう。

第3節　農村地域の「一人っ子」に関する研究

　中国農村地域の「一人っ子」家庭は、経済的に豊かな都市部に比べて大きな困難に直面している。これまで多くの研究者の関心は、一世帯あたりの子どもの数の減少が農村家庭の高齢者問題に及ぼす影響に集中していた。1985年以降、農村家庭の困難な状況に鑑み、一部の地域では条件つきの第二子政策が実行されるようになった。このなかには、人口と

補章 2　中国における「一人っ子」研究の現状

　資源のバランスの悪さから、第二子をもうけるための申請に対し厳しい制限を設けている地域もある。このため、農村地域の中でも「一人っ子」家庭が占める割合は、地域によって異なるのである。
　一方、第二子政策の規定により、第一子が女子の場合、誕生から 5 年後にもう一人の子どもをもうけることが許されている。そのため、第二子の生育を選択した家庭の第一子は多くの場合女子であること、そして農村地域の「一人っ子」の性別は相当に偏っていることが推測される。2008 年に任銀睦らは、青島市郊外の農村地域で総計 181 名の第一世代の「一人っ子」を対象に調査を行った。その結果、第一世代「一人っ子」のほとんどは男性で、女性はわずか 5 パーセント、両性の比率は 19:1 で、バランスが崩れていることが解明された[10]。
　中国の農村地域向けの高齢者福祉制度は、現段階ではまだ十分に整備されていない。そのため、高齢者は老後の生活を子どもに頼らざるを得ない状況にある。こうしたことから、子どもの生活様式は農村家庭の高齢者問題と関係してくる。風笑天は、特に第一世代の「一人っ子」の居住形式に注目することは、極めて重要な課題であると指摘した。彼は、江蘇省と四川省の農村地域で「一人っ子」と「非一人っ子」を対象とする調査を行ったが、その結果は、農村地域の「一人っ子」の居住形式は、同年齢の「非一人っ子」の長男あるいは長女と比べ、ほとんど変わらないというものだった。「一人っ子」の約三分の一は独居で、三分の二は親と同居している。「一人っ子」と別居している親は、いち早く空の巣状態に陥っていた[11]。ここで注意すべきは、農村の高齢者の空の巣状態が、心理的な孤独感を招くだけでなく、衣食や健康の問題などに発展する恐れがあるということである。
　そのほか、研究者は農村地域の「一人っ子」の行動様式やコミュニケーションの様相、また社会化の具体的な状況にも関心を示している。于暁敏と呉漢栄は、農村に居住する小学生 5047 名の親に対し、子が抱える問題について調査した。その結果、「一人っ子」は、臆病、うつ、紀律違反、

内向性及び行動の問題の全般において、「非一人っ子」に比べて問題が少ないことが明らかにされた。このことは、農村地域の「一人っ子」が問題行動を起こすリスクが、「非一人っ子」より小さいことを意味している[12]。

しかし、農村地域の「一人っ子」には、対人関係においていくつかの問題が現れている。肖富群が広西省陽朔県で行った436名の小学生と中学生の社交能力に関する調査の結果によれば、「一人っ子」と「非一人っ子」は同輩グループまたは成人との社交能力において、明らかに差異が表れている指標がある。たとえばクラスメートから誕生日プレゼントをもらえる「非一人っ子」が「一人っ子」より12.3ポイント多いこと、隣の席のクラスメートと仲がいい「非一人っ子」が「一人っ子」より8.3ポイント多いこと、教師から指示された課題に積極的に取り組む「非一人っ子」が「一人っ子」より7.6ポイントより多いことが挙げられる。以上の差異が生じる要因として、「一人っ子」は兄弟姉妹との共同生活の経験がないこと、また家庭で手厚く保護されていることが指摘されており、これらの要因が「一人っ子」の対人関係に影響を及ぼしたと結論づけている[13]。

以上のように農村地域の「一人っ子」という特殊なグループに関する研究は、主に未成年者の発達に注目している。この他、農村地域の第二世代の「一人っ子」に対する研究及び都市と農村の「一人っ子」の比較研究が十分に行われていないため、今後の研究の蓄積が望まれる。

第4節 「他人による教育」という家庭教育理念の登場

現代の中国では、「一人っ子」家庭かどうかにかかわらず、子ども中心の家庭様式が主流になっている。羅凌雲・風笑天の調査によれば、90パーセント以上の親が「子ども重視型」であり、97パーセント以上の親が「仕

補章2　中国における「一人っ子」研究の現状

事がいかに忙しくても、子どもを教育する時間をつくるべきだ」という考え方に賛同していることが明らかにされている[14]。しかし、「一人っ子」家庭では特に親が子どもを溺愛し、過保護となる傾向が存在するのもたしかである。

　誰もが家庭教育の最善の方法を探し出そうとする現代において、中国古代の歴史と人文思想が注目を集め、「他人による教育」という教育理念が再び参照されるようになった。この教育理念は、孟子の「古は子を易えて之を教ふ」に由来し、君子が自分の子どもを他人に預け、自分が他人の子どもを教育してきたという方法である。この方法を「一人っ子」家庭が取り入れると、溺愛や過保護という状態を回避することができると考えられる。しかしながら、「他人による教育」は、双方が持っている教育資源と教育理念が異なるため、成果を上げるためには、子どもへの様々な配慮が必要となる。

　厳雲堂は、「他人による教育」の形式を二種類にまとめた。第一は輪番制である。これは二つの家庭あるいは二つ以上の家庭が相互に子どもの教育を担当する方法を指している。すなわち、土日及び休日には、子どもをその中の一家庭と一緒に生活させ、その家庭の教育を受けさせる。子どもは各家庭を順番でまわるため、異なる家庭で生活し、異なる教育方法を体験できる。第二は置換式である。これは二つの家庭の間で行われる教育方式である。家庭環境の格差が大きい二つの家庭が、互いの子どもを一定の期間に相手の家庭で生活させ、教育を受けさせるという方式である。これは主に教育条件が整った家庭とそうでない家庭との間で適用できる[15]。

　輪番制の教育方式は、「一人っ子」の対人関係の能力を育てるのと同時に、親にとっては、他人の子どもを教育することを通して、自分の子どもへの教育方法を省察する機会が得られるというメリットがある。他方、置換型の教育方式は、双方の家庭環境の格差が大きいため、教育条件が整っていない家庭に預けられた子どもは、自尊心が傷つけられるなど、

第Ⅳ部 「一人っ子」に対する親の教育意識の規定要因

環境の落差が与える心理面への負の影響が懸念される。
　以上の二種類の「他人による教育」方法は、「一人っ子」に対人関係の弱点を克服する契機をもたらすものと考えられる。もちろん、「他人による教育」方法にも改善すべき点は多く残されているが、互いの家族の力で「一人っ子」の教育環境を改善していくことに大きな期待が寄せられている。

おわりに ― 「一人っ子」に関する研究の今後の展開

　中国の人口抑制政策は実施以来、30年以上が経過した。この政策の実施期間の長さ、影響を受ける人口の規模、また関連領域に与える影響の大きさは、世界で例を見ないものである。もちろん、「一人っ子」の問題について、参考になる先行事例もない。膨大な数にのぼる「一人っ子」団塊世代は、社会の諸領域への進出により、注目を集めずにはいられない存在である。同時に、「一人っ子」に対する研究にも変化が起きている。今後の「一人っ子」問題に関する研究は、教育学、心理学、社会学の各分野でのさらなる発展とともに、分野を横断した形で学際的に進められる必要がある。このほか、次の4つの観点からの重点的な取り組みが求められるだろう。
　第一に、「一人っ子」喪失家庭の問題である。これは、様々な事情で唯一の子どもを失い、その後諸条件が揃わず再び子どもをもうけることができなかった家庭のことを指す。『中国老齢事業発展報告（2013）』によると、中国では毎年7.6万の「一人っ子」喪失家庭が生まれ、全国ではあわせて百万を超えている[16]。人口政策において、今まで見過ごされてきた「一人っ子」家庭が抱えるリスクは、「一人っ子」喪失家庭の増加とともに、社会的に認知されるようになった。また、「一人っ子」喪失家庭は、

補章2　中国における「一人っ子」研究の現状

経済及び心理面で多くの問題に直面しているが、この問題はマスメディアの報道を通して、人々の視野に入り始めている。「一人っ子」喪失家庭は、人口政策のもとで生じた問題であるため、これらの家庭を経済面で援助する、国による救済制度を導入すべきであろう。さらに、「一人っ子」喪失家庭に存在する心理面の問題に対する支援体制を整備する必要もある。これらの問題は、今後の「一人っ子」研究が避けることのできない重要な問題点である。

　第二に、農村地域の「一人っ子」家庭の高齢者問題である。都市部と比べて、農村地域の家庭の高齢者の生活は、子が支えるケースが多い。資金が不足し、高齢者福祉制度が整備されていない農村地域にとって、どのように「一人っ子」家庭の高齢者の問題を解決するかは、農村社会の安定にも繋がる重要な課題である。

　第三に、社会階層と「一人っ子」教育の関連性である。中国社会の階層分化が進むのと同時に、階層の固定化の傾向も現れるようになった。経済発展により農村地域と都市部との格差が拡大した一方、都市部のなかでも貧富の差は顕著である。社会階層間の差異は教育結果の差異に転化し、各領域において不平等現象が引き起こされた。こうした状況の中で、教育における不平等問題は深刻な社会問題となった。中国の急激に変化する社会の現実に即し、階層と教育の問題は、今後重点的に取り組むべき課題である。

　第四に、国際共同研究である。既に述べたように、中国における「一人っ子」団塊世代の出現は、中国独特の現象と言える。そのせいもあり、中国の「一人っ子」問題について、国外の研究者は、これまであまり関心を示してこなかった。しかし、その問題は、上述のとおり、社会の様々な領域とつながっており、その複雑さと広がりは、中国以外の研究者にとっても、十分に学術的な関心を引くものと推測される。大規模な国際共同研究により、外国人研究者の知見を生かしつつ、中国の「一人っ子」問題研究の水準を高めることは、中国にとってだけでなく、諸外国の関

第Ⅳ部 「一人っ子」に対する親の教育意識の規定要因

連する研究の発展にも大いに貢献すると考えられる。

【注】

(1) 風笑天他　2013、『中国の独生子女問題研究』経済科学出版社、3 頁。
　　「一人っ子政策」実施以降に生まれた「一人っ子」の総数については、現在までいろいろな推計結果が示されてきた。風笑天らが上記の論文で参照しているのは、政府の「一人っ子」証書の交付を受けた子どもの数である。「一人っ子政策」の規定によると、「一人っ子」の親には出産後、「一人っ子」証書が交付され、それによって「一人っ子」のための特別な児童手当の給付を受けることができる。ただし、「一人っ子」証書を受け取らない世帯は少なからず存在するため、実際の「一人っ子」総数は、「一人っ子」証書の発行数より多いと考えられている。しかしながら、この証書の交付件数は「一人っ子」に関する唯一の公開情報でもあることから、中国では「一人っ子」の総数に近い数字として参照されている。
(2) 本書を仕上げる過程で、中国の人口抑制政策は大きく改められた。中国政府は、労働人口の減少への危機感を背景に、2016 年 1 月 1 日から第二子政策を全国で実施することを決定したのである。しかしながら 2016 年の出生率についての政府発表は、期待された第二子の出産ブームが到来していないことを示唆している。こうした第二子政策 1 年目の結果を受けて、出産休暇の延長をはじめとする第二子出産の促進策が打ち出されるようになった。現代の社会状況は、「一人っ子」政策が始まった 1979 年とは異なり、子育ておよび教育にかかるコストが上昇し、また、若者世代に個人の生活を重視するなどの意識の変化が起きている。今後、自らの意思で子どもを一人しか持たない家族が一定の割合を占めることが予想されるのであり、「一人っ子」の教育問題は、継続的に取り組まれるべき研究テーマであると考えられる。
(3) 李棉管　2008、「独生子女研究三十年：時代話語与框架変遷」『青年研究』第 9 期、15-16 頁。
(4) 肖富群・風笑天　2010、「我国独生子女研究 30 年：両種視角及其局限」『中州学刊』第 4 期、105 頁。
(5) 張蕊　2012、「30 年独生子女教育研究述評」『当代青年研究』第 317 期、54 頁。
(6) 李棉管、前掲論文、15 頁。

(7) 風笑天　2008、「中国独生子女問題：一個多学科的分析框架」『浙江学刊』第2期、180頁。
(8) 肖富群・風笑天、前掲論文、104頁。
(9) 諶紅桃　2011、「対独生子女家庭教育方式的訪談分析」『中国電力教育』第11期、71頁。
(10) 風笑天　2010、「農村第一代独生子女的居住方式及相関因素分析」『南京社会科学』第4期、56頁。
(11) 同上、57-58頁。
(12) 于暁敏・呉漢栄　201 2、「農村独生子女与非独生子女小学生行為問題比較研究」『華中科技大学学報（医学版）』第41巻第1期、64頁。
(13) 肖富群　2008、「農村中小学独生子女的社会交往能力研究」『中国青年研究』第6期、52-55頁。
(14) 羅凌雲・風笑天　2001、「城市独生子女与非独生子女家庭教育的比較研究」『青年探究』第6期、15頁。
(15) 厳雲堂　2005、「易子而教：独生子女家庭教育模式新探」『現代教育論叢』第3期、28頁。
(16) 呉玉韶　2013、『中国老齢事業発展報告（2013）』社会科学文献出版社、3頁。

付録資料　　質問紙調査資料

調查資料 1-1-1 　　　小学生家长问卷调查

调查时期：1995 年 1 月　　　　　　调查对象：小学 4、5、6 年级学生家长

您孩子是小学：＿＿年级

您孩子性别： 　（男孩，女孩）

您孩子是否是独生子女： （是，不是）

回答方式：(1) 请您在您选择的项目上划"○"圈；

　　　　　(2) 除注明可复数回答的部分外，其他均是单一选择。

问题

1. 您对家庭所抱有的最大期望是什么？(可复数回答)

    (1) 能够得到心情的放松　　　　　(2) 生养孩子，抚育孩子

    (3) 照顾双亲（老人）　　　　　　(4) 处理好日常生活之中必要的家务事

    (5) 别的　　　　　　　　　　　　(6) 不知道

2. 您对孩子的存在是怎么认识的？(可复数回答)

    (1) 给家庭带来快活的气氛　　　　　(2) 给家庭带来喜悦和生命的意义

    (3) 在孩子成长的同时我们也感到了自身的成熟　(4) 带来心情的放松及充实感

    (5) 成为夫妇的纽带　　　　　　　　(6) 继承家业

    (7) 孩子身上寄托着自己的梦　　　　(8) 养老

    (9) 其他　　　　　　　　　　　　　(10) 没有什么特别的看法

    (11) 不知道

3. 您在抚养孩子之时感到了什么？(可复数回答)

    (1) 高兴、喜悦　　　(2) 义务、责任　　　(3) 生命的意义

    (4) 喜欢　　　　　　(5) 辛苦　　　　　　(6) 负担

    (7) 厌烦　　　　　　(8) 别的　　　　　　(9) 没有感到什么

    (10) 不知道

4. 现在的家庭教育水平很低吗？

    (1) 完全这样认为　　　　　　　　(2) 有的地方是这样

    (3) 无论从哪方面都很难说　　　　(4) 不知道

    (5) 不太这么认为　　　　　　　　(6) 一点也不这样认为

5. 有关孩子的教养和教育,您有哪些忧虑和不安吗?(可复数回答)
   (1) 没有养成基本的生活习惯　　　　　(2) 没有与别的孩子交往、活动的时间
   (3) 孩子不学习　　　　　　　　　　　(4) 孩子不太听话
   (5) 对孩子的教养及教育没有信心　　　(6) 孩子的任性和与父母的对立
   (7) 担心孩子有不良行为　　　　　　　(8) 配偶者不太给予协助
   (9) 家长与孩子之间没有共同的话题和爱好　　(10) 不知道怎样对待孩子才好
   (11) 孩子闷在家中,不太容易有朋友　　(12) 有关教育的问题没有可以商谈的朋友
   (13) 不被孩子信赖　　　　　　　　　　(14) 孩子不去学校

6. 您同孩子的对话是怎样的?
   (1) 经常同孩子对话　　　　　　　　　(2) 有时同孩子对话
   (3) 基本上不同孩子对话

7. 您认为家庭教育水平低下的理由是什么?(可复数回答)
   (1) 对孩子过于娇惯、溺爱的家长的增加
   (2) 对孩子的教养及教育持不关心态度的家长的增加
   (3) 将教养及教育寄托在学校及课外补习等学习机关之上
   (4) 孩子互相交往,共同活动的机会不多　　(5) 对于教育没有信心的家长的增加
   (6) 不懂得教育方法的家长的增加　　　　　(7) 父亲威信的降低
   (8) 没有明确教育方针的家长的增加　　　　(9) 同家长之外的人接触的机会不多
   (10) 让孩子有各种各样体验的机会不足　　 (11) 家庭当中的个人主义化
   (12) 互相勉励进取的机会不足　　　　　　 (13) 孩子对父母的信赖感的降低
   (14) 孩子对工作之中的父母形象知之甚少　 (15) 有关教育问题商谈的朋友不足
   (16) 其他　　　　(17) 没有特别的理由　　(18) 不知道

8. 您认为不仅在家庭,在学校里也希望教的东西是什么?(可复数回答)
   (1) 正确的用餐方式　　　(2) 礼貌用语　　　　　　(3) 正确的讲话方式
   (4) 收拾,整理　　　　　 (5) 应付考试的必要的能力　(6) 家庭学习的方法
   (7) 善恶的区别　　　　　(8) 其他　　　　　　　　(9) 没有特别的想法
   (10) 无回答

9. 他人的孩子即使做了坏事,也沉默不语是吗?
   (1) 完全是这样　　　(2) 相对来说是这样　　　　(3) 有时是这样
   (4) 一般不是这样　　(5) 完全不是这样

10. 您同左邻右舍孩子的关系是怎样的？(可复数回答)
    (1) 在路上遇到时打过招呼　　　　　(2) 孩子做了危险的事，提醒注意过
    (3) 提醒或批评过做了坏事的孩子　　(4) 做了好事时给予夸奖
    (5) 居于危险地方时给予过提醒　　　(6) 讲话礼貌态度很好，给予过夸奖
    (7) 讲话不礼貌、态度不好，给予过提醒及批评 (8) 一起进行过体育活动
    (9) 一起去公园等处游玩过　　　　　(10) 当有不明白或不会做的事时给予了指导
    (11) 被别的孩子欺负时给予了帮助　 (12) 一起去买过东西或吃过饭
    (13) 有困难或烦恼时和他（她）交谈过
    (14) 就将来的事情（升学、就职等）进行过交谈

11. 父亲在家中是怎样利用时间的？(可复数回答)
    (1) 看报纸或读书　　　　　　　　　(2) 看电视
    (3) 做自己感兴趣的事　　　　　　　(4) 帮助做家务
    (5) 闲着无事　　　　　　　　　　　(6) 同孩子一起去买东西
    (7) 和家里人去游玩　　　　　　　　(8) 将工作之事拿回家里做
    (9) 同孩子玩家庭游戏机　　　　　　(10) 辅导孩子学习

12. 您希望今后有哪种人能够更多的出现？
    （希望父亲，母亲能够分别写出您的意见，可复数回答）
    (1) 能照顾老人的男子（或女子）
    (2) 能够参加义务活动或社会活动的男子（或女子）
    (3) 能够积极从事家务劳动或照顾孩子的男子（或女子）

13. 对孩子的教育或教养之事，做父亲的想法是怎样的？
    (1) 孩子的教育是母亲的工作
    (2) 父亲给予孩子的影响是很大的
    (3) 孩子是看着父亲长大的

14. 父亲对孩子的事知道的程度有多少？
    (1) 孩子喜欢的教科书
        ①非常了解　　②大概知道　　③不太清楚　　④一点也不知道
    (2) 孩子在班里的成绩排行
        ①非常了解　　②大概知道　　③不太清楚　　④一点也不知道
    (3) 孩子未来的梦想
        ①非常了解　　②大概知道　　③不太清楚　　④一点也不知道

(4) 孩子班主任的名字

　　①非常了解　　　②大概知道　　　③不太清楚　　　④一点也不知道

15. 您认为孩子的教育或教养当中，父亲应做的事是什么？

　(1) 用"努力学习"的话去训斥孩子

　　①不管怎样说是父亲的事　　②父母双方的事　　③不管怎样说是母亲的事

　(2) 当孩子来与家长商量有关朋友关系一事

　　①不管怎样说是父亲的事　　②父母双方的事　　③不管怎样说是母亲的事

　(3) 孩子做了不该做的事需要责备之时

　　①不管怎样说是父亲的事　　②父母双方的事　　③不管怎样说是母亲的事

16. 您对孩子的学习或学校成绩的关心是怎样的？

　(1) 对孩子的学习或学校成绩之事总是反复强调

　(2) 对孩子的学习或学校成绩之事不过多强调

17. 对孩子请家庭教师之事的想法是怎样的？

　(1) 学习应是在学校进行之事，没有请家庭教师的必要

　(2) 学习基本上说是在学校进行之事，不一定非要请家庭教师

　(3) 为了补充学校所学的课程，不得不请家庭教师

　(4) 为了应付考试，学校里所学的知识是有限度的，所以不得不请家庭教师

　(5) 作为学校学习的补充，为了考试应该积极地去请家庭教师

　(6) 应该完全按孩子的意见去做

　(7) 其他，不知道

18. 做母亲的更希望父亲能够承担的部分是什么？（可复数回答）

　(1) 对孩子的教育　　　　　　　(2) 与街坊邻居的交往

　(3) 辅导孩子学习　　　　　　　(4) 照顾孩子

　(5) 吃饭后饭桌的收拾　　　　　(6) 扫除及洗衣服

　(7) 对老人的照顾　　　　　　　(8) 买日常生活用品

　(9) 每日家庭支出的管理　　　　(10) 做饭的准备工作

　(11) 没有特别的想法　　　　　　(12) 不知道

19. 您希望自己的孩子将来能达到怎样的教育程度？

　(1) 高中毕业　　　(2) 中专毕业　　　(3) 大学毕业

　(4) 硕士　　　　　(5) 博士　　　　　(6) 职业高中毕业

20. 您对私立小学（贵族小学）有怎样的看法？
   (1) 私立小学的创立很有必要　　　　　(2) 私立小学的教学水平明显高于公立学校
   (3) 孩子进私立小学才能保证将来能进大学　(4) 私立小学仅仅是为了赚钱
   (5) 私立小学的教学水平不一定高于公立学校　(6) 私立小学仅仅是为有钱人子女所设
   (7) 若有可能您也希望自己的孩子能进私立小学
   (8) 其他　　　　　　　　　　　　　　(9) 不知道

---- 结束 ----

付録資料　質問紙調査資料

調査資料 1-1-2　　小学生をもつ親への調査票（日本語訳）

調査時期：1995 年 1 月
調査対象：小学校 4、5、6 年生をもつ親
あなたの子どもは：＿＿＿＿＿＿学年
あなたの子どもは：男の子・女の子
あなたの子どもは：　「一人っ子」・「非一人っ子」
回答方式：（1）該当する項目に"○"をつけてください。
　　　　　（2）複数回答を指定された項目以外は、全て単一選択です。

質問項目
1. **家庭に最も期待する役割に対する意識（複数回答）**
　（1）心の安らぎを得るという情緒面
　（2）子どもを生み、育てるという出産・養育面
　（3）親の世話をするという介護面
　（4）日常生活の上で必要なことをするという家事面
　（5）その他　　　　　　　　　（6）分からない
2. **子どもの存在意義に対する認識（複数回答）**
　（1）家庭に明るさや活気を与えてくれる
　（2）喜び、生きがいを与えてくれる
　（3）子どもの成長とともに自分も成長できる
　（4）心に安らぎや充実感を与えてくれる
　（5）夫婦の絆となる　　　　　　（6）家を継ぐ
　（7）自分の夢を託す　　　　　　（8）老後の生活をみてもらう
　（9）その他　　　　　　　　　　（10）特にない
　（11）分からない
3. **子育てに対してどのように感じたか（複数回答）**
　（1）楽しみ、喜び　　（2）義務、責任　　（3）生きがい、やりがい
　（4）好き　　　　　　（5）苦労　　　　　（6）負担
　（7）嫌い　　　　　　（8）その他　　　　（9）特にない
　（10）分からない

4. 家庭の教育力は低下しているか
   (1) 全くその通りだと思う　　　(2) ある程度そう思う
   (3) どちらとも言えない　　　　(4) 分からない
   (5) あまりそう思わない　　　　(6) 全くそう思わない
5. 子どものしつけや教育についての悩みや不安（複数回答）
   (1) 基本的な生活習慣を身につけていない
   (2) 子どもと触れ合い、共に行動する時間がなかなかない
   (3) 子どもが勉強しない
   (4) 子どもがなかなか言うことを聞かない
   (5) 子どもに対するしつけや教育に自信がもてない
   (6) 子どもが生意気で反抗的である
   (7) 子どもの非行が心配である
   (8) 配偶者があまり協力してくれない
   (9) 親子の間で、共通の話題や興味がない
   (10) 子どもにどのように接してよいのかよく分からない
   (11) 子どもが引きこもりがちで、なかなか友人ができない
   (12) 教育について、相談する相手がいない
   (13) 子どもに信頼されていない
   (14) 子どもが学校に行かない
6. 子どもとの会話
   (1) よく話をする　　　　　　　(2) 時々話をする
   (3) あまり話をしない　　　　　(4) ほとんど話をしない
7. 家庭の教育力が低下していると思う理由（複数回答）
   (1) 子どもに対して過保護、甘やかしすぎな親の増加
   (2) 子どもに対するしつけや教育に無関心な親の増加
   (3) 学校や塾などの外部の教育機関に対するしつけや教育の依存
   (4) 親子が触れ合い、共に行動する機会の不足
   (5) 教育に自信をもてない親の増加
   (6) 教育の仕方が分からない親の増加
   (7) 父親の存在感の低下
   (8) 教育に明確な方針をもたない親の増加

(9) 親以外の人とふれ合わせる機会の不足
　　(10) 子どもにいろいろな体験をさせる機会の不足
　　(11) 家族一人一人の個人主義化
　　(12) 互いに励まし競い合わせる機会の不足
　　(13) 親に対する子どもの信頼感の低下
　　(14) 子どもが働く親の姿を知る機会の不足
　　(15) 教育についての相談相手の不足
　　(16) その他　　　　　(17) 特にない　　　　(18) 分からない
8. **家庭ではなく、学校で教えてほしいと考えるもの**
　　(1) 食事のマナー　　　(2) あいさつ　　　　　(3) 言葉づかい
　　(4) 整理整頓　　　　　(5) 受験に必要な学力　(6) 家庭学習の仕方
　　(7) 善悪の区別　　　　(8) その他　　　　　　(9) 特にない
　　(10) 無回答
9. **他人の子どもが悪いことをしていても、黙って通りすぎるか**
　　(1) とてもそう　　　　(2) わりとそう　　　　(3) 少しそう
　　(4) あまりそうでない　(5) 全然そうでない
10. **地域の子どもとの関わり（複数回答）**
　　(1) 道で会った時、声をかけた
　　(2) 危険なことをしていたので、注意した
　　(3) 悪いことをしていたので、注意したり、しかったりした
　　(4) よいことをしたので、ほめた
　　(5) 危険な場所にいたので、注意した
　　(6) 言葉づかいや態度がよかったので、ほめた
　　(7) 言葉づかいや態度が悪かったので、注意したり、しかったりした
　　(8) 一緒に運動やスポーツをした
　　(9) 一緒に公園などで遊んだ
　　(10) 分からないことやできないことを教えた
　　(11) 友達にいじめられている時助けた
　　(12) 一緒に買い物や食事をした
　　(13) 困っている時や悩んでいる時に相談にのった
　　(14) 将来のこと（進学、就職など）について相談にのった

11. 父親の家庭での時間の過ごし方（複数回答）
 （1）新聞や本を読んでいる　　　（2）テレビをみている
 （3）自分の趣味のことをする　　（4）家事の手伝い
 （5）ごろごろしている　　　　　（6）子どもと一緒に買い物に行く
 （7）家族とドライブに行く　　　（8）自分の仕事をもって帰ってする
 （9）子どもとファミコンをして遊ぶ　（10）子どもの勉強をみてやる

12. 今後多くなった方がよいと思う人（注：父親、母親別、複数回答）
 （1）介護に参加する男性あるいは女性
 （2）ボランティア活動など地域活動に参加する男性あるいは女性
 （3）家事や子育てに積極的に参加する男性あるいは女性
 （4）仕事よりも家庭を優先する男性あるいは女性

13. 子どもの教育やしつけに対する父親の考え方
 （1）子どものしつけは、母親の仕事である
 （2）父親が子どもに与える影響は大きいと思う
 （3）子どもは、父の背をみて育つと思う

14. 父親は子どものことをどの程度知っているか
 （1）得意な教材
 　①とてもよく知っている　　　②だいたい知っている
 　③あまり知らない　　　　　　④全然知らない
 （2）将来の夢
 　①とてもよく知っている　　　②だいたい知っている
 　③あまり知らない　　　　　　④全然知らない
 （3）担任の先生の名前
 　①とてもよく知っている　　　②だいたい知っている
 　③あまり知らない　　　　　　④全然知らない

15. 子どもの教育やしつけの役割分担に対する父親の考え方
 （1）子どもに「勉強をしなさい」と叱る
 　　①主に＋どちらかと言えば父親の役割　　②両方
 　　③主に＋どちらかと言えば母親の役割
 （2）子どもの友人関係について相談にのる

①主に＋どちらかと言えば父親の役割　　　②両方
　　③主に＋どちらかと言えば母親の役割
　(3) 子どもが絶対してはいけないことをした時、叱る
　　①主に＋どちらかと言えば父親の役割　　　②両方
　　③主に＋どちらかと言えば母親の役割

16. 子どもの勉強や成績に対する関心
　(1) 子どもの勉強や成績についてうるさく言う方だと思う
　(2) 子どもの勉強や成績についてうるさく言う方だと思わない

17. 子どもの塾通いに対する考え方
　(1) 勉強は学校で行うべきであり、塾には通わせるべきでない
　(2) 勉強は基本的には学校で行うべきであり、塾にはなるべく通わせるべきでない
　(3) 学校の授業を補うためには、塾に通わせるのもやむを得ない
　(4) 受験のためには、学校の授業のみでは限界があるので、塾に通わせるのもやむを得ない
　(5) 学校の授業を補ったり、受験のためには、積極的に塾に通わせるべきである
　(6) 本人の意思に任せるべきである
　(7) その他、分からない

18. 母親がもっと父親に分担してもらいたいと思っていること（複数回答）
　(1) 子どものしつけをする　　　(2) 近所づき合いをする
　(3) 子どもの勉強をみる　　　　(4) 子どもの世話をする
　(5) 食事のあと片づけをする　　(6) 掃除・洗濯をする
　(7) 親の世話をする　　　　　　(8) 日常の買い物をする
　(9) 日々の家計の管理をする　　(10) 食事のしたくをする
　(11) 特にない　　　　　　　　　(12) 分からない

19. 子どもの学歴への期待
　(1) 高等学校　　　(2) 専門学校　　　(3) 大学
　(4) 修士　　　　　(5) 博士　　　　　(6) 職業高校

20. 「貴族小学」（私立小学校）に対する考え方（複数回答）
　(1) 私立小学校の設立が必要である
　(2) 私立小学校の水準が公立小学校より著しく高い
　(3) 子どもを私立小学校に行かせれば大学への進学が可能になる

（4）私立小学校はお金もうけをしているに過ぎない
（5）私立小学校の水準が公立小学校より高いとは言えない
（6）私立小学校は、お金持ちの子どものために設立された
（7）可能であれば、自分の子どもを私立小学校に行かせたい
（8）その他
（9）分からない

―終わり―

調查資料 1-2-1　　小学生问卷调查

调查时期：1995 年 1 月

调查对象：小学 4、5、6 年级的学生

你的年龄：_____岁　　　　你的年级：____年级

你的性别：（男，女）　　是否是独生子女：（是，不是）

回答方式：(1) 请你在选择的项目上划"〇"圈；

　　　　　(2) 除注明可复数回答的部分外，其他都是单一选择。

问题

1. 你与父母的说话时间
   (1) 你与父亲的说话时间有多少？
   ① 一点都没有　　② 30 分左右　　③ 1 小时左右
   ④ 2 小时左右　　⑤ 多于 3 小时
   (2) 你与母亲的说话时间有多少？
   ① 一点都没有　　② 30 分左右　　③ 1 小时左右
   ④ 2 小时左右　　⑤ 多于 3 小时

2. 你与父母不说话的理由是什么？(可复数回答）
   (1) 没有什么可说的　　　　(2) 没有说话的机会
   (3) 得不到理解　　　　　　(4) 父母容易生气
   (5) 得不到帮助　　　　　　(6) 父母太罗嗦
   (7) 难为情

3. 你与父母说话的内容是什么？(可复数回答）
   (1) 有关朋友的　　　　　　(2) 学校里发生的事
   (3) 有关自己的将来　　　　(4) 关于学习和升学
   (5) 父母工作单位发生的事　(6) 关于自己家庭的事
   (7) 有关兴趣和爱好的事　　(8) 关于社会和人生

4. 你做哪些家务事？(可复数回答）
   (1) 餐具的排列和收拾　(2) 一人看家　　(3) 帮父母买东西
   (4) 扔垃圾　　　　　　(5) 扫地　　　　(6) 做饭的准备
   (7) 用抹布擦洗　　　　(8) 淘米　　　　(9) 擦皮鞋

(10) 什么也不做

※ 你做家务的时间有多少？（每天平均时间）

 (1) 一点都没有   (2) 30 分左右   (3) 1 小时

 (4) 2 小时   (5) 多于 3 小时

5. 你对父亲的了解有多少？（可复数回答）

 (1) 父亲现在的工作 (2) 父亲的生日   (3) 父亲喜欢的食物

 (4) 父亲的好朋友   (5) 父亲小时候的故事

6. 你对父亲的期望是什么？（可复数回答）

 (1) 能够更有钱   (2) 更多些理解孩子的心情

 (3) 能更多的和孩子一起搞体育活动 (4) 节假日能多带孩子去商场或饭店

 (5) 不要太生气   (6) 能更早点回家

 (7) 能更多的和家里人说话   (8) 不要说"快去学习"

 (9) 能更多的看些报纸和读书 (10) 如果做与现在不同的工作也许更好些

 (11) 打扮的更漂亮些

7. 母亲对你的态度和关心是怎样的？

 (1) 母亲对你是否严厉

  ①是   ②不是   ③都不是   ④不知道

 (2) 母亲对你是否理解

  ①是   ②不是   ③都不是   ④不知道

 (3) 母亲对你的学习和成绩是否罗嗦

  ①是   ②不是   ③都不是   ④不知道

8. 你对母亲的期望是什么？（可复数回答）

 (1) 给我更多些另花钱   (2) 不要太罗嗦

 (3) 更多些理解孩子的心情 (4) 节假日能多带孩子去商场或饭店

 (5) 不要总说"快去学习" (6) 多做些家务

 (7) 能更多的和家里人说话 (8) 能更多的看些报纸和读书

 (9) 打扮的更漂亮些   (10) 不要多出去

 (11) 工作辞了在家里待着

9. 你在家里时高兴的事多，还是不高兴的事多？

 (1) 高兴的事多   (2) 不高兴的事多   (3) 不知道

10. 你现在幸福吗？
    (1) 非常幸福　　　　　　　(2) 比较幸福　　　　　　　(3) 还可以
    (4) 不太幸福　　　　　　　(5) 一点都不幸福
11. 你所烦恼的事是什么？(可复数回答)
    (1) 自己的健康　　　　　　(2) 脸是否长得漂亮
    (3) 不善于与朋友交往　　　(4) 与喜欢的男孩（女孩）不能友好交往
    (5) 受到别人的欺负　　　　(6) 父亲对自己理解
    (7) 母亲对自己理解　　　　(8) 老师对自己理解
    (9) 学校的成绩　　　　　　(10) 升学考试的事
    (11) 其他　　　　　　　　　(12) 没有什么担心和烦恼的事
    (13) 不知道
12. 你升学的最终目标是什么？
    (1) 大学、研究生　　(2) 高中　　(3) 职业高中、中专　　(4) 未定、不知道
13. 将来你希望做什么样的工作？
    （请写出你的想法，一点，两点均可）
14. 学生与班主任的接触是怎样的？(可复数回答)
    (1) 对老师用语礼貌　　　　(2) 主动跟老师说话
    (3) 在上课中举手　　　　　(4) 休息时间，走到老师的身边
    (5) 做老师的帮手　　　　　(6) 问了老师不懂的问题
    (7) 因有事去过老师的办公室　(8) 跟老师说过朋友的坏话
    (9) 邀请老师去玩　　　　　(10) 跟老师谈过烦恼的事
15. 班主任与学生的接触是怎样的？(可复数回答)
    (1) 老师主动跟我们打招呼　(2) 一起大扫除
    (3) 老师看了笔记后提了建议　(4) 老师对我们和气，亲切
    (5) 被老师表扬过　　　　　(6) 老师和我们一起玩
    (7) 在学习时被老师鼓励过
16. 小学生眼里的班主任是怎样的？
    (1) 你认为班主任对你严吗？
        ①严　　　②不严　　　③都不好说　　　④不知道
    (2) 你认为班主任对你很理解吗？
        ①理解　　②不理解　　③都不好说　　　④不知道

17. 对老师的事满意还是不满意？
   (1) 感到满意　　　　　　　　　　(2) 感到不满意

18. 大家喜欢的老师是怎样的？(可复数回答)
   (1) 上课有趣的老师　　　　　　　(2) 上课时候让全班听得懂的老师
   (3) 能成为商量伙伴的老师　　　　(4) 没有歧视的老师
   (5) 什么都懂的老师　　　　　　　(6) 对校外活动热心的老师
   (7) 不知道

19. 你对学校的满意程度是怎样的？
   (1) 满意　　(2) 还可以　　(3) 稍微不满　　(4) 不满

20. 对学校不满的内容是什么？(对学校稍微不满或不满回答的人，可复数回答)
   (1) 关于学校的规则　　　　　　　(2) 关于老师
   (3) 关于上课的内容，上课的方式及进度　(4) 关于自己的成绩
   (5) 关于朋友　　　　　　　　　　(6) 关于课外活动
   (7) 关于学校的设施或设备　　　　(8) 其他

21. 你从学校回来后与朋友们玩吗？
   (1) 玩　　　　　　　　　　　　　(2) 不玩

22. 你玩的时间是多少？
   (1) 30 分　　(2) 1 小时　　(3) 2 小时　　(4) 3 小时以上

22. 你玩的内容是什么？(可复数回答)
   (1) 看电视　　　　　　　　　　　(2) 看漫画书，小说或有趣的杂志
   (3) 听录音机　　　　　　　　　　(4) 玩扑克牌等游戏
   (5) 玩电脑游戏　　　　　　　　　(6) 聊天
   (7) 骑自行车　　　　　　　　　　(8) 踢足球等球类
   (9) 捉迷藏　　　　　　　　　　　(10) 跳绳，跳皮筋

---- 结束 ----

付録資料　質問紙調査資料

調査資料 1-2-2　　　小学生への質問紙調査（日本語訳）

調査時期：1995年1月
調査対象：小学校4、5、6年生
あなたの年齢：＿＿＿＿＿＿＿＿才　　　　　あなたの学年：＿＿＿＿＿＿＿
あなたの性別：（男子　あるいは　女子）「一人っ子」：（是　あるいは　否）
<u>回答方式</u>：（1）該当する項目に"○"をつけてください。
　　　　　　（2）複数回答を指定された項目以外は、全て単一選択です。

質問項目

1. 親との会話時間
　（1）父親との会話時間
　　　①全然しない　　　②30分位　　　　　③1時間位
　　　④2時間位　　　　⑤3時間より多い
　（2）母親との会話時間
　　　①全然しない　　　②30分位　　　　　③1時間位
　　　④2時間位　　　　⑤3時間より多い

2. 親と話さない理由（複数回答）
　（1）話すことがない　　　　　（2）話す機会がない
　（3）分かってもらえない　　　（4）すぐ怒る
　（5）たよりにならない　　　　（6）うるさい
　（7）恥ずかしい

3. 親と話す内容（複数回答）
　（1）友人について　　　　　　（2）学校のできごとについて
　（3）自分の将来について　　　（4）勉強や進学のことについて
　（5）職場のできごとについて　（6）家族のことについて
　（7）興味について　　　　　　（8）社会や人生について

4. 家庭での家事労働への参加（複数回答）
　（1）食事を並べたり片付けたりすること　（2）一人で留守番をすること
　（3）お使いに行くこと　　　　　　　　　（4）ゴミを捨てに行くこと
　（5）ほうきではくこと　　　　　　　　　（6）料理を作るのを手伝うこと

(7) ぞうきんで掃除すること　　　(8) お米をとぐこと
(9) 靴磨きをすること
＊家事労働への参加時間（平均一日あたり）
　①全然しない　　　　　②30分位　　　　　③1時間位
　④2時間位　　　　　　⑤3時間より多い

5. 父親についての知識（複数回答）
(1) お父さんがしている仕事　　　(2) お父さんの誕生日
(3) お父さんの好きな食べ物　　　(4) お父さんがいま仲良くしている人
(5) お父さんの子どもの頃の話

6. 父親への期待（複数回答）
(1) もっとお金持ちになってほしい
(2) もっと子どもの気持ちを分かってほしい
(3) もっとスポーツなどを一緒にしてほしい
(4) 休日にもっとデパートやレストランに連れていってほしい
(5) あまり、恐い顔で怒らないでほしい
(6) もっと早く帰ってきてほしい
(7) もっと家族と一緒にお喋りしてほしい
(8) 勉強しろと言わないでほしい
(9) もっと新聞や本を読んでほしい
(10) 今と違う仕事だったらよかった
(11) もっとオシャレをしてほしい

7. 母親の青少年に対する態度や関心
(1) お母さんは私に対して厳しいほうか
　①そう思う　　　　　　　②そう思わない
　③どちらとも言えない　　④分からない
(2) お母さんは私のことをよく分かってくれるか
　①そう思う　　　　　　　②そう思わない
　③どちらとも言えない　　④分からない
(3) お母さんは私の勉強や成績についてよくうるさく言うほうか
　①そう思う　　　　　　　②そう思わない
　③どちらとも言えない　　④分からない

付録資料　質問紙調査資料

8. 母親への期待（複数回答）
   (1) もっとお小遣いがほしい
   (2) 細かいことをいちいちうるさく言わないでほしい
   (3) もっと子どもの気持ちを分かってほしい
   (4) もっとデパートやレストランに連れていってほしい
   (5) 勉強しろと言わないでほしい
   (6) あまり家事に手抜きをしないでほしい
   (7) もっと家族と一緒にお喋りしてほしい
   (8) もっと新聞や本を読んで、世の中のことを勉強してほしい
   (9) もっとオシャレをしてほしい
   (10) 仕事をやめて家にいてほしい
   (11) あまり外へ出かけないでほしい

9. あなたは家にいると楽しいことが多いですか、それとも楽しくないことが多いですか
   (1) 楽しいことが多い　　(2) 楽しくないことが多い　　(3) 分からない

10. いまは幸せですか
    (1) とても幸せ　　　　(2) わりと幸せ　　　　　(3) まあ幸せ
    (4) あまり幸せでない　(5) 全然幸せでない

11. 小学生の悩みごと（複数回答）
    (1) 自分の健康　　　　　　　(2) 顔かたちやスタイル
    (3) 友達との仲がうまく行かない　(4) 好きな男の子（女の子）とうまく付き合えない
    (5) いじめっこがいる　　　　(6) お父さんが分かってくれない
    (7) お母さんが分かってくれない　(8) 先生に認めてもらえない
    (9) その他　　　　　　　　　(10) 心配ごとや悩みごとがない
    (11) 分からない

12. 進学の最終目標
    (1) 大学・大学院　　　　　(2) 高校
    (3) 専門学校・職業高校　　(4) 未定・分からない

13. 将来の希望の職業
（注：自分の考えを、一つでも二つでも書いてください）

14. 子どもからの担任の先生への接触（複数回答）
    (1) 先生にあいさつをした　　　　　(2) 先生に話しかけた
    (3) 授業中に進んで手をあげた　　　(4) 休み時間、先生のそばに行った
    (5) 先生の手伝いをした　　　　　　(6) 先生に分からない問題を質問しに行った
    (7) 先生に用があって職員室に行った (8) 先生に友達の悪いことを言い付けた
    (9) 先生を遊びにさそった　　　　　(10) 先生に困ったことを相談に行った

15. 担任の先生からの子どもへの接触（複数回答）
    (1) 声をかけてくれた　　　　　　　(2) 一緒に掃除や仕事をしてくれた
    (3) ノートをみてアドバイスしてくれた (4) やさしく親切にしてくれた
    (5) ほめてくれた　　　　　　　　　(6) 遊んでくれた
    (7) 励ましてくれた

16. 小学生からみた担任の先生
    (1) 担任の先生は、あなたに対して厳しいほうだと思うか
      ①そう思う　　　　　　②そう思わない
      ③どちらとも言えない　④分からない
    (2) 担任の先生はあなたのことをよく分かってくれていると思うか
      ①そう思う　　　　　　②そう思わない
      ③どちらとも言えない　④分からない

17. 先生のことについて満足または不満を感じているか
    (1) 満足を感じている　　　　　　(2) 不満を感じている

18. 人気のある先生（複数回答）
    (1) おもしろい授業をしてくれる先生
    (2) クラスの全員がよく分かるように教えてくれる先生
    (3) 相談相手になってくれる先生
    (4) えこひいきをしない先生
    (5) 何でもよく知っている先生
    (6) クラブ活動に熱心な先生
    (7) 分からない

19. 学校への満足度
    (1) 満足している　　　　　　　　(2) まあ満足している
    (3) やや不満である　　　　　　　(4) 不満である

20. 学校への不満の内容（複数回答）
    (1) 学校の規則のこと　　　　　　(2) 先生のこと
    (3) 授業の内容ややり方・進み方のこと　(4) 自分の成績のこと
    (5) 友達のこと　　　　　　　　　(6) 部活動・クラブ活動やサークルのこと
    (7) 施設や設備のこと　　　　　　(8) その他
21. 学校から帰って友達と遊んだか
    (1) 遊んだ　　　　　　　　　　　(2) 遊ばなかった
    ＊遊び時間（平均一日あたり）
      ① 30分　　　② 1時間　　③ 2時間　　④ 3時間以上
22. 遊びの内容（複数回答）
    (1) テレビ　　　　　　　　　　　(2) マンガや本、興味の雑誌
    (3) レコードやテープ　　　　　　(4) トランプなどのゲームや玩具
    (5) テレビゲーム　　　　　　　　(6) おしゃべり
    (7) 自転車　　　　　　　　　　　(8) サッカーなどのボール遊び
    (9) おにごっこ　　　　　　　　　(10) なわとび、ゴムとび

―終わり―

調查資料 2-1-1　　　有关家庭教育问题认识的家长问卷调查

调查时期：1996 年 9 月　　　调查对象：小学和中学的学生家长

您孩子是：小学・中学＿＿＿＿＿年级

您孩子是：男孩・女孩

您孩子是否是独生子女：是・不是

回答方式：(1) 请您在您选择的项目上划"○"圈；(2) 所有问题均是单一选择。

问题
1. 您认为独生子女不好教育的最大原因是什么？
   (1) 没有兄弟姐妹可以给他（她）做榜样
   (2) 来自老人的溺爱，防碍了父母对孩子的教育
   (3) 众星捧月般保护之下的独生子女任性、娇气
   (4) 因是一个孩子，教育孩子时不忍心太严厉
   (5) 缺少科学有效的独生子女教育方法
2. 在家庭教育方面您最大的烦恼是什么？
   (1) 有关家庭教育方面的专业书籍太少
   (2) 有关家庭教育方面的宣传太少
   (3) 自己所掌握的有关家庭教育的知识太少
   (4) 家教中遇到困难时，没有可以共同商量的人或组织
   (5) 现有的家教宣传方面信息混乱
3. 您的家教方面的知识来自于以下哪种途径？
   (1) 自己孩提时代的体验　　　　(2) 朋友们的口授经验
   (3) 家庭教育方面的专业书籍　　(4) 有关家庭教育的广播或电视宣传
   (5) 父母学校（家长学校）
4. 您在孩子的家庭教育中最关心孩子的事是什么？
   (1) 学习成绩　　　　　　　　　(2) 是否礼貌待人，礼仪正确
   (3) 是否勤作家务　　　　　　　(4) 与别的孩子是否友好相处
   (5) 学校学习之外的课外补习
5. 您认为您很理解您的孩子吗？
   (1) 很理解　　(2) 不太理解　　(3) 不理解　　(4) 不知道

6. 有关您孩子的家庭教育问题，有来自于学校方面的什么建议吗？
   (1) 没有　　　　　　　　(2) 有
7. 有关孩子的家庭教育问题，您向学校提出过什么建议吗？
   (1) 没有　　　　　　　　(2) 有
8. 在独生子女家庭教育方面您现在最大的期望是什么？
   (1) 希望学校也能多配合家庭教育
   (2) 不仅学校、家庭，全社会都应重视家庭教育问题
   (3) 加强家庭教育信息交流
   (4) 希望街道组织也能积极关心家庭教育
   (5) 希望自己的单位也能积极关心家庭教育
9. 您现在对孩子的最大期望是什么？
   (1) 能否进大学无关紧要，只要能有正直、诚实的品格
   (2) 希望能进一所名牌大学
   (3) 希望能出国留学
   (4) 只要健康别的无所要求
   (5) 只要能孝敬父母别的无所要求

---- 结束 ----

調査資料 2-1-2　　家庭教育に関する親の意識調査（日本語訳）

調査時期：1996年9月　　　　　　調査対象：小・中学生をもつ親
あなたの子どもは：＿＿＿＿＿＿学年（小学校・中学校）
あなたの子どもは：男の子・女の子
あなたの子どもは：「一人っ子」・「非一人っ子」
回答方式：(1) 該当する項目に"○"をつけてください；
　　　　　(2) すべての問題は単一選択です。

質問項目
1. 「一人っ子」の教育が困難である主な原因は何だと思いますか
　(1) 兄弟がいないため、行為において参考にできるモデルがいない
　(2) 子どもが年輩の人に溺愛されることが、家庭教育に大きな影響を与える
　(3) 家族に"過保護"にされた「一人っ子」は、わがままで気がよわい
　(4) 「一人っ子」だからあまり厳しく教育しない
　(5) 「一人っ子」に対する科学的、効率的な教育方法が十分に適用されていない
2. 家庭教育におけるあなたの主な悩みは何ですか
　(1) 家庭教育に関する専門的な書物が足りない
　(2) 家庭教育の知識についての宣伝が足りない
　(3) 自分の持っている家庭教育の知識が足りない
　(4) 家庭教育において問題が発生したときに、相談出来る人あるいは団体がない
　(5) 家庭教育についての情報の流れが混乱している
3. あなたは家庭教育の知識をどこから得ましたか
　(1) 子どものころの体験から
　(2) 友人から教えてもらった
　(3) 家庭教育に関する専門的な書物から
　(4) 家庭教育を宣伝しているラジオやテレビから
　(5) 父母学校で
4. 子どもの家庭教育についてのあなたの主な関心は何ですか
　(1) 学校の成績
　(2) 人と接触する時の礼儀正しさ

(3) 家事をよく手伝ってくれるかどうか
   (4) 他人の子どもとうまく付き合っているかどうか
   (5) 学校以外の学習
5. **あなたは自分のこどもをよく理解していますか**
   (1) よく理解している　　　　(2) まあまあ理解している
   (3) あまり理解していない　　(4) 分からない
6. **子どもの家庭教育について、学校側から何らかの提案がありましたか**
   (1) ない　　　　　　　　　　(2) ある
7. **子どもの家庭教育について、あなたは学校に提案を出したことがありますか**
   (1) ない　　　　　　　　　　(2) ある
8. **「一人っ子」の家庭教育に対するあなたの最大の期待は何ですか**
   (1) 学校側も家庭教育に多くに協力すべきである
   (2) 学校だけではなく、家庭、社会も家庭教育を重視すべきである
   (3) 家庭教育に関する情報の管理にもっと力を入れるべきである
   (4) 地域社会も積極的に家庭教育に関心を持つべきである
   (5) 職場も積極的に家庭教育に関心を持つべきである
9. **子どもに対するあなたの最大の期待は何ですか**
   (1) 大学へ進学できるかどうかにかかわらず、正直で誠実な人格を育んでほしい
   (2) 有名な大学へ進学してほしい
   (3) 外国へ留学してほしい
   (4) 健康であれば、ほかのことはどうでもいい
   (5) 親孝行ができれば、ほかのことはどうでもいい

―終わり―

调查资料 2-2-1　　有关家庭教育问题认识的学生问卷调查

调查时期：1996 年 9 月
调查对象：小学和中学的学生
你的年龄：＿＿＿＿＿＿＿岁　　　　你的年级：＿＿＿年级
你的性别：（男，女）　　是否是独生子女：（是，不是）
回答方式：(1) 请你在你选择的项目上划"○"圈；
　　　　　(2) 每一个问题均是单一选择，即只能选一个．

问题
1. 做为独生子女，你是否有时觉得很孤独？
　　(1) 很孤独　　　　　　　　　(2) 有点孤独
　　(3) 不孤独　　　　　　　　　(4) 不知道
2. 如果有可能你也想有个弟弟或妹妹吗？
　　(1) 想　　　　　　　　　　　(2) 有一点想
　　(3) 不想　　　　　　　　　　(4) 不知道
3. 当你有了烦恼或困难之时，你最想与其商量的人是谁？
　　(1) 爸爸　　　　　　(2) 妈妈　　　　　　(3) 老师
　　(4) 同楼的好朋友　　(5) 同学
4. 在家庭里你认为你最大的烦恼是什么？
　　(1) 学校留的家庭作业　　　　(2) 父母给安排的各种课外学习
　　(3) 父母对自己学校成绩要求太高　(4) 父母不太理解自己的想法
　　(5) 其它（　　　　　　）
5. 在家里你与你父亲平均一天的讲话时间有多少？
　　(1) 一点都没有　　　　　(2) 大约 30 分　　　(3) 大约 1 小时
　　(4) 大约 2 小时　　　　　(5) 大约 3 小时以上
6. 在家里你与你母亲平均一天的讲话时间有多少？
　　(1) 一点都没有　　　　　(2) 大约 30 分　　　(3) 大约 1 小时
　　(4) 大约 2 小时　　　　　(5) 大约 3 小时以上
7. 你一天里做家务的时间平均有多少？
　　(1) 一点都没有　　　　　(2) 大约 30 分　　　(3) 大约 1 小时

(4) 大约 2 小时　　　　　　　(5) 大约 3 小时以上
8. 你对你父亲最想说的一句话是什么？
　　(1) 多理解些孩子的心情　　　(2) 多挣些钱
　　(3) 多在家里陪陪孩子　　　　(4) 多带孩子出去玩玩
　　(5) 不要对孩子的学习太罗嗦
9. 你对你母亲最想说的一句话是什么？
　　(1) 多理解些孩子的心情　　　(2) 多挣些钱
　　(3) 多在家里陪陪孩子　　　　(4) 多带孩子出去玩玩
　　(5) 不要对孩子的学习太罗嗦
10. 你认为做为独生子女最大的烦恼是什么？
　　(1) 没有兄弟姐妹可以一起玩
　　(2) 在邻里之间很难交到知心朋友
　　(3) 当有了烦恼之时不知可以对谁说
　　(4) 生活上很优裕，但精神上有时很寂寞
　　(5) 因是独生子女，来自家庭的期望很大，因此自己感到压力很大
11. 父母在家里经常要求你的事是什么？
　　(1) 多注意礼貌　　　　　　　(2) 要孝敬老人
　　(3) 要多帮助别人　　　　　　(4) 要好好学习
　　(5) 要争取上大学
12. 如果你有可能上大学的话，你希望去哪里读大学？
　　(1) 就在本地读大学　　　　　(2) 去外地读大学
13. 你很想读大学，为什么？
　　(1) 父母的期望　　　　　　　(2) 周围的人都这么想
　　(3) 自己想多学点知识　　　　(4) 读大学很光荣
14. 你现在最大的期望是什么？
　　(1) 多有点零花钱　　　　　　(2) 多有些知心朋友
　　(3) 父母多理解些自己　　　　(4) 多有些属于自己的业余时间
　　(5) 学校和家里对自己的学习成绩不要过分强调

---- 结束 ----

調査資料 2-2-2
　　　　家庭教育に関する子どもの意識調査（日本語訳）

調査時期：1996年9月
調査対象：小・中学生
あなたの年齢：_____才　　　　あなたの学年：_____
あなたの性別：(男子　あるいは　女子)　「一人っ子」：(是　あるいは　否)
回答方法：(1) 該当する項目に"○"をつけてください。
　　　　　(2) すべての問題は単一選択です。

質問項目
1. 「一人っ子」としてたまに寂しいと思いますか
　　(1) 非常に寂しい　　　　　　(2) ちょっと寂しい
　　(3) 寂しくない　　　　　　　(4) 分からない
2. もしできれば弟あるいは妹が欲しいと思いますか
　　(1) そう思う　　　　　　　　(2) ちょっと思う
　　(3) 思わない　　　　　　　　(4) 分からない
3. 悩みがある時にあなたにとって一番相談できる人は誰ですか
　　(1) 父親　　　　　　　　　　(2) 母親
　　(3) 学校の先生　　　　　　　(4) 近所の親しい友達
　　(5) 同級生
4. 家庭におけるあなたの主な悩みは何ですか
　　(1) 学校の宿題
　　(2) 親によって計画されたさまざまな学習
　　(3) 子どもの学校の成績についての親の要求が高すぎる
　　(4) 親が子どもの考え方をあまり理解していない
5. 家で一日に父親と話す時間はどのぐらいですか
　　(1) 全然ない　　　(2) 30分位　　　　(3) 1時間位
　　(4) 2時間位　　　(5) 3時間以上
6. 家で一日に母親と話す時間はどのぐらいですか
　　(1) 全然ない　　　(2) 30分位　　　　(3) 1時間位

(4) 2 時間位　　　　(5) 3 時間以上
7. **一日に家事をする時間はどのくらいですか**
　　(1) 全然ない　　　(2) 30 分位　　　　(3) 1 時間位
　　(4) 2 時間位　　　　(5) 3 時間以上
8. **父親に一番言いたいことは何ですか**
　　(1) 子どもの気持ちをもっと理解して欲しい
　　(2) もっとお金を稼いで欲しい
　　(3) 子どもと一緒に家にいる時間をもっと作って欲しい
　　(4) もっと子どもを連れて遊びに行って欲しい
　　(5) 子どもの勉強についてあまり厳しく要求しないで欲しい
9. **母親に一番言いたいことは何ですか**
　　(1) 子どもの気持ちをもっと理解して欲しい
　　(2) もっとお金を稼いで欲しい
　　(3) 子どもと一緒に家にいる時間をもっと作って欲しい
　　(4) もっと子どもを連れて遊びに行って欲しい
　　(5) 子どもの勉強についてあまり厳しく要求しないで欲しい
10. **「一人っ子」としての最大の悩みは何だと思いますか**
　　(1) 遊びの対象となる兄弟がいない
　　(2) 近所にいい友達を見つけにくい
　　(3) 悩みがある時に、相談相手がいない
　　(4) 生活上は不自由なことはないが、精神的にはたまに寂しい
　　(5) 家族が「一人っ子」に対して大きな期待を持っていることに大きな圧力を感じた
11. **家で親によく要求されることは何ですか**
　　(1) 礼儀正しくすること　　　(2) 年輩の人を尊敬すること
　　(3) よく人を助けること　　　(4) 勉強に努力すること
　　(5) 大学へ進学するために努力すること
12. **もし大学へ進学できれば、どちらの大学へ進学したいですか**
　　(1) 地元の大学　　　　　　(2) 地元以外の大学
13. **あなたはなぜ大学へ進学したいですか**
　　(1) 親の希望だから

(2) 回りの人が皆そういうふうに考えているから
(3) もっと多くの知識を身につけたいから
(4) 大学へ進学することは、光栄なことだと思うから

14. あなたがいまもっとも期待していることは何ですか
(1) 小遣いをもっと欲しい
(2) いい友達をもっと欲しい
(3) 親が自分をもっと理解して欲しい
(4) 自分が自由にできる時間をもっと欲しい
(5) 学校と家族は、自分の学校の成績についてはあまり厳しく要求しないで欲しい

―終わり―

調查資料 3-1-1
小学五年级・初中二年级学生问卷调查（母亲卷）

调查时期：2000 年 3 月
说明：伴随着独生子女人数的增加、孩子的家庭教育问题日益成为人们关注的焦点，但对家教问题的研究，不能仅仅只满足于理论方面的研究，还需进行大量的实地调查。本卷是一份有关教育问题研究的调查问卷，采用无记名回答方式。此卷只作为统计专用，绝不会给您带来任何麻烦。
回答方式：(1) 在所选问题的数字上划"○"；
　　　　　(2) 除注明复数回答的题之外，均是单一选择。

A. 被调查者的情况
1. 您的年龄
　　① 20～29 岁　　② 30～39 岁　　③ 40～49 岁　　④ 50 岁以上
2. 您的职业
　　①国家行政管理人员　　②专业技术人员（工程师等）　　③大学教师
　　④中小学教师　　　　　⑤营业员、服务员　　　　　　　⑥司法人员
　　⑦军人、武警　　　　　⑧律师　　　　　　　　　　　　⑨外资、合资企业人员
　　⑩个体经营人员　　　　⑪工人　　　　　　　　　　　　⑫农民
　　⑬其它
3. 您的学历
　　①博士　　　　②硕士　　　　③大学　　　　④大专　　　　⑤中专
　　⑥高中　　　　⑦初中　　　　⑧小学　　　　⑨小学以下
4. 您家有几口人
　　① 2 人　　② 3 人　　③ 4 人　　④ 5 人　　⑤ 6 人　　⑥ 7 人以上
5. 您有几个孩子
　　① 1 人　　② 2 人　　③ 3 人　　④ 3 人以上
6. 您孩子的性别
　　①男孩　　　　②女孩

B. 问题

1. 您对拥有孩子一事是怎么看的?(最多可选三个)

   (1)给家庭带来了快乐与生气　　　　　　(2)带给了大人喜悦和生存的意义

   (3)在孩子成长的同时，也促进了自己的成长　(4)带来了心灵的安慰和充实感

   (5)成为了夫妻的纽带　　　　　　　　　(6)继承家业

   (7)可以实现自己的梦　　　　　　　　　(8)可以养老

   (9)以上之外的理由　　　　　　　　　　(10)没有什么

   (11)不知道

2. 在抚养孩子之中，您感到了什么?(最多可选三个)

   (1)快乐、喜悦　　(2)义务、责任　　(3)生存的意义、抚养的意义

   (4)爱　　　　　　(5)辛苦　　　　　(6)负担

   (7)厌烦　　　　　(8)以上之外的理由　(9)没有什么

   (10)不知道

3. 假如政策允许的话，您还想有一个孩子，是吗？

   (1)想　　　(2)有点想　　　(3)不太想　　　(4)不想　　　(5)不知道

4. 您同孩子谈话吗？

   (1)经常与孩子谈话　　　　　　　　(2)有时与孩子谈话

   (3)不太同孩子谈话　　　　　　　　(4)基本上与孩子不谈话

5. 您与孩子谈的最多的是什么?(最多可选三个)

   (1)有关孩子的朋友　　　　　　　　(2)学校里发生的事

   (3)孩子的将来　　　　　　　　　　(4)孩子的学习与升学

   (5)工作单位发生的事　　　　　　　(6)家庭成员的事

   (7)兴趣、爱好　　　　　　　　　　(8)社会和人生等事

   (9)以上之外的内容

6. 您对您的孩子了解多少？

   (1)孩子喜欢的教科书

   　　①非常清楚　　②大概知道　　③不太知道　　④一点都不知道

   (2)您孩子的未来理想

   　　①非常清楚　　②大概知道　　③不太知道　　④一点都不知道

   (3)孩子班主任的名字

   　　①非常清楚　　②大概知道　　③不太知道　　④一点都不知道

(4)孩子的烦恼

　①非常清楚　　　②大概知道　　　③不太知道　　　④一点都不知道
7. 您对孩子的管理和教育有什么烦恼和不安吗？(最多可选五个)

(1)基本的生活习惯没有养成　　　(2)与别的孩子接触交往、共同活动的时间没有

(3)孩子不爱学习　　　　　　　　(4)孩子不听大人的话

(5)对于孩子的管理和教育没有信心　(6)孩子很顽皮、傲慢，有逆反心理

(7)怕孩子做坏事　　　　　　　　(8)在孩子的教育当中，丈夫不太配合

(9)家长与孩子间没有什么共同的话题和兴趣　(10)不知道应与孩子怎样相处才好

(11)孩子爱闷在家中，因而交不到朋友　(12)有关孩子的教育一事没有可以商量的人

(13)不被孩子信赖　　　　　　　　(14)孩子不愿去学校

(15)孩子不愿待在家中，在外交友广泛　(16)孩子学习虽用功，但成绩上不去

8. 不仅是在家里，您认为在学校中也应该教的东西是什么？(最多可选三个)

(1)吃饭时的礼节　　　　　　　　(2) 如何与人打招呼

(3)讲话的礼节　　　　　　　　　(4)东西的收拾和整理

(5)考试时所必有的学习能力　　　(6)正确、良好的学习方法

(7)区分善恶的能力　　　　　　　(8)思想道德教育

(9)以上之外的内容　　　　　　　(10)没有什么

(11)不知道

9. 对于孩子的教育和管理您是怎么认为的？

(1) 管理孩子是妻子的事：

　　①总的来说是这样　　　②是夫妻双方的事　　　③总的来说是父亲的事

(2) 母亲给予孩子的影响是很大的：

　　①与父亲相比母亲给予孩子的影响是很大的

　　②父母双方给予孩子的影响是很大的

　　③与母亲相比父亲给予孩子的影响是很大的

(3) 孩子是以父母为榜样成长的：

　　①是这样　　　　　②不全是这样　　　　　③不是这样

10. 您认为孩子的教育和管理中，夫妻应有怎样的分工？

(1) 责备孩子说"好好学习"一事

　　①不管怎样是母亲的事　②双方的事　③不管怎样是父亲的事

(2) 当孩子来与家长商量有关朋友关系一事

　　①不管怎样说是母亲的事　　②双方的事　　　　③不管怎样说是父亲的事

(3) 孩子做了不该做的事，需要责备之时

　　①不管怎样说是母亲的事　　②双方的事　　　　③不管怎样说是父亲的事

11. 别人的孩子即使做了错事，也视而不见悄悄走开吗？

　(1)是这样　　　　　(2)相对来说是这样　　　　　(3)有点这样

　(4)不全是这样　　　(5)根本不是这样

12. 您与街坊邻居孩子的交往是怎样的？(最多可选五个)

　(1)在路上遇到时打了招呼

　(2)做了危险的事之时，给予了劝告

　(3)做了坏事之时，给予了劝告和教育

　(4)做了好事之时，给予了表扬和鼓励

　(5)站在危险的地方，给予了劝告

　(6)讲话礼貌、态度好，而给予了表扬

　(7)讲话不礼貌、态度不好，给予了提醒和责备

　(8)一起搞了体育活动

　(9)一起去公园等处玩乐

　(10)当有不明白的事或做不了的事之时，给予了指导

　(11)受到别的孩子的欺负之时，给予了帮助

　(12)一起买了东西吃了饭

　(13)有困难和烦恼之时，给予了建议和鼓励

　(14)有关将来的事(升学、就职等)参与了商谈

13. 在家里占用你时间最多的事是什么？(最多可选三个)

　(1)读报和书　　　　　　　　　(2)看电视

　(3)干自己有兴趣的事　　　　　(4)做家务

　(5)闲着无事　　　　　　　　　(6)与孩子一起去买东西

　(7)和家里人去游玩　　　　　　(8)将工作带到家里做

　(9)与孩子玩电脑游戏　　　　　(10)督促孩子学习

14. 对孩子的学习和学习成绩的关心

　(1)自认为对于孩子的学习和学习成绩爱挑剔

　(2)自认为对于孩子的学习和学习成绩不爱挑剔

15. 对于妻子来说，想让丈夫能再分担些事是什么?(最多可选三个)
　　(1)管理孩子(含如何帮助学校对孩子进行教育等事)
　　(2)与街坊邻居的交往　　　(3)督促孩子学习
　　(4)照管孩子生活　　　　　(5)吃饭后饭桌的收拾
　　(6)扫除及洗衣服　　　　　(7)照顾老人
　　(8)买日常生活用品　　　　(9)每日生活的支出管理
　　(10)做饭的准备工作　　　　(11)没有什么
　　(12)不知道
16. 您希望孩子将来应达到怎样的学历
　　(1)中学之下　　(2)中学　　(3)高中　　(4)职业高中　　(5)中专
　　(6)大专　　　　(7)大学　　(8)硕士　　(9)博士

---- 结束 ----

調査資料 3-1-2
　　家庭教育に関する親の意識調査（母親用）

調査時期：2000 年 3 月
調査の目的：
「一人っ子」の人数の増加によって、家庭における子どもの教育問題はますます人々の関心を呼んできました。家庭教育に関する研究は、理論的な議論にとどまるのではなく、現実の状況をより正確に把握するための実証研究がより重要であると考えます。本調査は、このような主旨に基づいた家庭教育に関する質問調査紙であり、無記名記入式を採用しています。本調査は、基礎データの統計以外に使用することはなく、被調査者に不都合をもたらすことはございません。
回答方式：(1) 該当する項目に "○" をつけてください。
　　　　　(2) 複数回答を指定された項目以外は、全て単一選択です。

A. 被調査者の状況
1. あなたの年齢
　　① 20～29 歳　　② 30～39 歳　　③ 40～49 歳　　④ 50 歳以上
2. あなたの職業
　　①国家行政機関職員　　②専門技術者（エンジニアなど）　　③大学教師
　　④小・中学校教師　　⑤販売員・店員　　⑥司法関係者
　　⑦軍人・警察官　　⑧弁護士　　⑨外資・合弁企業従業員
　　⑩自営業者　　⑪一般労働者　　⑫農民
　　⑬その他
3. あなたの学歴
　　①博士　　②修士　　③大学　　④大専　　⑤中専
　　⑥高校　　⑦中学　　⑧小学校　　⑨小学校以下
4. あなたの家族構成
　　① 2 人　　② 3 人　　③ 4 人　　④ 5 人　　⑤ 6 人　　⑥ 7 人以上
5. 子どもの人数
　　① 1 人　　② 2 人　　③ 3 人　　④ 3 人以上

6. あなたの子どもの性別：
   ①女の子　　　②男の子

B. 質問項目
1. 子どもの存在意義に対する認識（複数回答）
   (1) 家庭に明るさや活気を与えてくれる　(2) 喜び、生きがいを与えてくれる
   (3) 子どもの成長とともに自分も成長できる
   (4) 心に安らぎや充実感を与えてくれる
   (5) 夫婦の絆となる　　　　　　(6) 家を継ぐ
   (7) 自分の夢を託す　　　　　　(8) 老後の生活をみてもらう
   (9) その他　　　　　　　　　　(10) 特にない　　　　　(11) 分からない
2. 子育てに対してどのように感じたか（複数回答）
   (1) 楽しみ、喜び　(2) 義務、責任　(3) 生きがい、やりがい
   (4) 好き　　　　　(5) 苦労　　　　(6) 負担
   (7) 嫌い　　　　　(8) その他　　　(9) 特にない
   (10) 分からない
3. もし可能性があればもう一人子が欲しい
   (1) 欲しい　　　　　　　　　　(2) ちょっと欲しい
   (3) あまり欲しくない　　　　　(4) 欲しくない
4. 子どもとの会話
   (1) よく話をする　　　　　　　(2) 時々話をする
   (3) あまり話をしない　　　　　(4) ほとんど話をしない
5. 子どもと話す内容（複数回答）
   (1) 友人について　　　　　　　(2) 学校のできごとについて
   (3) 自分の将来について　　　　(4) 勉強や進学のことについて
   (5) 職場のできごとについて　　(6) 家族のことについて
   (7) 興味について　　　　　　　(8) 社会や人生について
6. 親（父親・母親）は子どものことをどの程度知っているか
   (1) 得意な教材
     ①とてもよく知っている　　　②だいたい知っている
     ③あまり知らない　　　　　　④全然知らない

(2) 将来の夢
　　①とてもよく知っている　　　②だいたい知っている
　　③あまり知らない　　　　　　④全然知らない
(3) 担任の先生の名前
　　①とてもよく知っている　　　②だいたい知っている
　　③あまり知らない　　　　　　④全然知らない
(4) 子どもの悩み
　　①とてもよく知っている　　　②だいたい知っている
　　③あまり知らない　　　　　　④全然知らない

7．子どものしつけや教育についての悩みや不安（複数回答）
　(1) 基本的な生活習慣が身についていない
　(2) 子どもと触れ合い、共に行動する時間がなかなかない
　(3) 子どもが勉強しない
　(4) 子どもがなかなか言うことを聞かない
　(5) 子どもに対するしつけや教育に自信がもてない
　(6) 子どもが生意気で反抗的である
　(7) 子どもの非行が心配である
　(8) 配偶者があまり協力してくれない
　(9) 親子の間で、共通の話題や興味がない
　(10) 子どもにどのように接してよいのかよく分からない
　(11) 子どもが引きこもりがちで、なかなか友人ができない
　(12) 教育について、相談する相手がいない
　(13) 子どもに信頼されていない
　(14) 子どもが学校に行かない

8．家庭ではなく、学校で教えてほしいと考えるもの
　(1) 食事のマナー　　　　　　(2) あいさつ
　(3) 言葉づかい　　　　　　　(4) 整理整頓
　(5) 受験に必要な学力　　　　(6) 家庭学習の仕方
　(7) 善悪の区別　　　　　　　(8) その他
　(9) 特にない　　　　　　　　(10) 無回答

付録資料　質問紙調査資料

9. 子どもの教育やしつけに対する親（父親・母親）の考え方
   (1) 子どものしつけは、母親（母親）の仕事である
   (2) 父親（母親）が子どもに与える影響は大きいと思う
   (3) 子どもは、親（父親・母親）の背をみて育つと思う
10. 子どもの教育やしつけの役割分担に対する親（父親・母親）の考え方
   (1) 子どもに「勉強をしなさい」と叱る
      ①主に父親の役割　　　②両方　　　③主に母親の役割
   (2) 子どもの友人関係について相談にのる
      ①主に父親の役割　　　②両方　　　③主に母親の役割
   (3) 子どもが絶対してはいけないことをした時、叱る
      ①主に父親の役割　　　②両方　　　③主に母親の役割
11. **他人の子どもが悪いことをしていても、黙って通りすぎるか**
   (1) とてもそう　　　　　(2) わりとそう　　　　　(3) 少しそう
   (4) あまりそうでない　　(5) 全然そうでない
12. **地域の子どもとの関わり（複数回答）**
   (1) 道で会った時声をかけた
   (2) 危険なことをしていたので、注意した
   (3) 悪いことをしていたので、注意したり、しかったりした
   (4) よいことをしたので、ほめた
   (5) 危険な場所にいたので、注意した
   (6) 言葉づかいや態度がよかったので、ほめた
   (7) 言葉づかいや態度が悪かったので、注意したり、しかったりした
   (8) 一緒に運動やスポーツをした
   (9) 一緒に公園などで遊んだ
   (10) 分からないことやできないことを教えた
   (11) 友達にいじめられている時助けた
   (12) 一緒に買い物や食事をした
   (13) 困っている時や悩んでいる時に相談にのった
   (14) 将来のこと（進学、就職など）について相談にのった
13. **親（父親・母親）の家庭での時間の過ごし方（複数回答）**
   (1) 新聞や本を読んでいる　　　　(2) テレビをみている

(3) 自分の趣味のことをする　　(4) 家事の手伝い
(5) ごろごろしている　　　　　(6) 子どもと一緒に買い物に行く
(7) 家族とドライブに行く　　　(8) 自分の仕事をもって帰ってする
(9) 子どもとファミコンをして遊ぶ　(10) 子どもの勉強をみてやる

14. 子どもの勉強や成績に対する関心
（注：父親、母親別）
(1) 子どもの勉強や成績についてうるさく言う方だと思う
(2) 子どもの勉強や成績についてうるさく言う方だと思わない

15. 母親がもっと父親に分担してもらいたいと思っていること（複数回答）
(1) 子どものしつけをする　　　(2) 近所づき合いをする
(3) 子どもの勉強をみる　　　　(4) 子どもの世話をする
(5) 食事のあと片づけをする　　(6) 掃除・洗濯をする
(7) 親の世話をする　　　　　　(8) 日常の買い物をする
(9) 日々の家計の管理をする　　(10) 食事のしたくをする
(11) 特にない　　　　　　　　 (12) 分からない

16. 子どもの学歴への期待
(1) 中学校　　(2) 高校　　(3) 職業高校・中専
(4) 大専　　　(5) 大学　　(6) 修士・博士

―終わり―

調査資料 3-2-1
小学五年级·初中二年级学生问卷调查(父亲卷)

调查时期:2000 年 3 月
说明:伴随着独生子女人数的增加、孩子的家庭教育问题日益成为人们关注的焦点,但对家教育问题的研究,不能仅仅只满足于理论方面的研究,还需进行大量的实地调查。本卷是一份有关教育问题研究的调查问卷,采用无记名回答方式。此卷只作为统计专用,绝不会给您带来任何麻烦。
回答方式:(1) 在所选问题的数字上划"○";(2) 除注明复数回答的题之外,均是单一选择。

A. 被调查者的情况
1. 您的年龄
   ① 20～29 岁　　② 30～39 岁　　③ 40～49 岁　　④ 50 岁以上
2. 您的职业
   ①国家行政管理人员　　②专业技术人员(工程师等)　　③大学教师
   ④中小学教师　　⑤营业员、服务员　　⑥司法人员
   ⑦军人、武警　　⑧律师　　⑨外资、合资企业人员
   ⑩个体经营人员　　⑪工人　　⑫农民
   ⑬其它(　　　　　　　)
3. 您的学历
   ①博士　　②硕士　　③大学　　④大专
   ⑤中专　　⑥高中　　⑦初中　　⑧小学
   ⑨小学以下
4. 您家有几口人
   ① 2 人　　② 3 人　　③ 4 人
   ④ 5 人　　⑤ 6 人　　⑥ 7 人以上
5. 您有几个孩子
   ① 1 人　　② 2 人　　③ 3 人　　④ 3 人以上
6. 您孩子的性别
   ①男孩　　②女孩

B. 问题

1. 您对拥有孩子一事是怎么看的?(最多可选三个)
   (1)给家庭带来了快乐与生气　　　　　(2)带给了大人喜悦和生存的意义
   (3)在孩子成长的同时，也促进了自己的成长　(4)带来了心灵的安慰和充实感
   (5)成为了夫妻的纽带　　　　　　　　(6)继承家业
   (7)可以实现自己的梦　　　　　　　　(8)可以养老
   (9)以上之外的理由　　　　　　　　　⑽没有什么
   ⑾不知道

2. 在抚养孩子之中，您感到了什么?(最多可选三个)
   (1)快乐、喜悦　　(2)义务、责任　　(3)生存的意义、抚养的意义
   (4)爱　　　　　　(5)辛苦　　　　　(6)负担
   (7)厌烦　　　　　(8)以上之外的理由　(9)没有什么
   ⑽不知道

3. 假如政策允许的话，您还想有一个孩子，是吗?
   (1)想　　(2)有点想　　(3)不太想　　(4)不想　　(5)不知道

4. 您同孩子谈话吗?
   (1)经常与孩子谈话　　　　　　(2)有时与孩子谈话
   (3)不太同孩子谈话　　　　　　(4)基本上与孩子不谈话

5. 您与孩子谈的最多的是什么?(最多可选三个)
   (1)有关孩子的朋友　　　　　　(2)学校里发生的事
   (3)孩子的将来　　　　　　　　(4)孩子的学习与升学
   (5)工作单位发生的事　　　　　(6)家庭成员的事
   (7)兴趣、爱好　　　　　　　　(8)社会和人生等事
   (9)以上之外的内容

6. 您对您的孩子了解多少?
   (1)孩子喜欢的教科书
   　　①非常清楚　　②大概知道　　③不太知道　　④一点都不知道
   (2)您孩子的未来理想
   　　①非常清楚　　②大概知道　　③不太知道　　④一点都不知道
   (3)孩子班主任的名字
   　　①非常清楚　　②大概知道　　③不太知道　　④一点都不知道

付录资料　質問紙調査資料

(4)孩子的烦恼

　①非常清楚　　　②大概知道　　　③不太知道　　　④一点都不知道

7. 您对孩子的管理和教育有什么烦恼和不安吗?(最多可选五个)

　(1)基本的生活习惯没有养成　　　(2)与别的孩子接触交往、共同活动的时间没有

　(3)孩子不爱学习　　　　　　　　(4)孩子不听大人的话

　(5)对于孩子的管理和教育没有信心　(6)孩子很顽皮、傲慢，有逆反心理

　(7)怕孩子做坏事　　　　　　　　(8)在孩子的教育当中，丈夫不太配合

　(9)家长与孩子间没有什么共同的话题和兴趣

　⑩不知道应与孩子怎样相处才好

　⑾孩子爱闷在家中，因而交不到朋友　⑿有关孩子的教育一事没有可以商量的人

　⒀不被孩子信赖　　　　　　　　⒁孩子不愿去学校

　⒂孩子不愿待在家中，在外交友广泛　⒃孩子学习虽用功，但成绩上不去

8. 不仅是在家里，您认为在学校中也应该教的东西是什么?(最多可选三个)

　(1)吃饭时的礼节　　　　　　　(2) 如何与人打招呼

　(3)讲话的礼节　　　　　　　　(4)东西的收拾和整理

　(5)考试时所必有的学习能力　　(6)正确、良好的学习方法

　(7)区分善恶的能力　　　　　　(8)思想道德教育

　(9)以上之外的内容　　　　　　⑩没有什么

　⑾不知道

9. 对于孩子的教育和管理您是怎么认为的？

　(1) 管理孩子是妻子的事：

　　　①总的来说是这样　　　②是夫妻双方的事　　　③总的来说是父亲的事

　(2) 母亲给予孩子的影响是很大的：

　　　①与父亲相比母亲给予孩子的影响是很大的

　　　②父母双方给予孩子的影响是很大的

　　　③与母亲相比父亲给予孩子的影响是很大的

　(3) 孩子是以父母为榜样成长的：

　　　①是这样　　　　②不全是这样　　　③不是这样

10. 您认为孩子的教育和管理中，夫妻应有怎样的分工？

　(1) 责备孩子说"好好学习"一事

　　　①不管怎样说是母亲的事　　　②双方的事　　　③不管怎样说是父亲的事

343

(2) 当孩子来与家长商量有关朋友关系一事
　　①不管怎样说是母亲的事　　②双方的事　　③不管怎样说是父亲的事
(3) 孩子做了不该做的事，需要责备之时
　　①不管怎样说是母亲的事　　②双方的事　　③不管怎样说是父亲的事

11. 别人的孩子即使做了错事，也视而不见悄悄走开吗？
　　(1)是这样　　　　(2)相对来说是这样　　　(3)有点这样
　　(4)不全是这样　　(5)根本不是这样

12. 您与街坊邻居孩子的交往是怎样的？(最多可选五个)
　　(1)在路上遇到时打了招呼
　　(2)做了危险的事之时，给予了劝告
　　(3)做了坏事之时，给予了劝告和教育
　　(4)做了好事之时，给予了表扬和鼓励
　　(5)站在危险的地方，给予了劝告
　　(6)讲话礼貌、态度好，而给予了表扬
　　(7)讲话不礼貌、态度不好，给予了提醒和责备
　　(8)一起搞了体育活动
　　(9)一起去公园等处玩乐
　　(10)当有不明白的事或做不了的事之时，给予了指导
　　(11)受到别的孩子的欺负之时，给予了帮助
　　(12)一起买了东西吃了饭
　　(13)有困难和烦恼之时，给予了建议和鼓励
　　(14)有关将来的事(升学、就职等)参与了商谈

13. 在家里占用你时间最多的事是什么？(最多可选三个)
　　(1)读报和书　　　　　　　(2)看电视
　　(3)干自己有兴趣的事　　　(4)做家务
　　(5)闲着无事　　　　　　　(6)与孩子一起去买东西
　　(7)和家里人去游玩　　　　(8)将工作带到家里做
　　(9)与孩子玩电脑游戏　　　(10)督促孩子学习

14. 对孩子的学习和学习成绩的关心
　　(1)自认为对于孩子的学习和学习成绩爱挑剔
　　(2)自认为对于孩子的学习和学习成绩不爱挑剔

15. 对于丈夫来说，想让妻子能再分担些事是什么？(最多可选三个)
　　(1)管理孩子(含如何帮助学校对孩子进行教育等事)
　　(2)与街坊邻居的交往　　　　(3)督促孩子学习
　　(4)照管孩子生活　　　　　　(5)吃饭后饭桌的收拾
　　(6)扫除及洗衣服　　　　　　(7)照顾老人
　　(8)买日常生活用品　　　　　(9)每日生活的支出管理
　　(10)做饭的准备工作　　　　　(11)没有什么
　　(12)不知道
16. 您希望孩子将来应达到怎样的学历
　　(1)中学之下　　(2)中学　　　(3)高中
　　(4)职业高中　　(5)中专　　　(6)大专
　　(7)大学　　　　(8)硕士　　　(9)博士

---- 结束 ----

調査資料 3-2-2
　　　家庭教育に関する親の意識調査（父親用）

調査時期：2000 年 3 月
調査の目的：
「一人っ子」の人数の増加によって、家庭における子どもの教育問題はますます人々の関心を呼んできました。家庭教育に関する研究は、理論的な議論にとどまるのではなく、現実の状況をより正確に把握するための実証研究がより重要であると考えます。本調査は、このような主旨に基づいた家庭教育に関する質問調査紙であり、無記名記入式を採用しています。本調査は、基礎データの統計以外に使用することはなく、被調査者に不都合をもたらすことはございません。
回答方式：(1) 該当する項目に "○" をつけてください。
　　　　　(2) 複数回答を指定された項目以外は、全て単一選択です。

A. 被調査者の状況
1. あなたの年齢
　　① 20 ～ 29 歳　　② 30 ～ 39 歳　　③ 40 ～ 49 歳　　④ 50 歳以上
2. あなたの職業
　　①国家行政機関職員　　②専門技術者（エンジニアなど）　　③大学教師
　　④小・中学校教師　　⑤販売員・店員　　⑥司法関係者
　　⑦軍人・警察官　　⑧弁護士　　⑨外資・合弁企業従業員
　　⑩自営業者　　⑪一般労働者　　⑫農民
　　⑬その他
3. あなたの学歴
　　①博士　　②修士　　③大学　　④大専　　⑤中専
　　⑥高校　　⑦中学　　⑧小学校　　⑨小学校以下
4. あなたの家族構成
　　① 2 人　② 3 人　③ 4 人　④ 5 人　⑤ 6 人　⑥ 7 人以上
5. 子どもの人数
　　① 1 人　② 2 人　③ 3 人　④ 3 人以上

6. あなたの子どもの性別：
   ①女の子　　　②男の子

B. 質問項目
1. **子どもの存在意義に対する認識（複数回答）**
   (1) 家庭に明るさや活気を与えてくれる
   (2) 喜び、生きがいを与えてくれる
   (3) 子どもの成長とともに自分も成長できる
   (4) 心に安らぎや充実感を与えてくれる
   (5) 夫婦の絆となる　　　　　　(6) 家を継ぐ
   (7) 自分の夢を託す　　　　　　(8) 老後の生活をみてもらう
   (9) その他　　　　　　　　　　(10) 特にない
   (11) 分からない

2. **子育てに対してどのように感じたか（複数回答）**
   (1) 楽しみ、喜び　　　　　　　(2) 義務、責任
   (3) 生きがい、やりがい　　　　(4) 好き
   (5) 苦労　　　　　　　　　　　(6) 負担
   (7) 嫌い　　　　　　　　　　　(8) その他
   (9) 特にない　　　　　　　　　(10) 分からない

3. **もし可能性があればもう一人子が欲しい**
   (1) 欲しい　　　　　　　　　　(2) ちょっと欲しい
   (3) あまり欲しくない　　　　　(4) 欲しくない

4. **子どもとの会話**
   (1) よく話をする　　　　　　　(2) 時々話をする
   (3) あまり話をしない　　　　　(4) ほとんど話をしない

5. **子どもと話す内容（複数回答）**
   (1) 友人について　　　　　　　(2) 学校のできごとについて
   (3) 自分の将来について　　　　(4) 勉強や進学のことについて
   (5) 職場のできごとについて　　(6) 家族のことについて
   (7) 興味について　　　　　　　(8) 社会や人生について

6. 親（父親・母親）は子どものことをどの程度知っているか
   (1) 得意な教材
      ①とてもよく知っている　　　②だいたい知っている
      ③あまり知らない　　　　　　④全然知らない
   (2) 将来の夢
      ①とてもよく知っている　　　②だいたい知っている
      ③あまり知らない　　　　　　④全然知らない
   (3) 担任の先生の名前
      ①とてもよく知っている　　　②だいたい知っている
      ③あまり知らない　　　　　　④全然知らない
   (4) 子どもの悩み
      ①とてもよく知っている　　　②だいたい知っている
      ③あまり知らない　　　　　　④全然知らない

7. 子どものしつけや教育についての悩みや不安（複数回答）
   (1) 基本的な生活習慣が身についていない
   (2) 子どもと触れ合い、共に行動する時間がなかなかない
   (3) 子どもが勉強しない
   (4) 子どもがなかなか言うことを聞かない
   (5) 子どもに対するしつけや教育に自信がもてない
   (6) 子どもが生意気で反抗的である
   (7) 子どもの非行が心配である
   (8) 配偶者があまり協力してくれない
   (9) 親子の間で、共通の話題や興味がない
   (10) 子どもにどのように接してよいのかよく分からない
   (11) 子どもが引きこもりがちで、なかなか友人ができない
   (12) 教育について、相談する相手がいない
   (13) 子どもに信頼されていない
   (14) 子どもが学校に行かない

8. 家庭ではなく、学校で教えてほしいと考えるもの
   (1) 食事のマナー　　　　　　　(2) あいさつ

(3) 言葉づかい　　　　　　　　（4) 整理整頓
(5) 受験に必要な学力　　　　　（6) 家庭学習の仕方
(7) 善悪の区別　　　　　　　　（8) その他
(9) 特にない　　　　　　　　　（10) 無回答

9. **子どもの教育やしつけに対する親（父親・母親）の考え方**
    (1) 子どものしつけは、母親（母親）の仕事である
    (2) 父親（母親）が子どもに与える影響は大きいと思う
    (3) 子どもは、親（父親・母親）の背をみて育つと思う

10. **子どもの教育やしつけの役割分担に対する親（父親・母親）の考え方**
    (1) 子どもに「勉強をしなさい」と叱る
    　①主に父親の役割　　　②両方　　　③主に母親の役割
    (2) 子どもの友人関係について相談にのる
    　①主に父親の役割　　　②両方　　　③主に母親の役割
    (3) 子どもが絶対してはいけないことをした時、叱る
    　①主に父親の役割　　　②両方　　　③主に母親の役割

11. **他人の子どもが悪いことをしていても、黙って通りすぎるか**
    (1) とてもそう　　　　　（2) わりとそう　　　　　（3) 少しそう
    (4) あまりそうでない　　（5) 全然そうでない

12. **地域の子どもとの関わり（複数回答）**
    (1) 道で会った時声をかけた
    (2) 危険なことをしていたので、注意した
    (3) 悪いことをしていたので、注意したり、しかったりした
    (4) よいことをしたので、ほめた
    (5) 危険な場所にいたので、注意した
    (6) 言葉づかいや態度がよかったので、ほめた
    (7) 言葉づかいや態度が悪かったので、注意したり、しかったりした
    (8) 一緒に運動やスポーツをした
    (9) 一緒に公園などで遊んだ
    (10) 分からないことやできないことを教えた
    (11) 友達にいじめられている時助けた
    (12) 一緒に買い物や食事をした

(13) 困っている時や悩んでいる時に相談にのった
　(14) 将来のこと（進学、就職など）について相談にのった

13. 親（父親・母親）の家庭での時間の過ごし方（複数回答）
　(1) 新聞や本を読んでいる　　　(2) テレビをみている
　(3) 自分の趣味のことをする　　(4) 家事の手伝い
　(5) ごろごろしている　　　　　(6) 子どもと一緒に買い物に行く
　(7) 家族とドライブに行く　　　(8) 自分の仕事をもって帰ってする
　(9) 子どもとファミコンをして遊ぶ　(10) 子どもの勉強をみてやる

14. 子どもの勉強や成績に対する関心（注：父親、母親別）
　(1) 子どもの勉強や成績についてうるさく言う方だと思う
　(2) 子どもの勉強や成績についてうるさく言う方だと思わない

15. 父親がもっと母親に分担してもらいたいと思っていること（複数回答）
　(1) 子どものしつけをする　　　(2) 近所づき合いをする
　(3) 子どもの勉強をみる　　　　(4) 子どもの世話をする
　(5) 食事のあと片づけをする　　(6) 掃除・洗濯をする
　(7) 親の世話をする　　　　　　(8) 日常の買い物をする
　(9) 日々の家計の管理をする　　(10) 食事のしたくをする
　(11) 特にない　　　　　　　　 (12) 分からない

16. 子どもの学歴への期待
　(1) 中学校　　(2) 高校　　　(3) 職業高校・中専
　(4) 大専　　　(5) 大学　　　(6) 修士・博士

—終わり—

調查資料 3-3-1
小学五年级·初中二年级学生问卷调查（学生卷）

调查时期：2000 年 3 月

说明：伴随着独生子女人数的增加、孩子的家庭教育问题日益成为人们关注的焦点，但对家庭教育问题的研究，不能仅仅只满足于理论方面的研究，还需进行大量的实地调查。本卷是一份有关教育问题研究的调查问卷，采用无记名回答方式。此卷只作为统计专用，绝不会给你带来任何麻烦。

回答方式：(1)在所选问题的数字上划"○"；
(2)除注明复数回答的题之外，均是单一选择。

A. 被调查者的情况
1. 你爸爸的职业
　①国家行政管理人员　　②专业技术人员（工程师等）　　③大学教师
　④中小学教师　　　　　⑤营业员、服务员　　　　　　　⑥司法人员
　⑦军人、武警　　　　　⑧律师　　　　　　　　　　　　⑨外资、合资企业人员
　⑩个体经营人员　　　　⑪工人　　　　　　　　　　　　⑫农民
　⑬其它

2. 你妈妈的职业
　①国家行政管理人员　　②专业技术人员（工程师等）　　③大学教师
　④中小学教师　　　　　⑤营业员、服务员　　　　　　　⑥司法人员
　⑦军人、武警　　　　　⑧律师　　　　　　　　　　　　⑨外资、合资企业人员
　⑩个体经营人员　　　　⑪工人　　　　　　　　　　　　⑫农民
　⑬其它

3. 你爸爸的学历
　①博士　　②硕士　　③大学　　④大专　　⑤中专
　⑥高中　　⑦初中　　⑧小学　　⑨小学以下

4. 你妈妈的学历
　①博士　　②硕士　　③大学　　④大专　　⑤中专
　⑥高中　　⑦初中　　⑧小学　　⑨小学以下

5. 你和谁住在一起
   ①父母　　　②父亲　　　③母亲
   ④爷爷、奶奶　⑤姥爷、姥姥　⑥以上之外的人
6. 你家有几个孩子
   ①1人　　　②2人　　　③3人　　　④3人以上
7. 你的性别：　　①男　　　②女
8. 你多大了(请填写实岁年龄)：　　　岁

B. 问题
1. 在家里，你高兴的事多，还是不高兴的事多？
   (1)高兴的事多　　　　　　(2)不高兴的事多
   (3)哪一方也说不上　　　　(4)不知道
2. 你现在幸福吗？
   (1)非常幸福　　　　(2)比较幸福　　　　(3)一般
   (4)不太幸福　　　　(5)一点都不幸福　　(6)不知道
3. 如果有可能的话，你还想有一个妹妹或弟弟吗？
   (1)想　　(2)有点想　　(3)不太想　　(4)不想　　(5)不知道
4. 你与父母谈话吗？
   (1)经常与父母谈话　　　(2)有时与父母谈话
   (3)不太与父母谈话　　　(4)基本上不与父母谈话
5. 你与父母都谈哪些方面的内容？(最多可选三个)
   (1)自己的朋友　　　　(2)学校中发生的事
   (3)自己的将来　　　　(4)学习和升学等事
   (5)父母单位发生的事　(6)家庭成员的事
   (7)兴趣、爱好　　　　(8)社会和人生之事
   (9)以上之外的内容
6. 你在家里帮父母做了哪些事情？(最多可选三个)
   (1)吃饭时摆碗、收碗　　(2)一个人留在家里看家
   (3)帮父母出去买东西、做事　(4)扔垃圾
   (5)用扫帚扫地　　　　　(6)帮助父母做饭
   (7)擦桌子或拖地　　　　(8)洗米

(9)擦皮鞋　　　　　　　　　　(10)什么也不做

7. 你平均每日帮助父母做家务活的时间有多少？

　　(1)一点都没有　　　(2)30 分左右　　　(3)1 小时左右

　　(4)2 小时左右　　　(5)3 小时左右　　　(6)超过 3 小时

8. 你知道父母以下哪些事情？

　　(1)父母现在的工作　　　　　(2)父母的生日

　　(3)父母喜欢吃的食物　　　　(4)父母的好朋友

　　(5)父母的孩提时代的事情

9. 你对父母有什么期望？(最多可选三个)

　　(1)成为更富有的人　　　　　(2)能更多的理解孩子的心情

　　(3)能更多的和孩子一起搞体育活动　(4)节假日能多带孩子去商场或餐厅

　　(5)不要用一幅可怕的神色来发怒　(6)能更早点回家

　　(7)能更多的和家里人聊天　　(8)不要把"好好学习"总放在嘴边

　　(9)多读些报和书

10. 父母对你的态度和关心如何？

　　(1)父母对你很严厉吗？

　　　　①是　　②不是　　③哪一个也谈不上　　④不知道

　　(2)父母对你很理解是吗？

　　　　①是　　②不是　　③哪一个也谈不上　　④不知道

　　(3)父母对你的学习和成绩非常爱唠叨是吗？

　　　　①是　　②不是　　③哪一个也谈不上　　④不知道

11. 你现在的烦恼是什么？(最多可选三个)

　　(1)自己的健康　　　　　　　(2)脸形与身材

　　(3)与朋友不能友好相处　　　(4)与有好感的男同学或女同学不能顺利相处

　　(5)受到别人的欺负　　　　　(6)不被父亲理解

　　(7)不被母亲理解　　　　　　(8)不被老师理解

　　(9)学校的成绩　　　　　　　(10)升学(或升学考试)的事

　　(11)以上之外的理由　　　　　(12)没有什么担心的事和烦恼

　　(13)不知道

12. 你想最终获得怎样的学历？

　　(1)中学以下　　(2)中学　　(3)高中　　(4)职业高中　　(5)中专

(6)大专　　　　　　(7)大学　　　　(8)硕士　　　(9)博士

13. 你从学校回来后和好朋友们玩吗？

(1)玩　　　　　　　　　　　　　(2)不玩

14. 你一天平均玩多长时间？

(1) 0 分　　　　　(2)约 30 分　　　　　(3)约 1 小时

(4)约 2 小时　　　(5)约 3 小时以上

15. 你玩的内容是什么？(最多可选三个)

(1)看电影　　　　　　　　　　　(2)看漫画、书或喜欢的杂志

(3)听磁带或看录像或唱卡拉 OK　　(4)玩打扑克等游戏或玩具

(5)玩电脑游戏或去游戏厅　　　　(6)聊天

(7)骑自行车　　　　　　　　　　(8)足球等球类活动

(9)捉迷藏　　　　　　　　　　　(10)跳绳或跳皮筋

(11)逛街、买东西

---- 结束 ----

付録資料　質問紙調査資料

調査資料 3-3-2
家庭教育に関する子どもの意識調査（学生用）

調査時期：2000 年 3 月
調査の目的：
「一人っ子」の人数の増加によって、家庭における子どもの教育問題はますます人々の関心を呼んできました。家庭教育に関する研究は、理論的な議論にとどまるのではなく、現実の状況をより正確に把握するための実証研究がより重要であると考えます。本調査は、このような主旨に基づいた家庭教育に関する質問調査紙であり、無記名記入式を採用しています。本調査は、基礎データの統計以外に使用することはなく、被調査者に不都合をもたらすことはございません。
回答方式：(1) 該当する項目に"○"をつけてください。
　　　　　(2) 複数回答を指定された項目以外は、全て単一選択です。

A. 被調査者の状況
1. 父親の職業
　　①国家行政機関職員　　　　　②専門技術者（エンジニアなど）
　　③大学教師　　　　　　　　　④小・中学校教師
　　⑤販売員・店員　　　　　　　⑥司法関係者
　　⑦軍人・警察官　　　　　　　⑧弁護士
　　⑨外資・合弁企業従業員　　　⑩自営業者
　　⑪一般労働者　　　　　　　　⑫農民　　　　　　　　　⑬その他
2. 母親の職業
　　①国家行政機関職員　　　　　②専門技術者（エンジニアなど）
　　③大学教師　　　　　　　　　④小・中学校教
　　⑤販売員・店員　　　　　　　⑥司法関係者
　　⑦軍人・警察官　　　　　　　⑧弁護士
　　⑨外資・合弁企業従業員　　　⑩自営業者
　　⑪一般労働者　　　　　　　　⑫農民　　　　　　　　　⑬その他
3. 父親の学歴
　　①博士　　　②修士　　　③大学　　　④大専　　　⑤中専

⑥高校　　　　⑦中学　　　　⑧小学校　　　　⑨小学校以下
4　母親の学歴
　　①博士　　　②修士　　　③大学　　　④大専　　　⑤中専
　　⑥高校　　　　⑦中学　　　　⑧小学校　　　　⑨小学校以下
5．あなたは誰と一緒に住んでいますか
　　①両親　　　　②父親　　　　③母親　　　　④父親方の祖父母
　　⑤母親方の祖父母　　　　⑥他の人
6．ご兄弟は何人ですか
　　①1人　　　　②2人　　　　③3人　　　　④3人以上
7．あなたの性別　　　　①女の子　　　　②男の子
8．あなたの年齢　　　歳

B. 質問項目
1．あなたは家にいると楽しいことが多いですか、それとも楽しくないことが多いですか
　　（1）楽しいことが多い　　（2）楽しくないことが多い　　（3）分からない
2．生活への満足度：いま、幸せですか
　　（1）とても幸せ　　　　（2）わりと幸せ　　　　（3）まあ幸せ
　　（4）あまり幸せでない　　（5）全然幸せでない　　（6）分からない
3．もし可能性があればもう1人の兄弟が欲しいですか
　　（1）欲しい　　　　　　　（2）ちょっと欲しい
　　（3）あまり欲しくない　　（4）欲しくない
4．親との会話
　　（1）よく話をする　　　　（2）時々話をする
　　（3）あまり話をしない　　（4）ほとんど話をしない
5．親と話す内容（複数回答）
　　（1）友人について　　　　　　（2）学校のできごとについて
　　（3）自分の将来について　　　（4）勉強や進学のことについて
　　（5）職場のできごとについて　（6）家族のことについて
　　（7）興味について　　　　　　（8）社会や人生について

6. 家庭での家事労働への参加（複数回答）
   (1) 食事を並べたり片付けたりすること　　(2) 一人で留守番をすること
   (3) お使いに行くこと　　　　　　　　　　(4) ゴミを捨てに行くこと
   (5) ほうきではくこと　　　　　　　　　　(6) 料理を作るのを手伝うこと
   (7) ぞうきんで掃除すること　　　　　　　(8) お米をとぐこと
   (9) 靴磨きをすること

7. 家事労働への参加時間（平均一日あたり）
   ①全然しない　　　②30分位　　　③1時間位
   ④2時間位　　　　⑤3時間より多い

8. 親についての知識（複数回答）
   (1) 親がしている仕事　　　　(2) 親の誕生日
   (3) 親の好きな食べ物　　　　(4) 親がいま仲良くしている人
   (5) 親の子どもの頃の話

9. 親への期待（複数回答）
   (1) もっとお金持ちになってほしい
   (2) もっと子どもの気持ちを分かってほしい
   (3) もっとスポーツなどを一緒にしてほしい
   (4) 休日にもっとデパートやレストランに連れていってほしい
   (5) あまり、恐い顔で怒らないでほしい
   (6) もっと早く帰ってきてほしい
   (7) もっと家族と一緒にお喋りしてほしい
   (8) 勉強しろと言わないでほしい
   (9) もっと新聞や本を読んでほしい

10. 親の青少年に対する態度や関心
    (1) 親は私に対して厳しいほうか
       ①そう思う　　②そう思わない　　③どちらとも言えない　　④分からない
    (2) 親は私のことをよく分かってくれるか
       ①そう思う　　②そう思わない　　③どちらとも言えない　　④分からない
    (3) 親は私の勉強や成績についてよくうるさく言うほうか
       ①そう思う　　②そう思わない　　③どちらとも言えない　　④分からない

11. 自分の悩みごと（複数回答）
　（1）自分の健康　　　　　　　　（2）顔かたちやスタイル
　（3）友達との仲がうまくいかない
　（4）好きな男の子（女の子）とうまく付き合えない
　（5）いじめられている　　　　　（6）お父さんが分かってくれない
　（7）お母さんが分かってくれない　（8）先生に認めてもらえない
　（9）学校の成績　　　　　　　　（10）進学（受験）のこと
　（11）その他　　　　　　　　　　（12）心配ごとや悩みごとがない
　（13）分からない

12. 進学の最終目標
　（1）中学校　　　　（2）高校　　　　（3）職業高校・中専
　（4）大専　　　　　（5）大学　　　　（6）修士・博士

13. 学校から帰って友達と遊んだか
　（1）遊んだ　　　　　　　　　　（2）遊ばなかった

14. 遊び時間（平均一日あたり）
　① 30分　　　　② 1時間　　　　③ 2時間　　　　④ 3時間以上

15. 遊びの内容（複数回答）
　（1）テレビ　　　　　　　　　　（2）マンガや本、興味の雑誌
　（3）レコードやテープ　　　　　（4）トランプなどのゲームや玩具
　（5）テレビゲーム　　　　　　　（6）おしゃべり
　（7）自転車　　　　　　　　　　（8）サッカーなどのボール遊び
　（9）おにごっこ　　　　　　　　（10）なわとび、ゴムとび

―終わり―

参考文献

＜中国語資料＞

辺燕傑　1986、「試析我国独生子女家庭生活方式的基本特徴」『中国社会科学』第 1 期

伯格・巴肯 1994、「西調東弾－関於中国的独生子女」『当代青年研究』第 1 期

鮑思頓・範彤妮・杜芳蘭　1989、「中国独生子女与非独生子女的学習成績和人格特徴分析」『西北人口』第 4 期

陳丹燕　1997、『独生子女宣言』南海出版公司出版

　　　　1998、「家庭与中学独生子女社会化」『青年研究』第 1 期

陳雯・何雨　2006、「独生子女：中国人口安全視野中不容忽視的焦点」『青年探索』第 4 期

陳翠玲など　2008、「青年独生子女自尊心水平和主観幸福感的特点及両者間的関係」『心理発展与教育』第 3 期

（米）Falbo 主編　1996、『中国独生子女研究』華東師範大学出版

風笑天　1990、「我国独生子女研究現状的分析」『江海学刊』第 1 期

　　　　1993a、「論独生子女父母的角色特点」『華中師範大学学報』（哲社版）第 2 期

　　　　1993b、「偏見与現実：独生子女教育問題的調査与分析」『社会学研究』第 1 期

　　　　1998、「家庭与中学独生子女社会化」『青年研究』第 1 期

　　　　2002、「中国独生子女研究：回顧与前瞻」『江海学刊』第 5 期

　　　　2005、「中国第一代城市独生子女的社会適応」『教育研究』第 10 期

　　　　2006a、「中国独生子女：規模、差異与評価」『理論月刊』第 4 期

　　　　2006b、「独生子女青少年的社会化過程及其結果」『中国社会科学』第 6 期

　　　　2008、「中国独生子女問題：一個多学科的分析框架」『浙江学刊』第 2 期

　　　　2010、「農村第一代独生子女的居住方式及相関因素分析」『南京社会科学』第 4 期

風笑天など　2013、『中国独生子女問題研究』経済科学出版社

風笑天・王小璐　2003、「城市青年的職業適応：独生子女与非独生子女的比較研究」『江

　　　　　蘇社会科学』第 4 期

桂世勋　1992、「銀色浪潮中的一個重大社会問題」『社会科学』第 2 期

郝玉章・風笑天　1997、「大衆伝播媒介与中学独生子女社会化」『青年研究』第 11 期

郝春東　2012、「第二代独生子女的教育調査報告」『国際中華応用心理学研究会第九届学術年会論文集』7 月

郝克明・汪明　2009、「独生子女群体与教育改革―我国独生子女状況調査研究報告」『教育研究』第 2 期

何方・楊雄　2012、「"独二代"成長状況、社会風険及応用策略」『社会科学』第 2 期

何宓　1981、「大力提唱和鼓励一対夫婦只生一個孩子―北京市宣武区独生子女状況調査」

　　　　　『人口与経済』第 1 期

黄俊官　2006、「論独生子女健康人格的培養」『探索与交流』第 18 期

黄亜慧　2012、「独生子女家庭的資源稀缺性与婚姻形式」『広東工業大学学報（社会科学版）』第 4 期

洪明　2010、「教育生態視域下独生子女家庭教育問題及治理」『中国青年研究』第 8 期

胡向明　2010、「"80 後" 城市独生子女之父母角色替代現象分析」『中国青年研究』第 9 期

李培林　1995、『中国新時期階級階層報告』遼寧人民出版社

李学斌　1998、「拓展視野走向深入－近期我国独生子女研究的現状和分析」『当代青年研究』第 12 期

李楯　1991、「家庭政策与社会変遷中的中国家庭」『社会学研究』第 5 期

李棉管　2008、「独生子女研究三十年：時代話語与框架変遷」、『青年研究』第 9 期

李淑栄　1998、「試析独生子女突出弱点産出的原因」『中小学教師培訓』第 1 期

劉鴻雁・柳玉芝 1996、「独生子女及其未来婚姻結構」『中国人口科学』第 3 期

劉祥貴　2007、「独生子女与高校体育教育」『西昌学院学報』（自然科学版）第 4 期

林国彬・範存仁・万伝文　1993、「北京農村 4-6 歳幼児性格発展与家庭教育的関係的調査研究」『心理科学』第 6 期

（日）林光江　2009、『国家・独生子女・児童観』新華出版社

柳玉芝・蔡文媚　1997、「中国城市独生子女問題」『人口研究』第 2 期

参考文献

羅凌雲・風笑天　2001、「城市独生子女与非独生子女家庭教育的比較研究」『青年探究』第6期
陸士楨　2010、「第二代独生子女的時代性特徴」『少年児童研究』第23期
陸学藝編　1996、『21世紀の中国社会』雲南人民出版社
陸春　1996、「社会変遷中青少年家庭教育問題的分析与思考」『青年探索』第1期
密慶統　1993、「関於学生家庭構成状況対学業成績影響的分析」『甘粛教育』第7期
穆光宗　1991a、「"独生子女学"—从夢想到現実」『人口経済』第5期 1991b、「走出独生子女教育的誤区」『社会』第12期
　　　　1994、『中国的未来交給誰－独生子女問題的緊急報告』中国工人出版社
穆梓　1995、「不同背景条件下的独生子女社会化」『当代青年研究』第4期
卜偉　1995、「北京"老三届"反省子女教育」『教育学』第1期
邵海燕　1994、「独生子女家庭教育問題探索」『浙江師大学報』(社科版)第1期
宋長青・葉禮奇　1998、「独生子女就業:値得関注的社会問題」『調研世界』第7期
宋健・黄菲　2011、「中国第一代独生子女与其父母的代際互動—与非独生子女的比較研究」『人口研究』第3期
桑標　1998、「父母意識・育児焦慮・先天気質－独生子女与親子関係研究的新熱点」『当代青年研究』第2期
孫雲暁・卜偉編　1999、『培養独生子女的健康人格』天津教育出版社
孫雲暁　2010、「独二代:教育要警惕三大誤区」『少年児童研究』第23期
孫松濱　2005、「独生子女一代対中国伝統文化的巨大影響」『辺疆経済与文化経済』第4期
蘇頌興　1998、「中国的人口国情与える独生子女政策」『当代青年研究』第2期
栗文敏　2007、「独生子女心理問題研究総述」『太原大学教育学院学報』第25期
Toni Falbo 主編　1996、『中国独生子女研究』華東師範大学出版社
童宗斌・風笑天　2005、「独生子女青少年社会化過程中的自我認知」『青年探索』第2期
王霊書　1989、「成龍夢中的困惑－当代家庭教育現状一瞥」『父母必読』第6期
王悦欣　1995、「別譲独生子女太"独"—从"星々河現象"看我国独生子女教育」『半月談』第17期
王和春　1994、「揚"独"之長、避"独"之短—談独生子女優育優教」『人口与優生』第2期

王曉静・馬培佑　1983、「学齢前独生子女心理特点的初歩調査」『心理科学進展』第 8 期

万伝文・範存仁・林国彬　1984、「五歲至七歲独生和非独生子女某些人格特徵的比較及性別差異的研究」『心理学報』第 4 期

葦禾　1996、「児童的権利、一個世界性的新課題」『教育研究』第 8 期

肖富群・風笑天　2010、「中国独生子女研究 30 年：両種視角及其局限」『南京社会科学』第 7 期

　　肖富群　2008a、「農村中小学独生子女社会化状況的実証研究」『南方人口』第 3 期

　　2008b、「農村中小学独生子女的社会交往能力研究」『中国青年研究』第 6 期

　　2011、「農村独生子女的学校教育優勢——基於江蘇、四川両省的調査数据」『人口与発展』第 2 期

愉潤生・鮑玉珍　1991、「論我国家庭教育的現状及其対策」『南通教育学院学報』第 3 期

袁茵　1988、「核心家庭中独生子女教育的調査研究」『教育科学』第 4 期

楊子慧主編　1997、『中国歴代人口統計資料研究』改革出版社

楊良志　1984、「寄希望於父母——発自学校的調査」『父母必読』第 2 期

楊書章・郭震威　2000、「中国独生子女現状及其対未来人口発展的影響」『市場与人口分析』第 4 期

厳雲堂　2005、「易子而教：独生子女家庭教育模式新探」『現代教育論叢』第 3 期

余礼明　1990、「浅析青少年犯罪的家庭因素」『浙江社会科学』第 5 期

于曉敏・呉漢栄　2012、「農村独生子女与非独生子女小学生行為問題比較研究」、『華中科技大学学報（医学版）』第 41 巻第 1 期

諶紅桃　2011、「対独生子女家庭教育方式的訪談分析」『中国電力教育』第 11 期

張錦堂・周鴻興　1980、「独生子女可以教育得更好」『中国教育学刊』第 2 期

張偉東　2008、「"421" 家庭結構与独生子女軍人的福利保障制度設計問題初探」『人口与経済』第 2 期

張心俠　1982、「独生子女戸也有条件富裕起来——山東省章丘県繡恵公会調査」『人口研究』第 5 期

張飛　2010、「関於独生子女家庭教育的幾点思考」『瀋陽教育学院学報』第 3 期

張蕊　2012、「30 年独生子女教育研究述評」『当代青年研究』第 8 期

参考文献

張艶国編著　1994、『家訓輯覧』湖南教育出版社
趙麗　　2006、「制約辦理"独生子女父母光栄証"的因素及建議」『斎斎哈尔高等専科学校学報』第 4 期
趙忠心　1985、「論家長学校」『教育研究通訊』1 期
　　　　1989、『家庭教育』中央広播電視大学出版社
　　　　1994、『家庭教育学』人民教育出版社
甄硯　　1985、「社会需要"家長学校"」『学習与研究』第 6 期
中華全国家庭教育学会編　1993、『全国家庭教育培訓教材指導綱要』上海科学普及出版社
中国城市独生子女人格発展調研編　1997、「独生子女、苗正不正？」(『中国城市独生子女発展現状及教育的研究報告』摘要)『青年月報』第 7 期
中国城市独生子女人格発展課題組　1997、『中国城市独生子女人格発展現状研究報告』(摘要)『青年研究』第 6 期
朱敏　　1993、『中国小皇帝的成"龍"之路－独生子女成才紀事』光明日報出版社

＜日本語資料＞
阿部洋　1998、『現代中国における教育の普及と向上に関する実証的な研究―江蘇省の場合を中心に－』(平成 7-9 年度科学研究費補助金研究成果報告書、研究代表者　福岡県立大学教授阿部洋)、1998 年 3 月
麻生誠　1977、「学歴社会への抵抗と追従－競争社会における親と子どものあり方－」『児童心理』第 31 巻 9 号
何炳棣著/寺田隆信・千種真一訳　1993、『科挙と近世中国社会－立身出世の階梯』平凡社
畠中宗一　2000、『子ども家族支援の社会学』世界思想社
繁多進　1991、「ひとりっ子をもつ親の心理」『児童心理－特集・ひとりっ子の心理としつけ』第 45 巻 1 号
原純輔編　2000、『日本の階層システム 1　近代化と社会階層』東京大学出版会
井上俊・上野千鶴子・大澤真幸・見田宗介・吉見俊哉編　1996、『〈家族〉の社会学』(岩波講座 現代社会学 第 19 巻) 岩波書店
ジャック・ドンズロ著／宇波 彰訳　1991、『家族に介入する社会－近代家族と国家の管理装置』新曜社

363

J・カラベル /A・H・ハルゼー編 / 潮木守一・天野郁夫・藤田英典編訳　1980、『教育と社会変動（上）―教育社会学のパラダイム展開―』
J・カラベル /A・H・ハルゼー編 / 潮木守一・天野郁夫・藤田英典編訳　1980、『教育と社会変動（下）―教育社会学のパラダイム展開―』
小林芳郎　1991、「ひとりっ子の性格特性」『児童心理－特集・ひとりっ子の心理としつけ』第45巻1号
久世敏雄・長田雅喜編　1981、『家族関係の心理』（シリーズ現代心理学7）福村出版
加藤千洋　1991、『中国の「一人っ子政策」―現状と将来―』岩波ブックレットNO.213、岩波書店
春日耕夫　1979、「都市家族における親子関係に関する一研究－母親の教育アスピレーションの分析を中心として－」『商業経済研究所報』第16巻
木山徹哉　1996、「中国の親子関係－『父母必読』誌上の子育て相談室の研究を中心に－」『岡崎女子短期大学研究紀要』第30号
正岡寛司　1981、『家族―その社会史的変遷と将来―』学文社
西田芳正　1990、「階層と『競争社会』へのインヴォルブメント」『大阪大学教育社会学・教育計画論研究集録』第8号
日本青少年研究所　1981、『高校生将来調査－日米比較による高校生活と将来の職業生活に関する調査(第1回)－』
Ronald P. Dore 1976 ／松居弘道訳『学歴社会新しい文明病』岩波書店、1978年
柴田鉄治　1979、「『『学歴社会』へ突っ走る中国』『朝日ジャーナル』朝日新聞社、1979年7月27日
徳安彰　1992、「親の教育意識が子どもを作る－性差を内包する日本の学歴社会－」『児童心理－特集・ひとりっ子の心理としつけ』第46巻15号
詫摩武俊　1989、『ひとりっこの本』主婦と生活社
T・パーソンズ /R・F・ベールズ著 / 橋爪貞雄他訳　1984、『家族』（「核家族と子どもの社会化」（単行本）黎明書房
田村毅　1996、「子どものしつけに関する国際比較」『教育と情報―特集・少子化時代の子どもたち』5月号
田村喜代　1979、「社会階層と母親の教育態度（第二報）－社会的態度、子の人生への態度、学校教育への態度－」『東京学芸大学紀要』第6部門第31集

参考文献

潮木守一他　1978、「教育意識の構造に関する事例研究」『名古屋大学教育学部紀要』（教育学科）第 25 巻
若林敬子編・杉山太郎監訳　1992、『ドキュメント、中国の人口管理』亜紀書房
若林敬子　1995、『中国の人口問題』東京大学出版会
山下俊郎　1979、『ひとりっ子』同文書院
吉川徹　1998、『階層・教育と社会意識の形成－社会意識論の磁界』ミネルヴァ書房
　　一見真理子　1993、「中国における子ども、子ども観、子どもの権利」『比較教育学研究』第 19 期
楊春華　1998、「「一人っ子」家庭の教育意識における共通性と地域差－中国の北京市、ウルムチ市、長春市でのアンケート調査の分析を中心に」『中国研究月報』第 11 期
　　2000、「中国の『親子関係』に関する一考察－一人っ子家庭と非一人っ子の地域比較を中心に－」『家庭教育研究所紀要』22 期
　　2001、「親の職業・学歴と子どもに対する教育アスピレーション－中国での意識調査の分析を中心として－」『中部教育学会紀要』第 1 号
　　2003、「中国の『家長学校』に関する一考察－『南京市家長学校の学習綱要（試行）』をめぐって－」愛知学院大学大学院文学研究科『文研会紀要』第 14 号
今津孝次郎　1978、「胎動する教育意識―学歴をめぐる emergent な意識の解明―」『社会学評論』28(4)、30-48 頁
依田明　1967、『ひとりっ子・すえっ子』大日本図書
　　1981、『ひとりっ子の本』情報センター出版局
　　1996、「少子化時代の『きょうだい関係』」『教育と情報―特集・少子化時代の子どもたち』5 月号

あとがき

　本書は、愛知学院大学大学院文学研究科に提出した学位請求論文「中国における「一人っ子」の家庭教育の特質－親の教育意識構造をめぐって－」(2003年9月「博士（文学）」取得) に加筆・修正を加えたものである。刊行にあたっては、「中国における「一人っ子」研究の現状」を補章2として新しく加えた。

　「一人っ子」の家庭教育に関心を持ち始めたのは、名古屋大学大学院博士課程前期課程に入った1994年のことである。修士論文「社会変動における家庭教育－現代中日両国の比較的検討－」(1996年1月) は、中国と日本の両国に共通する儒教文化の背景にあるしつけ理念や子ども観などに焦点を当て、中国と日本の家庭教育の実態について検討を行った。この修士論文では、「一人っ子」をめぐる社会現象を、1980年代以降の中国の教育にもたらされた諸問題の一つとして取り上げ、「一人っ子」家庭における親の教育意識の変化を追跡したが、その背後にある要因についての分析は十分にできなかった。1996年に博士課程後期課程に進学して以降、修士論文で残された課題として、「一人っ子」の家庭教育の特質というテーマに取り組み始めた。「一人っ子」の実態を把握するために、1995年、1996年および2001年に、ウルムチ市、北京市と長春市でアンケート調査を行った。そこで得られたデータを分析した上で、成果の一部を研究論文にまとめ、『中国研究月報』（中国研究所、1998年、610号）、『家庭教育研究所紀要』（日立家庭教育研究所、2000年、第22巻）、『中部教育学会紀要』（中部教育学会、2001年、第1号）で発表した。

　2001年3月、名古屋大学大学院博士課程後期課程を満期退学した後、愛知学院大学大学院文学研究科で研究員として研究を続け、2003年9月に同大学で博士（文学）を取得した。論文審査に際し主査を務めてくださった、指導教員の二宮哲雄教授と後任の小笠原眞教授には、博士論文の構成から修正までご指導いただいた。まずお二人の先生に感謝申し

上げたい。

　また審査委員会の副査は、同大学文学研究科の鏡味明克教授と同大学情報社会政策学部の新海英行教授が務めてくださった。お二人の先生からも多くの貴重なご意見と温かい励ましをいただき、この場を借りて厚くお礼申し上げたい。なお、名古屋大学大学院教育発達科学研究科で指導教員をお引き受けいただいた今津孝次郎教授には大学院入学以来、大変お世話になった。また、同研究科の伊藤彰浩教授からも貴重なコメントを数多くいただいた。お二人の先生にも心からお礼申し上げたい。

　振り返ってみると、博士論文の執筆は困難を極め、何度もくじけそうになったが、名古屋大学大学院時代からお世話になった新海英行教授は「神様は一つの扉を閉めるなら必ずもう一つの窓を開ける」と励ましてくださった。この言葉は、いまも鮮明に記憶しており、何かあっても失敗などと断じてはならないという戒めになっている。新海教授は、私に困難と闘う勇気を与えてくださり、社会を見る目がより温かいものになった。

　博士論文の完成に至るまでは、数え切れないほど多くの方々の励ましとお力添えをいただいてきた。その方々のご厚意により、研究生活の様々な困難を乗り越える勇気が与えられ、本書が完成したと考えている。この場をお借りしてお礼を申し上げたい。

　私は現在、中国の南開大学周恩来政府管理学院社会学科で勤務している。南開大学は1980年代に中国で最も早く社会学科を再建した大学であり、社会学研究に力を入れている機関である。ここで家庭教育に関する調査研究に携わるなかで、家庭での子どもの教育が、激しく変化する社会からいかに影響されるものなのかをより深く理解するようになった。また、新入生の総数に占める「一人っ子」の比率は高く、学生の言動から家庭教育の様子がうかがえることもあり、教員としての日々の経験も研究への刺激になった。博士論文を提出してから10年あまりが経過したが、学生が抱える問題に投影される親の教育の問題は、当時と比較して

あとがき

変わった面も、変わらない面もある。

　本書の執筆中に、中国の人口政策に新しい変化が生じた。中国政府は、出生率の低下が経済発展に与える長期的なマイナスの影響を踏まえ、2016年1月から、一組の夫婦が二人の子どもを生むことができる、いわゆる「二胎政策」を施行した。しかし、期待されていたベビーブームは到来していない。若者とその親の世代では、子どもを持つことに対する意識が異なるようである。ライフスタイルが変化した中国の社会において、若者の家庭教育に関する意思決定は、今後取り組むべき研究課題と言えるだろう。

　多くの方々にご助力いただきながら本書の刊行に漕ぎ着けたが、研究成果としてまだ至らない点が多く、課題も残されている。本書で十分に考察できなかった部分については、目下さらなる検討を進めており、その成果は別の機会に発表する予定である。

　博士論文の執筆中に、いつも私を暖かく見守ってくださった名古屋大学大学院教育発達科学研究科の友人たち、愛知学院大学大学院文学研究科の友人たちには心から感謝している。特に、本書の日本語表現をチェックしてくださった八田和子さん（元名古屋大学図書館職員）、大学院生時代に博士論文の草稿を読んでくださり、今回本書の校正も一部お引き受けいただいた上杉嘉見さん（東京学芸大学准教授）にはお礼を申し上げたい。

　一方、名古屋大学大学院で勉強する時に、文部省外国人留学生学習奨励費、ユアサ国際教育学術交流財団、日本ガイシ奨学金財団などから支援金を頂き、研究に専念できる環境ができた。私の研究を支えてくれた多くの奨学金財団に感謝の意を表したい。

　なお、本書は、2015年度南開大学アジア研究センター（南開大学亜洲研究中心）と2016年度南開大学周恩来政府管理学院の出版助成金の交付を受けて出版された。本書の刊行に当たっては、青山社編集部の飛山恭子さんに大変お世話になり、また多大なご迷惑もおかけした。厚くお礼

申し上げたい。
　最後に、いまも私の精神力の源になっている天国の両親に、親孝行できなかったというお詫びとともに、最大限の感謝の気持ちを贈りたい。

2017年　秋

中国天津・南開大学にて　楊　春華

■著者紹介

楊春華（よう　しゅんか）

1963 年　中国新疆ウイグル自治区ウルムチ市に生まれ
1985 年　新疆大学中国語文学部卒業
1999 年　名古屋大学大学院教育学研究科博士課程後期課程　単位取得退学
2001 年　愛知学院大学大学院文学研究科日本文化（社会学）研究員、北京大学社会学科
　　　　 Post doctor 研究員を経て、2006 年より中国南開大学周恩来政府管理学院社会学
　　　　 科准教授
専　攻　教育社会学、家族社会学、博士（文学）

〈主要著書・論文〉
「農村家庭における家庭教育の喪失傾向」（共著『中国見解・国家意識下での社会事業』、北京大学出版社、2011 年）、「'無形文化資本'と農村家庭の社会地位獲得との関係―農村調査に対する思考」（『山東社会科学』、第 8 号、2014 年）、「農村家庭の教育アスピレーションと教育策略」（『中国青年研究』、第 4 号、2014 年）など。

中国における「一人っ子」の家庭教育の特質
　　── 親の教育意識構造をめぐって ──

2018 年 2 月 20 日　第 1 刷発行

著　者　楊　春華　　©Yang Chunhua, 2018
発行者　池上　淳
発行所　株式会社 青山社
　　　　〒 252-0333　神奈川県相模原市南区東大沼 2-21-4
　　　　TEL　042-765-6460（代）　　　　FAX　042-701-8611
　　　　振替口座　00200-6-28265　　　　ISBN　978-4-88359-351-4
　　　　URL　http://www.seizansha.co.jp
　　　　E-mail　contactus_email@seizansha.co.jp
印刷・製本　青史堂印刷

落丁・乱丁本はお取り替えいたします。　　　　　　　　　　　　　　　　Printed in Japan
本書の内容の一部あるいは全部を無断で複写複製（コピー）することは
法律で認められた場合を除き、著作者および出版社の権利の侵害となります。